日本歴史　私の最新講義

安斎正人

縄文人の生活世界

敬文舎

●刊行委員（五十音順）
荒木　敏夫
池上　裕子
大日方純夫
五味　文彦
栄原永遠男
白石太一郎
藤井　讓治
水本　邦彦
●装丁・デザイン
坪内　祝義

カリンバ遺跡

縄文人は色のシンボリズムとして、赤（朱）を基調とする赤と黒、あるいは赤と白の対比に社会的な意味を付与していた。その顕著な例がカリンバ遺跡に見られる。

北海道恵庭市にあるカリンバ遺跡では、土壙墓と認定された三〇数基のうち、副葬品を収めた墓が二〇数基以上あった。その中に、二〜五人、もしくはそれ以上の人を合葬し、多数の副葬品が納められた墓は四基検出された。合葬墓の底が振りかけられたベンガラの赤色で鮮やかに染まっていた。カリンバ遺跡はまさに「赤い遺跡」である。

一二三号墓（上の写真）は、人の歯の数から五人を埋葬したものと推定されている。櫛歯を撚糸で固定する結歯式竪櫛、髪飾りの輪、紐、耳飾り、腰飾りの帯などの漆製品と、首飾りの玉、勾玉、サメの歯などの副葬品が出ている。赤い輪四個とその中央にホホジロザメの白い歯をつけた額飾りの赤白のコントラスト、とりわけ白色の鮮烈さに注意がひきつけられる（前ページの写真）。

縄文人の生活世界

●スタッフ
本文レイアウト＝姥谷英子
地図・図版作成＝蓬生雄司
編集＝柳町敬直
編集協力＝阿部いづみ

●凡例
・年代は、AMSを用いた放射性炭素年代測定値を暦年較正した数値を基準にしている。
・土器の型式名の数字表記は、「大木1式」「井戸尻2式」など、一部を除いて算用数字で表記した。
・登場する研究者名は、物故者については敬称を省いた。
・本文は、原則として常用漢字、現代仮名遣いによった。
・引用史料は、そのつど典拠を示したが、詳しい内容は巻末の参考文献の欄に記した。また、参考文献欄は著書を中心とし、論文・発掘報告書類は割愛した。
・写真使用につきましては十分に注意を払いましたが、なにかお気づきの点などございましたら、編集部までご連絡ください。

目次

はじめに

一九六七年に、東京大学文学部考古学科に進学して以来、考古学とは半世紀近い付き合いである。人生のよき伴侶と言いたいところである。ところがじつは、もの心ついたときからの長い付き合いの映画こそ、よき伴侶と思っている。知る人ぞ知る、といった類の映画狂なのだ。

東北文化研究センターが発行している東北文化友の会会報『まんだら』に、最初は埋め記事のつもりで書いた映画に関するエッセイを、「考古学者が映画を観ると」と題して、七回も連載してしまった。インディ・ジョーンズ・シリーズのように考古学者を主役にした映画ばかりでなく、アガサ・クリスティー原作の探偵ポアロもののように、オリエントの遺跡や発掘現場が犯行場所となる映画も少なくない。

登場人物の口から「考古学」の言葉が漏れ出る作品となると、どのくらいあるのか見当もつかない。国民的人気の「男はつらいよ」シリーズ中に、小林桂樹が考古学者を演じた作品もある。『まんだら』の文章を目にしたからか、『山形新聞』から声がかかり、「極私的偏愛映画」の六人の執筆者の一人となってしまい、邦画・洋画合わせて三七本ほど取り上げた。四月五日（日）の最後の掲載では、現存の監督でもっとも敬愛するクリント・イーストウッド最近作の「アメリカン・スナイパー」を書いてみた。いまも、考古学研究の合間を見つけては、映画館に通っている（映画の合間に考古学をしているのが実態だが）。

ところで、今年の三月三一日をもって、東北芸術工科大学を退職した。現、東北文化研究センター所長の田口洋美さんのお誘いで、二〇〇八年四月に東北文化研究センターに赴任した。民俗・歴史・考古の三分野からなる歴史遺産学科と東北文化研究センターでの、考古学の基礎固めと、センターを縄文研究の発信基地とすること、この二つの役割を期待されての、七年間の山形通いであった。

この間、潤沢な研究費（平成一九年度〜平成二三年度文部科学省私立大学学術研究高度化推進事業「オープン・リサーチ・センター整備事業」、平成二二年度〜平成二五年度科学研究費補助金基盤研究B、平成二四年度〜平成二八年度文部科学省私立大学戦略的研究基盤形成支援事業）と、自由な研究時間をもつことができた。

「縄文時代をどう見るか」を研究テーマとして、東北地方を中心に縄文時代の遺跡・遺物を各地に訪ねて、また、北海道から沖縄まで、優れた研究者に声をかけて数々のシンポジウムを開いて、縄文時代に関する理解を深めてきた。その成果はすでに、『日本人とは何か――いま考古学が語れること―』(柏書房)、『気候変動の考古学』(同成社)、『完新世の気候変動と縄紋文化の変化』(科研研究成果報告書)、『気候変動と縄紋文化の変化』(同成社)として、出版・公表している。

毎年、授業の最初の回には「地球温暖化問題」に言及して、縄文時代の気候変動へと話を進めていた。そしてあの日、二〇一一年三月一一日。多くの人と同じく、テレビに映し出される惨状に見入り、無力感に打ちのめされた。

考古学で何ができるのか。いまだに答えは見つかっていない。それまで先史時代に起こった気候の寒冷化や乾燥化、あるいは火山の大爆発と文化の衰退に言及したことはあっても、「災害考古学」を主題化したことはなかった。今回の本では、縄文人が経験した自然災害のうちで、もっとも影響が大きかったと考えられる、何回かの気候の冷涼化(ボンド・イベントを呼ばれる)と、縄文人の対応について、最新の知見を書いてみた。

序章

縄文とはどんな時代か

更新世末の気候変動

縄文文化の変遷

縄文人も私たち現代人同様、エコ・システム（自然環境との関係）とソーシャル・システム（社会環境との関係）のなかで生活していた。

採集狩漁民であった縄文人の生活世界は、現代人の生活世界とちがって、自然のなかで、自然に対応して構築されていた。システムとしての縄文文化は、自然環境に対応するための道具系（物質文化）、行動系（社会規範）、認知系（精神文化）という三つのサブ・システムから構成されていた（左ページの図）。縄文文化は、変化を遂げつつもおよそ一万年間も継起した特異な文化だと言われる。この長期にわたる縄文文化の安定と変化のリズムは、温暖・湿潤と冷涼・乾燥の気候の変動パターンに対応していた。

自然（地形・植生・動物相など）は大きな気候の変化に連動して変化している。近年、古気候学の研究で、縄文人が依拠していた自然環境を大きく変えた気候変動（「ボンド・イベント」と呼ばれる）が縄文時代に複数回起こっていたことがわかった。他方、年代測定の分野でも、加速

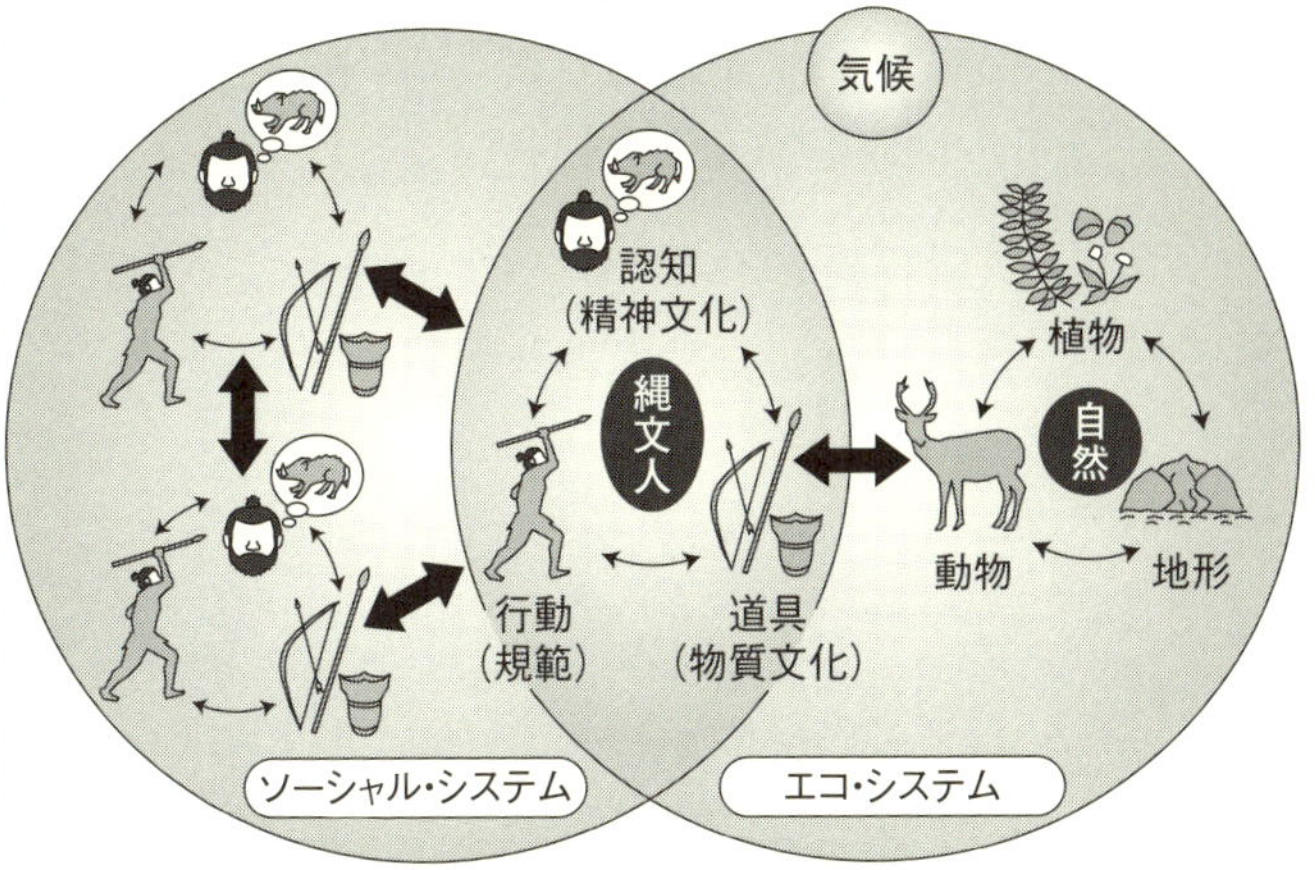

縄文人の生活世界

縄文人は周囲の自然環境（地域生態系）に適応する技術（道具）や社会組織、信仰・儀礼形態をつくりだして、気候変動にともなう自然の変化に対応していた。

器質量分析（ＡＭＳ）を用いた放射性炭素（^{14}C）年代測定値を暦年較正することで、たとえば縄文土器の年代を二〇年くらいの誤差で測定できるようになっている。そこで、気候変動の年代と縄文土器の年代とのマッチングが可能になった。

更新世末の約五千年間（約一万六五〇〇〜一万一六〇〇年前）の寒・暖・寒の気候変化、およびボンド・イベント（約八二〇〇年前、五八〇〇年前、四三〇〇年前、二八〇〇年前を寒気のピークとする冷涼化と急激なその回復現象）の年代と、縄文土器の暦年較正年代とを対比してみると、縄文土器代の大別型式（草創期・早期・前期・中期・後期・晩期）のうち、草創期の土器区分三段階（隆起線文《りゅうきせんもん》

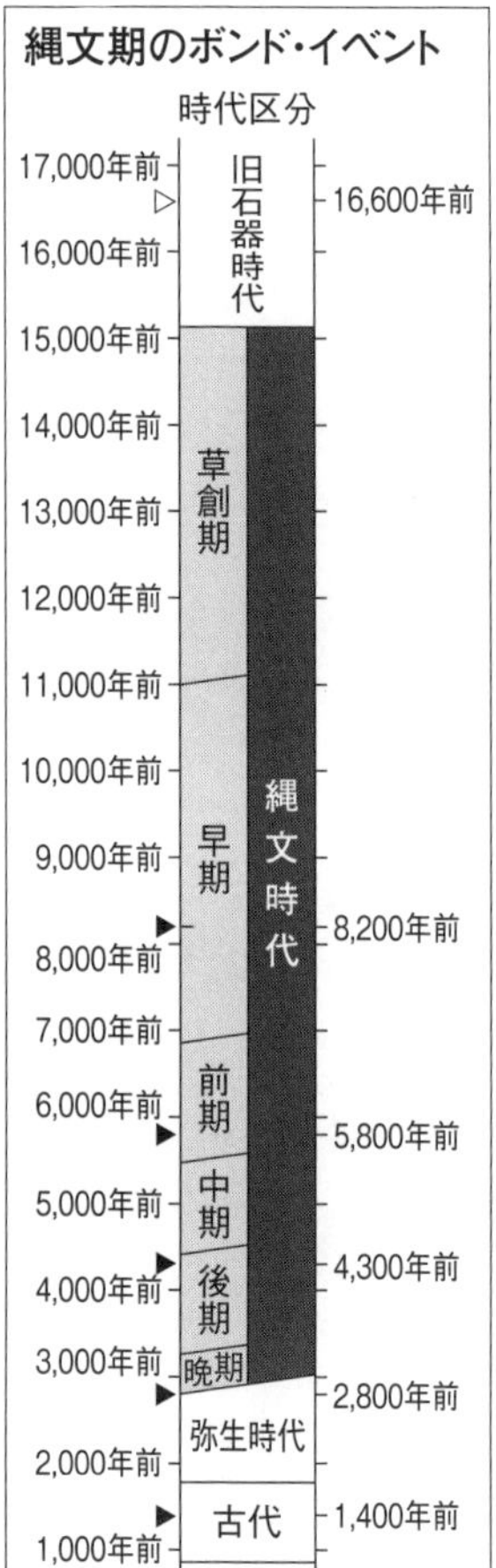

約16,000年、11,000年、8,000年、5,500年、4,500年、3,000年前に縄文人の生活に変化が起こっていた。

土器期とその前後の時期）、草創期／早期、早期／前期、前期／中期および縄文／弥生の移行期がボンド・イベントと関連していたようである。

草創期は縄文時代の形成過程（移行期）として、早期末・前期初頭、前期末、中期末・後期初頭、晩期末がそれぞれ先行の文化・社会システムの崩壊と次の文化・社会システムの形成の時期として捉えられる。その一方で、後期の土器から晩期の土器への型式的変化はスムーズで大きな変化は見られないのだが、興味深いことに、この時期の大きな気候変動も知られていない。

道具系を構成する一要素である土器に見られる大きな型式変化は物質文化の変化を反映し、さらに物質文化の大きな変化は、文化全体、言い換えれば縄文人の生活世界の変化を反映している。

こうしたシステム論的見地に立って、人と自然との関係性および人と人との関係性（これを私は「構造」と呼んでいる）の変化を考古資料で点検してみると、縄文人の生活世界の安定と変化のパターンが気候変動に連動していたことが理解できる。

縄文化のプロセス

気候変動の諸現象のなかでももっとも劇的な変化を引き起こしたのが「ハインリッヒ・イベント」で、約七万年前から一万六〇〇〇年前の間に六回認められる（25ページの図参照）。

ハインリッヒ・イベントがおきると、氷期の寒冷な状態からさらに気温が三～六度下がることが、グリーンランドの氷床コアの分析からわかっている。そして縄文文化の起源にからんでくるのが、約一万六六〇〇年前に起こった最後のハインリッヒ・イベント（Ｈ１）で、細石刃《さいせきじん》石器を装備する北方集団の一部が、津軽海峡を越えて北海道から南下する契機となった。彼らは主に日本海に沿ったルートで、信濃川水系・利根川水系以北の東日本に広く展開した（次ページの図）。

この北方集団と在地集団との緊張的社会環境下で形成されたのが、神子柴《みこしば》型石斧《せきふ》・神子柴型尖《せん》頭器《とうき》（シンボリックな大型石器）を特徴とする、いわゆる「長者久保《ちょうじゃくぼ》・神子柴文化」である。

大平山元《おおだいやまもと》Ⅰ遺跡（青森県）出土の無文土器の年代が約一万六〇〇〇年前であり、この土器の出

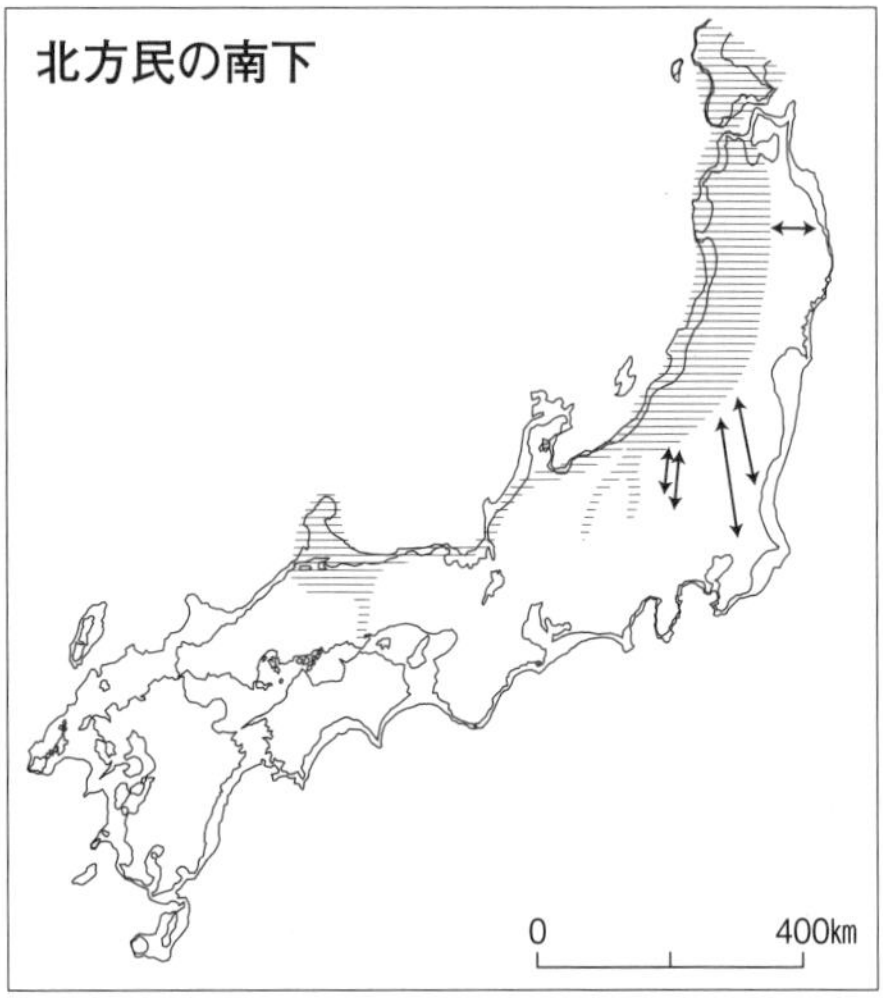

約25,000年前にシベリア方面から北海道に南下し居住していた北方民が、ハインリッヒ・イベントの寒冷化を契機に本州に南下し、在地の集団と遭遇した。

現をもって縄文時代の開始とする研究者が多い。

約一万四五〇〇年前に気温が急激に上昇した。その後の約一五〇〇年間の比較的安定した温暖な時期に落葉広葉樹林の拡散があり、それにともなって縄文人は北海道をのぞく列島各地に定着していった。隆起線文土器の時期で、台地上では竪穴《たてあな》住居の集落をつくり、山間部では洞窟（長崎県の福井洞窟・泉福寺《せんぷくじ》洞窟、新潟県の小瀬ヶ沢洞窟・室谷洞窟、山形県の日向《ひなた》洞窟・大立《おおだち》洞窟など）を拠点として、定住生活を推し進めていった。

だが、約一万二九〇〇年前から一三〇〇年間つづいた氷期を思わせる再寒冷化（新ドリアス期）で、おそらく人口が減少し、遊動的な居住形態に後退したようである。

完新世の気候変動

海の文化と森の文化

約一万一六〇〇年前の気温の上昇とともに、海面が急激に上昇しはじめ、陸地化していた東京湾域でも海水が浸入しはじめた（縄文海進《かいしん》＝有楽町海進）。この縄文海進の前半では一〇〇年あたり平均二メートルも海面が上昇したのにくらべ、後半は平均一メートルとなり、上昇率が半減している。八二〇〇年前の冷涼化に関連した現象と考えられる。

以後ふたたび急上昇をはじめ、早期末には現海水準を越えてプラス三〜四メートル前後に達した。これにともなって海域の拡大もピークを迎え、現在の東京湾域をはるかに越えて内陸へと深く侵入し、「奥東京湾」と呼ばれる広大な浅海域が形成された（83ページの図参照）。ほぼ早期から前期初頭（約一万一五〇〇〜七〇〇〇年前）に相当し、列島各地の沿岸に貝塚を残した縄文人たちが、今につづく「海の文化」の基層を構築した。南九州でも関東でも、また北東北でも北海道でも、アナダラ属の貝殻腹縁《かいがらふくえん》を施文具とする土器が製作された。

南九州では、霧島市上野原遺跡に代表されるような貝殻文土器期の定住集落が各地に出現した。

北の北海道でも、底部にホタテガイ圧痕《あっこん》をもつ暁式・テンネル式土器期には定住集落が形成され、帯広市八千代A遺跡からは一〇〇軒以上の竪穴《たてあな》住居跡が検出されている。函館市中野A・中野B遺跡では、互いに重複して出土した貝殻沈線文《ちんせんもん》土器期の竪穴住居跡が七〇〇軒以上を数える（100ページの図参照）。しかしこうした大きな定住集落は、八二〇〇年前の冷涼気候に関連して姿を消し、縄文人は一時遊動的な居住形態に戻ったようである。

関東地方では、気候が回復した早期末から前期前葉（関山式・黒浜式期）に、大きな拠点的環状集落がまず沿岸部に出現した。その後六〇〇〇年前ごろの海退に伴い沿岸部の大集落は姿を消すが、替わって豊かな落葉広葉樹林に恵まれた内陸部に、中央広場に墓域をもつ大きな環状集落が登場した（諸磯式《もろいそしき》期）。

東北地方でも、北緯四十度線を境に北に円筒式土器分布圏、南に大木式土器分布圏が形成され、約一五〇〇年間継続した三内丸山遺跡（青森市）に代表されるように、中期後葉まで大きな拠点集落が各地に出現し、産地が限られる黒曜石《こくようせき》・ヒスイ・暖海産貝殻など、威信財《いしんざい》となる希少材や情報の流通ネットワークの要となっていた。

地域共同体の繁栄

前期から中期へとスムーズに発展したわけではなかった。五八〇〇年前をピークとする冷涼な気候によって、植物性食料に依拠していた関東甲信越地域の縄文人の生活世界は、とくに大きな打撃を受けた。諸磯C式〜十三菩提式期《じゅうさんぼだいしき》には人口が大きく減少し、遊動性の高い居住形態に戻ったようである。

他の地域の考古記録からは気候変動の影響が読み取りにくいが、円筒下層c・d1式期の津軽地方を中心に、石鏃《せきぞく》を数十本、精製の大型・異形石槍、精製の石斧《せきふ》・石匙《いしさじ》・土器などを副葬した多副葬墓が一時的に出現している（147ページの写真参照）。気候の悪化に直面した共同体の危機に際して、社会の表に出て豊かな知識（ノウハウ）を発揮した退役狩猟者（エリート）を表彰した証しだと、私は解釈している。

この危機的状況にあらたな技術・行動で対応した集団（たとえば、諸磯C式期の甲信地域の縄文人は打製石斧を使う植物栽培を試みたようである）が、中期的生活世界構築の先駆けとなったと私は考えている。

かつて藤森栄一は「中期農耕論」を唱えたが、縄文人は草創期・早期という早い段階にウルシやアサ・ヒョウタンなどの外来植物・栽培植物を利用しただけでなく、前期以降の東日本では野生種を管理・栽培して、定住集落の周辺にクリやウルシが多い人為的な森を作り出し、周辺の環境に積極的に働きかけた植物利用を行っていた。マメ類（ダイズやアズキの野生種）を栽培した可能性も指摘されている。

こうして中期中葉から後葉（約五五〇〇～四七〇〇年前）にかけて、かつて見ないほどに人口が増加し、広場（墓域）を中心に掘立柱《ほったてばしら》建物・竪穴住居・貯蔵穴が同心円状に配置された環状集落（158ページの図参照）が各地に営まれ、この拠点集落に居住するエリート層を要《かなめ》とする情報・物流ネットワークがいっそう密に張り巡らされた。その繁栄ぶりは、地域共同体が競って製作した火焔《かえん》土器や「縄文のビーナス」など、中期の土器や土偶の過剰な造形に表出している。

生活世界の大転換

中期の大型環状集落の多くが加曽利《かそり》E3式（曽利Ⅳ式）期末（約四七〇〇年前）にいたって終焉を迎えていた。長くつづいた三内丸山遺跡でも集落の終焉を迎えている。約四三〇〇年前をピークとする冷涼な気候がはじまっていたようである。集落は分散し、小河川流域の低地に移っていった。水場遺構と呼ばれるトチの実などの処置場跡や、赤・黒彩色のウルシ製品や木製品など有機質の遺物、植物遺存体を豊富に出土する低湿地遺跡が各地にみられる。

この社会が不安定化した時期に、環状列石などの集団墓や柄鏡《えかがみ》形敷石住居が登場し、屋内埋甕《うめがめ》や石棒祭祀の活発化など、呪術・儀礼的要素が顕著になった。

縄文最後の輝き

以後、前期・中期の生活世界に替わって、分散居住した集団が石のモニュメントを彼らの求心力とする後期・晩期の生活世界となっていった。そして、呪術・祭祀用といわれる各種の「第二の道具」が生み出された。

晩期を代表するのが遮光器《しゃこうき》土偶でおなじみの「亀ヶ岡文化」である。津軽平野西南端の丘陵先端とその下の低地部を含む亀ヶ岡遺跡は、江戸時代からその存在が知られ、出土した土器や土偶が好事家に愛好された。精製土器の類は関東・中部から近畿地方にまで分布し、これを「亀ヶ岡文化」と称しているが、標準遺跡は大洞《おおぼら》貝塚（大船渡市）である。

土器型式により晩期は、大洞B式、大洞B－C式、大洞C1式、大洞C2式、大洞A式、大洞A'式の六期に分けられている。低湿地遺跡から出土した、黒地に赤彩の漆塗り土器・木胎漆器・籃胎漆器などのほか、赤彩の土偶や木製品の出来栄えは尋常でない。こうした遺物や遺跡のありかたから、大洞C2式期あたりに生活の変化が読み取れそうである。

冷涼な時期であった後・晩期の縄文人たちに追い打ちをかけるかのような、さらなる気候の冷涼化が二八〇〇年前ころに起こった（2.8 kaイベント）。

これにともない朝鮮半島から南下した水稲耕作を生業とする集団と、亀ヶ岡文化圏から西漸した集団とがシンクロした文化変動が生じた。気候の回復にともない、水稲耕作が日本海沿いに青森にまで北上し、大洞A'式期の縄文人によって受容された（砂沢式期）。北東北地域の弥生時代の開始である。

水田耕作は津軽海峡を越えることがなかったので、北海道の縄文人たちは伝統的生活世界を持続していった（続縄文時代）。続縄文時代の後、擦文《さつもん》時代（オホーツク文化期）がつづき、一三世紀（鎌倉時代後期）にアイヌ文化期となって、江戸時代末まで、北海道の大地は「縄文式生態系」を継承する「アイヌの生態系」で占められていた。くわしくは、瀬川拓郎さんの『アイヌ・エコシステムの考古学』とそれ以降の著作を読んでもらいたい。

第一章

大きく変わる縄文観

はじめに

この章では、日本考古学の出発点となったアメリカ人博物学者エドワード・S・モースの『大森介墟古物編』（英文）から現代まで、時々の縄文学徒に少なからず影響を及ぼした研究者の見解を、まず簡単に振り返ってみる。

つぎに最近一〇年間ほど各地の出土資料を集中して観察しながら、形成してきた私自身の縄文観を簡単に説明する。山内清男《やまのうちすがお》の「高級狩猟民」、岡本勇の「成立・発展・成熟・終末」、鈴木公雄の「安定社会・特有文化」、小林達雄さんの「イメージ・主体性確立・発展・応用」、あるいは青森県三内丸山遺跡の発掘成果を受けて一時メディアを通して喧伝《けんでん》された「縄文文明」といった諸見解、それらとは相容れないものである。

気候変動は、地球の公転軌道、地軸の傾き、地軸の歳差《さいさ》運動の変化にともなう、地球のさまざまな地域で受ける太陽光の量（太陽エネルギー）の増減によって引き起こされる。気候変動は離心率の変動に応じて一〇万年周期で起きるだけでなく、地軸の傾きの変動によって四万一〇〇〇年周期でも起き、さらには地球の歳差運動によって二万三〇〇〇年と一万九〇〇〇年の周期でも起きていることがわかっている。

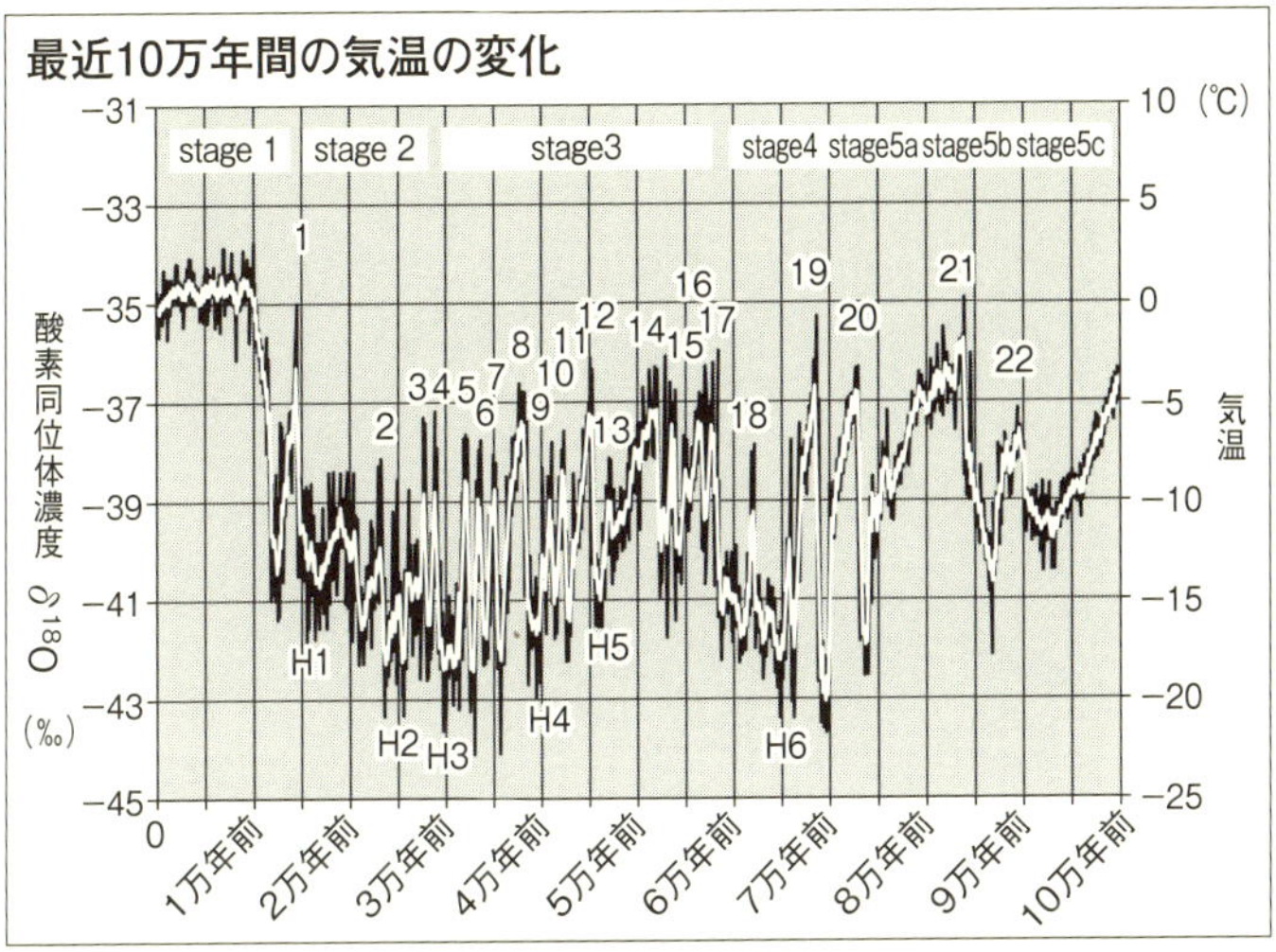

黒線：グリーンランド氷床コアの酸素同位体データ50年ごとの平均。H1 ～ H6：ハインリッヒ・イベント寒冷期。stage1 ～ stage5c：深海底堆積物コアの酸素同位体ステージ(奇数は温暖期、偶数は寒冷期)。1～ 20：ダンスガード・オシュガー・イベント温暖期。

過去四〇万年間は鋸歯《きょし》状の寒暖のパターンが一定している。長くゆっくりした冷涼な時期と、急激な気温の上昇によって突然に終わる氷期があり、そして一〇万年ごとに現われておよそ一万年間続く間氷期《かんぴょうき》がはさまる。

この長期のパターンに短期的な周期性がかぶさっている。最後の氷期の間には約七万五〇〇〇年前から一万五〇〇〇年前までに、一過性の急激な温暖化現象が二〇回ほど認められる。発見者二人の名前を付けて「ダンスガード・オシュガー・イベント」と呼ばれている。

グリーンランドで五〜一〇度気温が高くなった。気温上昇後の数百年間で冷涼化していって寒期となる現象である。もっとも寒さが厳しかったのは約二万五〇〇〇年前から一万八〇〇〇年前で、最寒冷期と呼ばれている（前ページの図）。

気候変動の諸現象のなかでももっとも劇的な変化を引き起こすのが、「ハインリッヒ・イベント」で、約七万年前から一万六〇〇〇年前の間に六回認められる。海洋学者のハルトムート・ハインリッヒが大西洋北東部の深海底堆積物中の岩砕を根拠に、一九八八年に記載した。この岩砕は氷河が削りだしたもので、氷山となって大西洋に運び出されたものである。この層は歳差運動の半期（一万一〇〇〇±一〇〇〇年）ごとに形成されている。日射量が冬季に少なく夏季に多い時期と、夏季に少なく冬季に多い時期に浮氷が出現するからである。

ハインリッヒ・イベントがおきると、氷期の寒冷な状態からさらに気温が三〜六度下がることが、グリーンランドの氷床コアの分析からわかっている。日本海でも大きな気候変動の跡が残っている。ハインリッヒ・イベントとダンスガード・オシュガー・イベントとの関連もわかっている。ハインリッヒ・イベントが氷期にしか起こらないのに対し、ダンスガード・オシュガー・イベントは氷期にも間氷期にも起こる。実際、完新世には「ボンド・イベント」と呼ばれるダンスガード・オシュガー・イベントが起こっている。

縄文観の変遷

戦前の縄文観

一八七七年（明治一〇）六月、腕足類の研究のため来日したアメリカ人博物学者エドワード・モースは、東京に向かう車窓から偶然に大森貝塚を発見した。故国で貝塚発掘の経験をもつモースは、任用された東京大学の学生らと早速その年の九月から一一月にわたって発掘を行い、二年後にその報告書を発表した。

この発掘と報告書が、日本近代考古学の出発点となった。縄文土器の名称は、報告書中の“cord marked pottery”に由来する。ちなみにモースは、人骨がすべて割れて「無秩序な散乱状況」で出土したことから、「食人の風習」があったと考えた。また縄文人がアイヌ以前の先住民であることを主張した（『大森貝塚』岩波文庫）。

モースが離日し、発掘に参加した学生が亡くなったり他分野に移ったりして、モース直伝の考古学は忘れられていった。その一方で明治期には、東京帝国大学人類学教室の創設者坪井正五郎らによって、石器時代人種論が活発に論じつづけられた。

大正から昭和期になって、型式学的方法を導入した京都帝国大学教授の浜田耕作や、層位学的方法を実践した東北帝国大学教授の松本彦七郎などを先駆けにして、先行世代の研究目的・研究方法に対する批判的姿勢は、若手研究者の山内清男・甲野勇・八幡一郎を中心とする、いわゆる「編年学派」による縄文土器の型式学的研究となって結実した。

飛騨考古土俗学会を足場に、一時期考古学を専門に研究したプロレタリア作家江馬修が、みずから主宰する雑誌『ひだびと』第五年第九号（一九三七）に赤木清のペンネームで掲載した「考古学的遺物と用途の問題」に端を発して、江馬と甲野・八幡との間にいわゆる「ひだびと論争」と呼ばれる応酬があった。

山内・甲野・八幡の名前を挙げて、編年学的研究は日本考古学に一大進歩であって、その功績は非常に大きいとしながらも、江馬はこの論文で遺物用途の問題について、「現在の考古学者の多くはこうした問題に触れることを忌避する傾向があるように見える。少なくともそれは第二義、またはそれ以下の問題として扱われているように見えなくもない。しかも最も有り触れた土器を始め、石斧でも、凹石でも、石冠でも、その用途の科学的にはっきりと知られない遺物が実に多く、正直な所、考古学の無知は驚かれるばかりで」「その自然的結果として、考古学研究は土器偏重の傾向を誘致し、石器の用途の問題なぞ殆ど軽視されるような形になった」と力説した。

私たちが考古学研究で第一に意図するところは、遺物と住居跡を通して、当時の経済的な社会構成を復元することである。住居跡によっては、その型式のみならず、さらに家族と集落の状態を追及し、土器と石器類のような生産道具においては、その用途・性質と機能を探求することによって、私たちの目的へ肉薄しなければならない。

このような江馬考古学の理念は、具体的方法の提示には至らず、また時代を先取りしてはいたが、皇国史観に基づいた国体の護持を脅かす危険性を秘めていたため、立ち消えてしまった。

山内清男はこの論争に加わらなかった。この山内の静観の態度は意味深長である。八幡の『北佐久郡の考古学的調査』に対する山内の書評（『人類学雑誌』第五〇巻第二号）に、立場が表れている。

「社会、権力等厳つい言葉」を連ねる八幡の縄文観について、「氏の独断、用語に関する不用意、奔放なる想像は甚だ奇怪であると云う印象を与えるにすぎない」と断じた。「定住し、計画的狩猟又は漁撈を事とした高級狩猟民」である縄文人に関しては、「各種事情の機能的関係に関する賢明な判断」を要するし、「民族学的な併行状態の考慮も等閑に出来ない」というのが山内の認識であった。

戦後の縄文観

土器型式学に基づく編年研究が、戦後も縄文研究の主流となってきた。その一方で、山内清男による戦前の「縄紋人＝高級狩猟民」観と、戦後の「堅果・サケ・マス論」(『日本と世界の歴史』第一巻）の系譜を引く論議が展開した。山内はいわゆるサケ・マス論で、縄文人の主要食料はドングリ・トチの実・クリ・クルミなどの堅果類であるが、本州中部以北ではこれにサケ・マスを重要食料資源として加えることで、東日本の縄文文化の繁栄基盤を説明しようとした。

「高級狩猟民」である「カリフォルニア・インディアン」と対比して、サンフランシスコ以北がドングリとサケの二本立ての「サケ地帯」、南はサケのない「ドングリ地帯」であることを指摘し、両者間の比較研究の重要性を示唆していた。

一九八〇年代後半に縄文観の大きな転機を迎えた。国学院大学名誉教授の小林達雄さんは、縄文文化と同じような環境のなかにいて、道具の種類も縄文文化と共通しているアメリカ先住民のある部族は、縄文人の社会・経済・文化と似たようなものをもっていたという前提に立って、

①縄文時代の遺跡の種類がいろいろあるように、縄文人の社会にもそれだけ複雑な構造があったこと。

②晩期になって耳飾りを装着する風習が一般化するなかでも、ていねいなものを装着する階層

と、粗雑なつくりのものを装着する階層と、まったくなにもつけない階層とがあったこと。
③同じく晩期には男の身分のある者は鹿角製の腰飾りをつけることができたこと。
④奴隷がいたこと。

などに言及して、縄文文化を担った縄文人の社会において、彼らの役割分担を背景に構造的にも身分的にも階層的なものがすでに生まれていた、と述べた（『日本文化の源流』）。

国立歴史民俗博物館の元館長であった佐原眞も、同時期に類似したことに言及している。「北西海岸の人々は、魚、とくにサケに依存する食糧採集民でありながら、ひじょうに豊かであって、自由民は常勤の専門技術者をかかえ、そして奴隷を持っていた。彼らが奴隷を所有できたなら、生活基盤の勝ったわが縄文文化に、とくに東北地方晩期の亀ヶ岡文化に奴隷がいたとしても不思議ではない。縄文文化を復元するにあたっては、カリフォルニアとならんで北西海岸の人びとの実態を学習することが必要である」（『大系日本の歴史①―日本人の誕生―』）。こうした民族（民俗）考古学への志向は、渡辺仁の『縄文式階層社会』に結実した。

他方で、戦前の禰津正志《ねづまさし》「原始日本の経済と社会」や、渡部義通・和島誠一らの『日本歴史教程』に貫かれた「科学的精神」に立って、近藤義郎が一九六四年に「戦後日本考古学の反省と課題」を発表した。近藤を中心とする考古学研究会とその会誌『考古学研究』では、唯物史観に基づく社会構成の段階的発展の追及をあらたな研究課題としていた。

日本文化の基層としての縄文時代研究も例外ではなかった。岡本勇は一九七五年の時点で、縄文時代は緩やかな発展の累積のなかにも、歴史的時期区分の指標としてふさわしい意味をになった段階が認められるとし、

①成立段階（草創期および早期）

②発展段階（前期および中期）

③成熟段階（中期末から晩期前半）

④終末段階（晩期後半）

の四段階を設定した。そしてそれぞれの上昇を基本的に導いたのは労働用具とその技術的進歩、単位集団の増加による共同労働の発展など、生産力の着実な発達であると考えた。

戦後長く、農耕社会以前の縄文時代の原始共同体は、階級のない平等社会であると見なされてきた。元北海道大学教授で縄文考古学の第一人者林謙作も、「日本考古学には縄文時代の共同墓地に無階級社会の証拠を読みとろうとする伝統がある。一九三〇年代半ばの禰津正志にはじまり、戦後は岡本勇に引き継がれ、私自身の葬制研究もその伝統を受け継いでいる」と書いた（『縄紋時代史Ⅱ』）。

しかし高度経済成長を経て、「国民総中流」意識の浸透に伴い、元明治大学学長の戸沢充則が次のように記す状況が出現した。「日本考古学は反動イデオローグの企らむ建国記念日（紀元節）の復活を許し、独占資本を中心とした開発がもたらす大量な遺跡破壊を前にして、緊急事前調査という無目的な発掘の激増に直面し、本来の学問的使命を忘れ去ろうとしている」（『日本考古学を学ぶ』）。この時期すでに、日本考古学における唯一の規範的理論であった唯物史観は、その影響力を失っていた。

発展段階という視点に替わって、縄文時代の画期案には新味が生じてきた。一九八四年の時点では、慶応義塾大学名誉教授の鈴木公雄が前半期と後半期という二期区分案を提唱した。前半期は前期前半までで、縄文文化の基本的骨格が形成された時期だと捉え、前期後半から晩期までの後半期は集約的な獲得経済を発達させ、相対的に安定化した社会を形成し、特有の文化を発達させた時期だと捉えていた。

小林達雄さんも縄文土器こそが縄文文化の本体だという見解に立ち、一九九四年の時点で、縄文土器自体の内容から、縄文時代を四時期に、すなわち「イメージの時代」（草創期）、「主体性確立の時代」（早期）、「発展の時代」（前期）、「応用の時代」（中期・後期・晩期）に分けた。しかしいずれの案も仮構に留まり、具体的な実証研究につながらなかった。

気候変動と縄文文化の変化

近年の関連分野での分析技術の飛躍的な向上によって、高精度のデータが得られるようになった。ひとつは年代学で、加速器質量分析（AMS）法による放射性炭素（^{14}C）年代測定値の暦年較正が可能になり、その暦年較正年代を使って、国内外各地の考古学的事象を正確に対比できるようになった。

古気候学と暦年較正

もうひとつは古気候学において、地球規模での気候変化に関する高解像度のデータが揃ってきたこと、つまり深海底堆積物コア分析（有孔虫化石の殻に含まれている^{18}Oと^{16}Oの同位体比を使って過去の水温を算出する。冷たい海にすむ生物の殻は^{18}Oの濃度が高い）と、グリーンランドや南極の氷床コアの分析（氷柱に含まれている^{18}Oと^{16}Oの同位体比を使って過去の水温を算出する）の結果、過去に起こった気候変化をたいへん広範囲に、また高い精度で復元できるようになったことである。この二つの進展がたいへん重要で、縄文時代の長期にわたる文化的、社会的安定と変化の過程を検証することが可能になった。

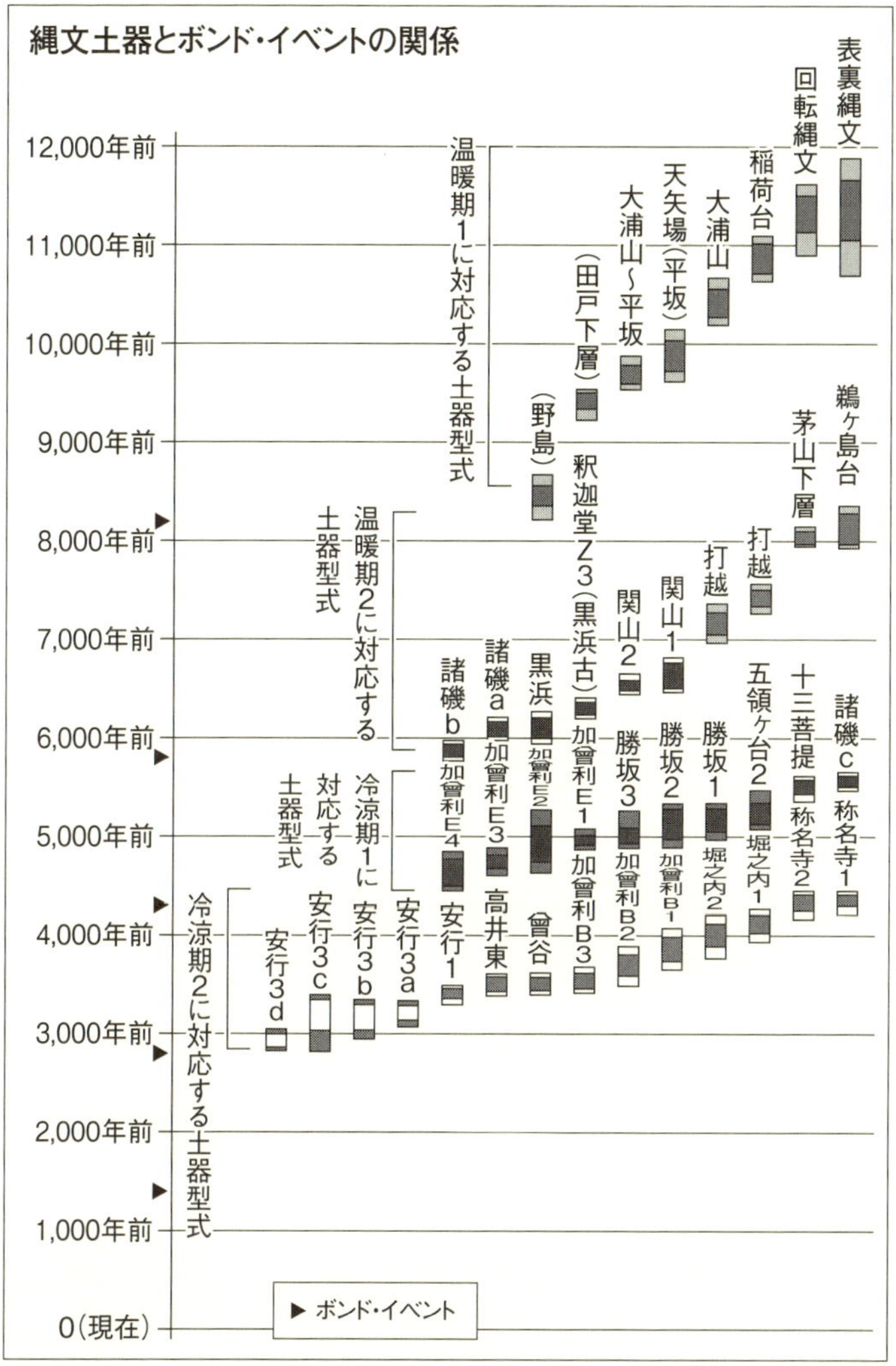

野島・鵜ヶ島台～茅山下層式、諸磯b ～十三菩提式、加曽利E3・4 ～称名寺1式、安行3・4式間にボンド・イベント(黒い三角印)がからむ。

放射性炭素年代値の暦年較正を積極的に推進し、「環境変遷史」という研究領域の開拓を図る工藤雄一郎さん（『旧石器・縄文時代の環境文化史』）は、更新世終末から完新世初頭の気候変動を五つの段階に設定し、考古学の編年と対比している。

すなわち、最終氷期最寒冷期以降から約一万五五六〇年前の「細石刃石器段階」、約一万五五六〇年前から約一万三二六〇年前の「神子柴・長者久保系石器群＋無文土器」、約一万三二六〇年前から約一万一五六〇年前の「隆起線文期段階」、約一万一五六〇年前から約九〇六〇年前の「爪形文・多縄文期段階」、約九〇六〇年前以降の「撚糸文《よりいともん》期段階」という区分である。

さらに工藤さんは「ボンド・イベント」に加え、中国南部のドンゲ洞窟の石筍《せきじゅん》の酸素同位体変動、鳥取県東郷池の年縞《ねんこう》堆積物、関東平野の海水準・植生変化などのデータを参照して、後氷期の関東平野の環境史と土器型式の時間的対応関係を提示している（前ページの図）。

工藤さんは、寒冷期と温暖期という対比より、気候の不安定な時期の土器型式と気候の安定した時期の土器型式に注目している。縄文社会の安定期と不安定期とを考察する際の必須の視点である。

ボンド・イベント

地球は何回もの氷期を記録している。その最終氷期の極寒期は約一万六六〇〇年前をピークとする「ハインリッヒ1・イベント」と呼ばれる寒冷化現象をもって終わりを告げた。

約一万四五〇〇年前に地球上の気温が四～五度ほど急激に上昇し、五〇〇年間で二〇メートルほどの海面の上昇があった。この「ベーリング期」と呼ばれる温暖な時期は長続きせず、八〇〇年間ほど中断（「古ドリアス期」）した後に、ふたたび若干暖かくなった（「アレレード期」）。しかしそのまま気温の上昇が続くことなくふたたび一万二九〇〇年前ごろに気温が低下し、ほとんど氷期の状況に戻ってしまった。

約一三〇〇年間続いた「新ドリアス期」と呼ばれるこの寒冷期には、ヨーロッパで夏に五～八度、真冬に一〇～一二度気温が下がった。日本では、この気候変動のはげしかった約五〇〇〇年間が縄文時代草創期に当たる。

約一万一六〇〇年前に突然に気温が七度ほど上昇して地質年代の完新世に入った。しかし約一万一二五〇年前から二〇〇年間ほど冷涼化したのち（プレボレアル期）、ようやく比較的安定した温暖な気候（ボレアル期）になり、約八六〇〇年前に気候最適期（アトランティック期）が訪れた。現在よりピークで二～三度気温が高かった。縄文時代早期・前期に当たる。

完新世は気候の温暖な間氷期とも考えられてきたのだが、完新世に入っても「ボンド・イベント」と呼ばれる冷涼化と急激な回復現象が起こっていたことが、近年になって分かった。一四七〇±五〇〇年の間隔で八回（約一万一一〇〇年前、一万三〇〇年前、九四〇〇年前、八二〇〇年前、五八〇〇年前、四三〇〇年前、二八〇〇年前、一四〇〇年前）起こっていた。北大西洋の深海底堆積物コアの分析論文の筆頭著者であるジェラード・ボンドにちなんで名づけられた現象である。

このボンド・イベントは、おおよそ縄文土器の大別型式（あるいは土器様式）での画期と一致する。約一万一一〇〇年前に草創期の土器から早期の土器に、約七〇〇〇年前に早期の土器から前期の土器に、約五六〇〇年前に前期の土器から中期の土器に、約四五〇〇年前に中期の土器から後期の土器に、三〇〇〇年前に縄文土器から弥生土器に替わっている。

少なくとも約八二〇〇年前（8.2 kaイベント）と約四三〇〇年前（4.3 kaイベント）の寒期のピークとその後の急激な温暖化の影響は、地球各地の考古資料に記録されている。縄文時代で言えば、前期的生活世界の形成、および前・中期的生活世界から後・晩期的生活世界への大転換との関連が推測される。

縄文文化の構造変動

私は一九九〇年に『無文字社会の考古学』を出して以降、縄文文化の全体システムを三つのサブ・システム、すなわち認知系（精神文化）、行動系（習俗・規範）、道具系（物質文化）とその相互関係として捉えてきた。さらに自然環境との関係（エコ・システム）と社会環境との関係（ソーシャル・システム）を加えてその全体性を「構造」と呼び、その構造の時系列的な変動を各システムの変化から接近し、解明しようとしてきた（13ページの図参照）。いわゆる「構造変動論」である。

縄文文化は、変化を遂げつつおよそ一万年間も継起した特異な「採集狩漁民」の文化である。この長期にわたる縄文文化の安定と変化のリズムはどのように刻まれていたか、この設定問題への解答が以下の考察・説明である。

採集狩漁民である縄文人の生活世界は、自然のなかで、自然に適応して構築されていた。したがってその生活の変化、すなわちその文化の変化は、気候変動に連動している自然環境（地形・植生・動物相など）の変化と連動していたと考えられる。

自然環境から独立しているとみられる社会システムにおいても、縄文時代にあっては、少なからず気候変化に対応する側面を持っていた。

縄文社会

昭和一二、一三年（一九三七、三八）に、地域研究誌『ひだびと』を舞台にして、編年学研究者の甲野勇・八幡一郎とプロレタリア作家の江馬修との間で論争が交わされた。考古学の役割は先史時代における社会経済史の解明にこそあり、そのためには遺物の用途論を発展させる必要を痛感する江馬が、当時、主流になりつつあった研究を、「編年学的研究に伴う一つの偏向」と評したからである。

編年のための型式学の整備途中であったこと、考古学から社会経済へアプローチする方法も資料も整っていなかったこと、戦時体制へと突き進むなかで社会経済を論じることが危険思想視されかねなかったことなどのため、論争は平行のまま実ることはなかった。

研究動向に変化がみられるのは、戦後も時がたって「新縄文三羽烏」（小林達雄・鈴木公雄・林謙作）世代以後である。春成秀爾さんの『縄文社会論究』や林の『縄文社会の考古学』が出版された。そうした新しい研究にあって、私がもっとも影響を受けたのが、渡辺仁の『縄文式階層化社会』である。これをうけて、「縄文社会」をタイトルに入れた編著作を何冊も出してきた。

第二章

過剰デザインの石斧

はじめに

　生活に必要な道具をつくるとき、人は使用目的や使用頻度、素材とその入手コスト、運用技術、生産と消費の対投資効果などを総合的に勘案してデザインする。ところが、総合的調和を図って機能的にデザインされたと見なすには説明のつかない道具が、少なからず存在する。入手にコストのかかる遠隔地で採取された希少な石材を使い、多大に時間とエネルギーを投入して精巧に作り出した巨大な石器、たとえば、神子柴《みこしば》型石斧《せきふ》・神子柴型尖頭器《せんとうき》がそうである。

　機能性や効率性や利便性を重視した通常のデザインから逸脱した、むしろそうした逸脱行為を必要としたかのようなデザインを、私は「過剰デザイン」と呼んでいる。過剰デザインのもっとも重要な原則のひとつは、強調された可視性である。製作者・使用者の意図がはっきり目に見え、適切なメッセージを伝えなければならない。言い換えれば、過剰デザインには、社会的メッセージが込められているのである。

　神子柴型石斧の変容を通して縄文化のプロセスを見てみよう。

　先に37ページで説明しておいたボンド・イベントは、土器の型式変化によって示唆されていた縄文文化変遷の主因・背景であった。そして縄文文化の起源にからんでくるのが、約

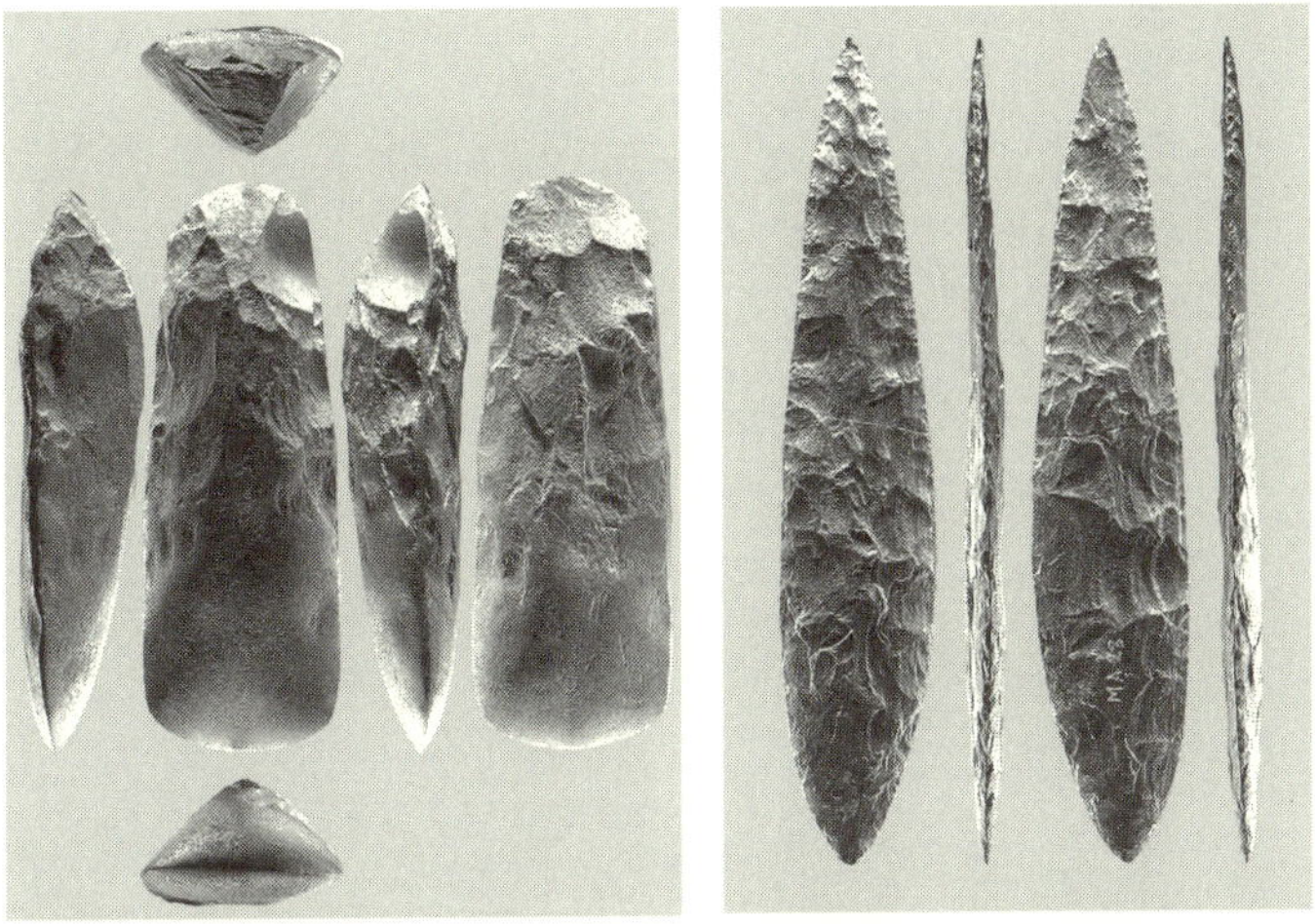

神子柴型の石斧と尖頭器　長野県神子柴遺跡出土品を基準として設定された。尖頭器は地域と時期ごとの変遷が多様だが、石斧の変遷には傾向が認められる。過剰デザインが崩れた石斧を「神子柴型」と呼んでいる。

一万六六〇〇年前に起こった最後のハインリッヒ・イベント（H1）に起因する北方集団の南下である。

かつて「長者久保・神子柴文化」の伝播ルートと見なされていた北海道に、長者久保石器群・神子柴石器群は存在していない。北海道は約二万五〇〇〇年前以降細石刃《さいせきじん》石器群の世界であって、後期の細石刃石器群中に、長者久保・神子柴系と見なせる大型石斧と大型尖頭器がわずかに組成されているにすぎない。これらの石器は、南の本州側からの影響とみている。

「神子柴文化」とは後期旧石器時代末期から縄文時代初頭におよぶ一系列の文化であったと主張したのが、唐沢B遺跡の発掘調査を行った在野の考古学者森嶋稔である。標準遺跡である神子柴遺跡での石器組成を基底として、「神子柴系文化」のその後の展開を「神子柴型石斧」の狭長化、小型化を指標として、唐沢B遺跡→長者久保遺跡→田沢遺跡→小瀬ヶ沢洞窟遺跡→日向洞窟遺跡とする編年を考え、その直後こそが系列の消滅による日本列島における縄文文化そのものの成立の時点だとした（『信濃』第二二巻第一〇号）。

当時としてはたいへん大胆な仮説であった。この森嶋の視点はプロセス考古学と相似の理念だと認識したとき、私自身の「神子柴文化」観は変換しはじめた。神子柴型の石斧と尖頭器はその魅力と新奇なことが一緒になって、当初生活財としてよりも威信財・交換財として、動揺する社会の統合のシンボルとしての機能を与えられており、そしてその後に、生活様式の変化、社会の安定化（縄文化）と歩調を合わせて、しだいに象徴的なものから実用的なものに転化されたのであろう、と考えるようになった。

気候の寒冷化と集団移動

北海道の細石刃石器群

近年の研究書で山田哲さんは、北海道における細石刃《さいせきじん》石器群を三期に区分し、細石刃核とそれに関連する細石刃製作技術を指標として、石器群を七群一四類に分けている（『北海道における細石刃石器群の研究』）。現在、もっとも体系的な分類であるが、各石器群の実年代は、いまだ確定されていない。

前期前葉細石刃石器群期から前期後葉細石刃石器群期への移行期に、白滝産黒曜石《こくようせき》とつよく結びついた湧別《ゆうべつ》技法（札滑《さっこつ》型細石刃核・白滝型細石刃核）の発明があった。この湧別技法による細石刃核からは多くの細石刃を得ることができるため、長距離移動が可能になり、黒曜石や頁岩《けつがん》の特定産地から遠く離れた地域でも狩猟活動が行えるようになった。本州中部高地で神子柴石器群が登場する淵源となった重要な出来事であった。

函館市石川1遺跡では、焼土ブロック一か所、炭化木片ブロック四か所、石器ブロック七か所が検出された。細石刃・両面調整石器・彫刻刀形石器・錐器《すいき》・掻器《そうき》・削器《さっき》などを組成し、炭化木片ブロックをともなう第二、第三、第七ブロック（細石刃核が加わる）が居住空間、主に尖頭器《せんとうき》とその製作剥片《はくへん》、および石核と縦長剥片だけを組成する第四ブロックが石器製作の場、両面調整石器に縦長剥片がともなう第五ブロックと小規模な第一、第六ブロックが二次的な道具を使用する作業場であると解釈された。

この遺跡の細石刃石器群のなかに、峠下《とうげした》二類と札滑型との二つの細石刃核を認める研究者もいる。最近出された暦年較正年代では一万六二〇〇年前である。厚真《あつま》町上幌内《かみほろない》モイ遺跡の峠下二類・札滑型でも約一万八〇〇〇～一万七五〇〇年前の年代が出ている。津軽海峡を越えて南下したのは、この地に遺跡を残した集団であった可能性がある。石材の四四パーセントを硬質頁岩《けつがん》が占めていて、黒曜石は細石刃と削器および剥片・砕片《さいへん》で石材の二パーセント、総重量で一三三グラムにすぎないが、すべて三五〇キロメートル離れた白滝産である。

もうひとつ注目されるのが第五ブロックにとくに集中して出ている両面調整石器である。形状と大きさは変化に富み、この石器の製作過程で生じる調整剥片が彫刻刀形石器・掻器・削器の素材として利用されており、報告者の長沼孝さんは、円盤状に近い石核からの縦長剥片の剥離、石核の両面調整石器化、両面調整石器の再調整とその際に生じる剥片（ポイントフレイク）の獲得などの流れが、初期の段階から意図的に行われていたのであろうと推定している。

神子柴石器群や長者久保石器群の円盤状の石刃石核を経て、縄文時代草創期石器群の両面調整石器へと続く系統関係にある。石核と削器の二重の性格を有すると考えられた両面調整石器のあるものは、宮城県野川遺跡や福島県仙台内前《せんだいうちまえ》遺跡で検出された草創期の両面調整石器と相同の石器と考えられる。

最新の古気候学データと暦年較正年代が示すところでは、ハインリッヒ1・イベントの寒冷現象（約一万六六〇〇年前）が北海道集団の一部に南下を促したと考えられる。長野県神子柴遺跡および関連遺跡の年代測定値がないが、長者久保系石器群と無文土器を出した青森県大平山元《おおだいやまもと》Ⅰ遺跡の暦年較正年代（約一万六五〇〇～一万五三〇〇年前）を参考にすると、甲信越地方の神子柴石器群の出現と拡散は、この北方集団の南下とその後の気候温暖化傾向と関係がある。

北関東・甲信越地方において、文化的、社会的伝統の異なる北方集団との接触・緊張関係のなかで、在地集団がその存在証明として表出したのが、過剰デザインの石斧・尖頭器を特徴とする神子柴石器群であると、私は考えている。

北方集団の南下

北海道に長く居住した北方集団が、日本海沿いに遠く岡山県（恩原2遺跡）に至るまで南下し

大平山元遺跡群出土の石器と土器

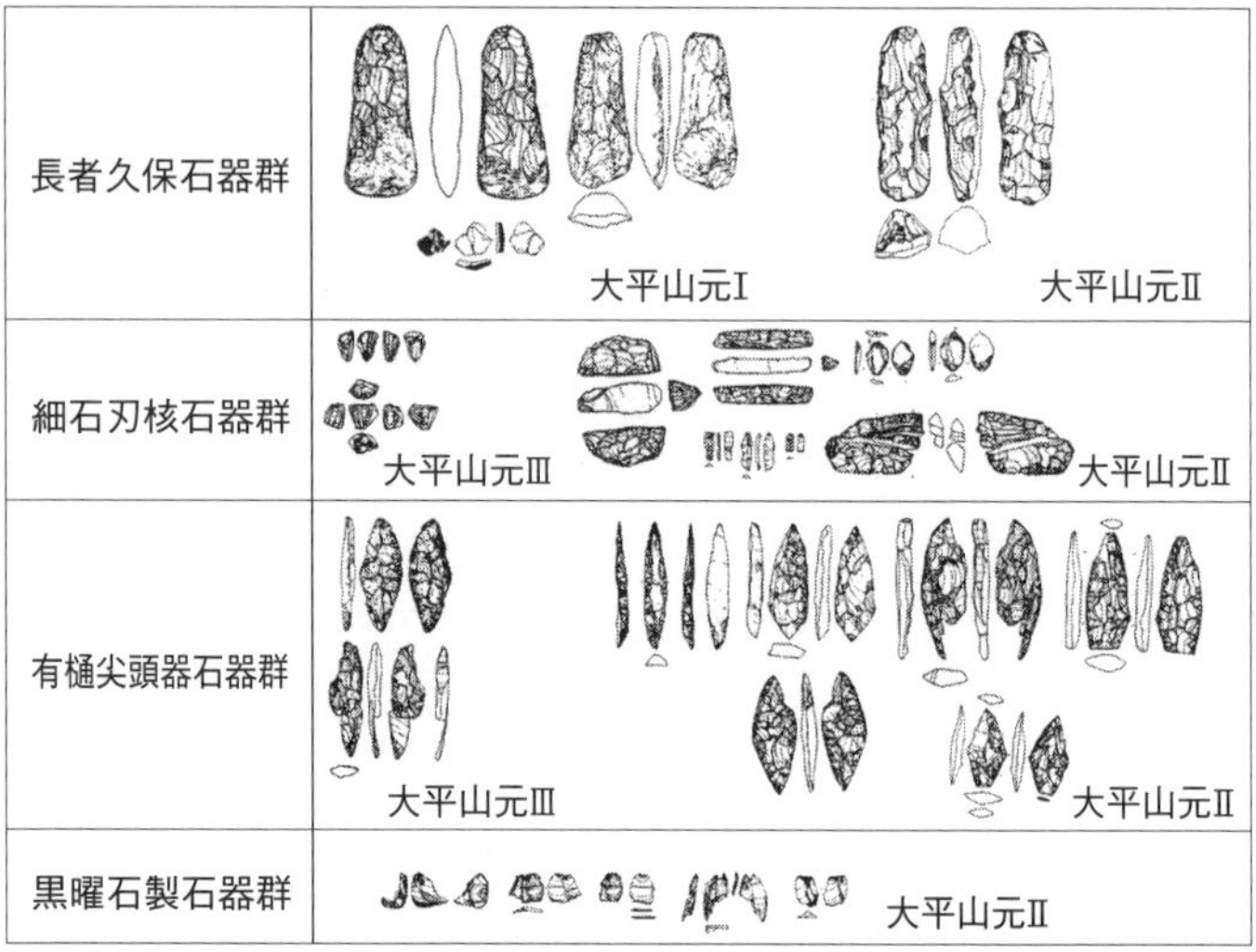

第3群（東北地方北部のナイフ形・尖頭器石器群）→第2群（北方系の細石刃石器群）→第1群（長者久保系石器群）の変遷に、津軽海峡をはさんだ集団間の交流が読み取れる。

た（16ページの地図参照）。河川の合流地点の河岸段丘上に拠点を置き、流域沿いに脊梁《せきりょう》山脈を越えて太平洋側にも進出した。湧別技法と荒屋型彫刻刀形石器を特徴とする細石刃石器群は、千曲川・信濃川水系と荒川・利根川水系以北を中心に主に分布する。

津軽半島は、北海道からの人・モノ・情報の入り口として、また北海道への人・モノ・情報の出口として、旧石器時代から重要な位置をしめてきた。大平山元遺跡群（Ⅰ・Ⅱ・Ⅲ）は津軽半島の外ヶ浜町（旧、蟹田《かにた》町）にある。

大平山元遺跡群出土の石器群は四群に大別されている（上図）。古い方から詳細不明の黒曜石製石器群、有樋尖頭器《ゆうひせんとうき》を特徴とする石器群、細石刃石器群、長者久保・神子柴系石器群である。石器群の石器組成を見ると、北海道の湧別技法に関連する細石刃石器群を有する集団と、東北地方北半の樋状剥離《はくり》面を有する尖頭器石器群（有樋尖頭器と尖頭形彫刻刀石器）を有する集団との間に交流があったと見なせる。

新潟県朝日村樽口《たるくち》遺跡は、マタギの村として知られた奥三面《みおもて》、三面川とその支流の末沢川の合流点を見下ろす上位段丘にある。テラス状の地形のA地区から旧石器時代の六つの文化層が確認された。

上の二層がA－MS文化層（白滝型細石刃核を指標とする石器群）とA－MH文化層（幌加《ほろか》型《がた》細石刃核を指標とする石器群）である。A－MS文化層からは細石刃一二二〇点、白滝型細石刃核一六点、細石刃核削片一〇二点、細石刃核母型一三点、荒屋型彫刻刀形石器一点、円形掻器二点、掻器一七点、尖頭器八点などが出ている。

細石刃関連はすべて黒曜石製で、尖頭器には無斑晶質安山岩《むはんしょうしつあんざんがん》と珪質頁岩《けいしつけつがん》が使われている。黒曜石は秋田県男鹿《おが》産である。発掘調査報告者の立木宏明さんは、「この集団は北海道域から渡航し、秋田県男鹿半島で黒曜石を直接採取し、日本海沿岸を通って当地に赴いた移住民第一世代あるいは第二世代であろう」と想定している。A－MH文化層からは細石刃一一八点、幌加型細石刃核三点と大型石刃素材の彫刻刀形石器二点、掻器二一点、彫掻器七点などが出ている。

石材は珪質頁岩九七パーセント、玉髄《ぎょくずい》三パーセントで、遺跡から三〇キロメートル圏内の山形県小国町荒川流域に産する。樽口遺跡は山形県小国方面と新潟県の日本海側とを結ぶ要地に位置している。青森県大平山元Ⅱ遺跡・茨城県額田《ぬかだ》大宮《おおみや》遺跡・群馬県枡形遺跡などで類似の幌加型細石刃石器群が出ている。幌加型細石刃核と神子柴型石斧との整形技術の類似点を指摘する研究者がいる（66ページの図参照）。

近年報告された山形県小国町湯の花遺跡出土の黒曜石の産地同定分析の結果、六点中三点が北海道白滝産、三点が男鹿半島脇本産であった。北海道から移動してきた集団の中には、白滝産黒曜石を使い切らずに当地に到達した集団があった可能性が出てきた。

北方集団の在地化

山形県大石田町角二山《かくにやま》遺跡は、北海道以外での湧別技法の存在がはじめて実証された遺跡である。検出された細石刃石器類は、もっぱら在地の珪質頁岩を素材とする。細石刃核を見ると、接合資料の母型の両面調整が粗く、また打面の形成が稜付き削片《りょう》の剥離だけであったり、同一方向からの数回の打撃や両方向からの数回の打撃によったりしている。

さらに細石刃核の母型に稜付き剥片や分厚い剥片を利用してもいる。両面体石器を長軸方向の縦割りでなく短軸方向での横割りの例も混じる。故地の北海道を遠く離れた土地での湧別技法の変容した石器群である。搔器や彫刻刀形石器の素材のかなりの部分は、細石刃核母型となる両面体石器の製作過程で生じる剥片を利用している。

在地化した細石刃石器群は標準遺跡の名をとって「荒屋系細石刃石器群」と呼ばれる（上図）。新潟県川口町荒屋遺跡は、信濃川と魚野川の合流点を眼下に見下ろす標高約八六・五メートルの段

石器群は新潟・山形県域に産する珪質頁岩製石器類からなり、荒屋遺跡など石材産地近辺の拠点キャンプ地から、河川流域沿いに広く展開している。

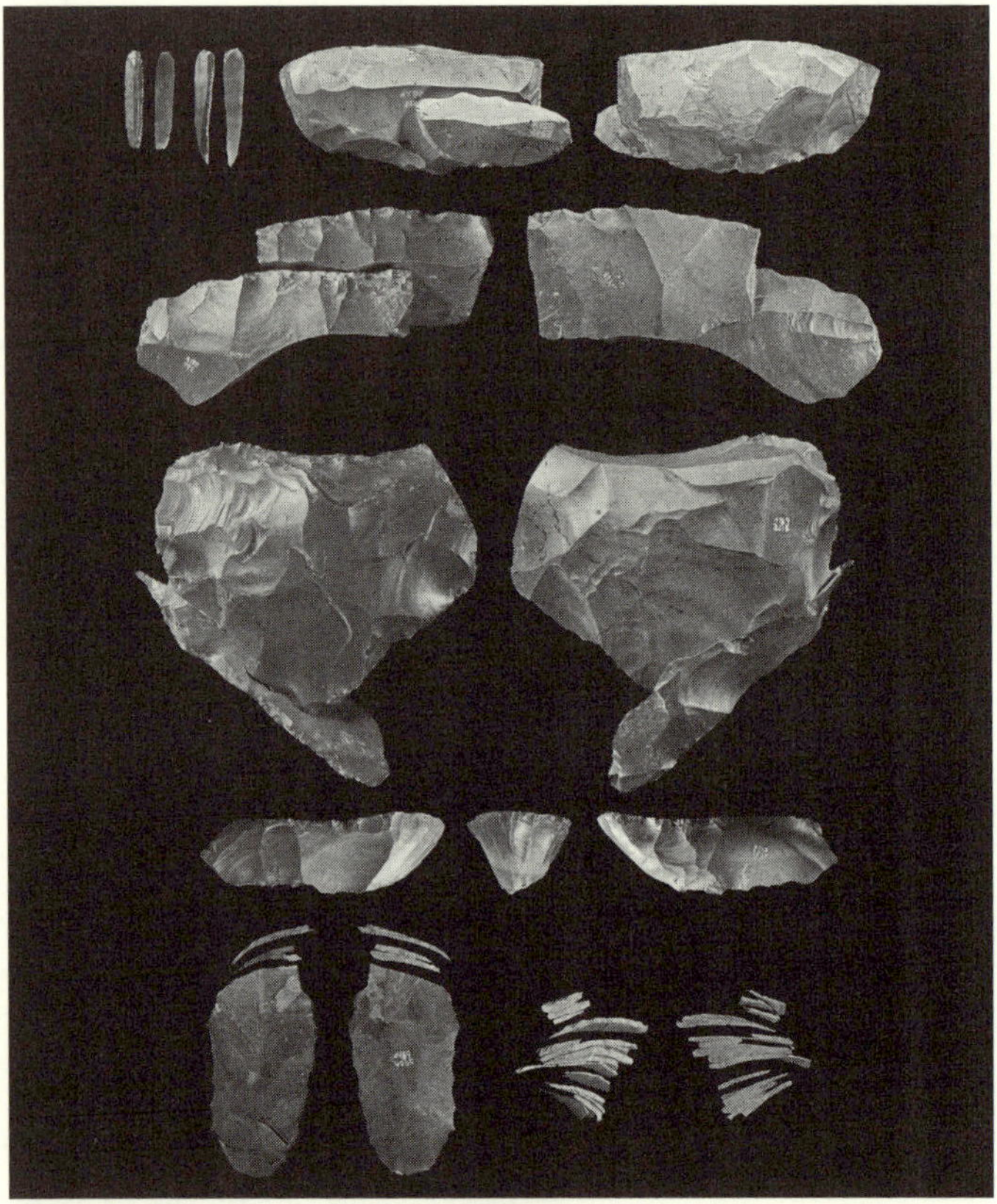

荒屋遺跡出土の遺構群と石器類

北方集団が在地化して残した荒屋系細石刃石器群の基準遺跡で、いくつもの遺構が検出されていて、拠点的キャンプ跡と考えられる。石核の整形途上に生じる剥片・削片類が相互に接合している。左下が荒屋型彫刻刀形石器。

丘上にある。東北大学にあって当時の旧石器時代研究を牽引した芹沢長介による一九五八年の第一次発掘調査以降、四次にわたって調査された。竪穴《たてあな》状遺構一基、土坑《どこう》一九基など二四基の遺構が重複して検出され、繰り返し利用されたことをうかがわせる（右ページの写真）。

竪穴状遺構は長径三・八五メートル、深さ二一センチの隅丸方形《すみまるほうけい》で、当初、墓壙《ぼこう》あるいは貯蔵穴と見なされた。中央床面に長径一メートル以上、幅九五センチ、深さ八センチの整った小判型の窪みが設けられていた。炉跡と推定されている。二基の大型土坑（三・二×二・二×〇・五五メートルと二・二×一・一七×〇・五二メートル）では複数の焼土層が認められ、竪穴状遺構と同様に繰り返し火の使用が行われたと見られる。

貯蔵穴と目される土坑の埋土などからオニグルミの炭化種子が出ていて、加工材としてのキハダ属の炭化樹種の出土とともども注目される。

珪質頁岩がもっぱら用いられた石器類は、剥片・砕片を入れて九万四〇〇〇点以上に及ぶ。細石刃数に比して細石刃核の数がきわめて少ないことから、この地から多くの細石刃核が搬出されたと思われる。芹沢によって「荒屋型」と呼ばれた彫刻刀形石器は、細石刃核の調整段階で生じた剥片を利用していることが多い。使用痕分析によれば、彫刻刀面と腹面のなす縁辺で乾燥皮をなめす作業と骨や角（水漬け鹿角）を削る作業に使われていた。削片の数が非常に多く、彫刻刀形石器製作と刃部再生作業が頻繁に行われたようである（52ページ写真の左下の石器参照）。

この拠点的キャンプ地では獲物の処理だけでなく、遠出の際に所持する細石刃核原形や細石刃を埋め込む骨角軸の製作が活発に行われていたようである。彫刻刀形石器に比べ掻器《そうき》が極端に少ないのが注意される。約一万六〇〇〇〜一万七〇〇〇年前の遺跡である。

隣接集団との接触

荒川の支流吉野川は、河川改修以前には南に大きく曲流していたが、埼玉県白草遺跡はその曲流部にむけて競りだした江南台地の北側縁辺部に位置する。五か所の石器ブロックが確認されており、細石刃核原形一点、スキー状削片六点、細石刃四七八点、荒屋型彫刻刀形石器およびその変異形態二一点、彫刻刀形石器削片二二五点、角二山型掻器と大形掻器各一点、削器二点、礫器《れっき》一点など、約四五〇〇点の石器類が出土した。石材はもっぱら珪質頁岩だけを使用している。

石器・石片類の大部分は土坑が確認された「第一ユニット」に集中しており、石器を製作し使用した活動の中心部であった。稜付き削片が出ていないところをみると、見つかっている細石刃核原形に近い形で遺跡に搬入し、その素材を整形しながら細石刃を生産し、整形途中に生じる剥片を使って彫刻刀形石器を作ったりしていたようである。

発掘調査報告者の川口潤さんが各石器集中地点で器種別に偏在する傾向を指摘していたが、長野県中ッ原《なかつぱら》5B遺跡など細石刃石器群関連遺跡の発掘を多数手がけている堤隆さんの使用痕分析によって、第1・第2ユニットでは骨角の「掻き削り」と「掻き取り」の痕跡のある彫刻刀形石器が、第4ユニットでは乾燥皮の掻き取りの痕跡のある掻器が、第5ユニットでは乾燥皮の切断や削り痕のある削器が見られ、各地点で集団構成員によって個別の作業が行われていたことが明らかになった。

茨城県後野遺跡は、久慈川と那珂川の間に発達した那珂台地、那珂川の支流本郷川谷に突出する標高二九・五メートルの低丘陵上にある。台地中央部のA地区では三つの石器ブロック（長者久保系石器群）が、A地区の南二〇メートルの台地南縁のB地区では、褐色軟質ローム層に集中して褐色硬質ローム層の上面におよぶ範囲から、A地区とは異質の石器群が出土した。すなわち、削片系細石刃核とその変異形態が四点、細石刃一六七点、荒屋型などの彫刻刀形石器七点、その削片一八点、削器三点、尖頭器一点、礫器二点、剥片五四四点の計七四八点からなる石器群で、新潟県荒屋遺跡の石器群に近似する。

報告者が片刃石斧の機能的代替品とみなした礫器に閃緑岩《せんりょくがん》が使われているほかは、石材はすべて珪質頁岩である。削片系細石刃核の範疇《はんちゅう》に入るけれども、技術的、形態的に変形してしまった石核をどのように見るかは、見解の別れるところである。後野遺跡の例を「在地系の影響を受けた削片系」、後述する相模野台地の大型の槍先形尖頭器にともなう細石刃核については「湧別技法の工程的形骸化」、また中部高地のものは「湧別技法にない一つの地域的な技術的適応」および「技術的折衷」と見なされている（栗島義明『土曜考古』第一七号）。

私自身は、前者は技術の本来の所有集団が珪質頁岩の産地を遠く離れた場所で石材を効率的に使用した結果とみなし、後の二者は技術の本来の所有集団ではなく、技術を受容した隣接集団の手になるがゆえの変容と解釈している。

南関東の相模野台地においては、細石刃石器群は神奈川県吉岡遺跡群A区・B区のL1H層や代官山第Ⅲ文化層出土の稜柱形細石刃核を最古（約一万九七〇〇年前）として、時期が下るBB0層内の上草柳第1地点第Ⅰ文化層では舟底形細石刃核がともなってくる。

後出のこの幌加型細石刃核系の舟底形細石刃核はL1S層中で盛行する。その後に楔形《くさびがた》細石刃核が出現するが、相模野台地の勝坂遺跡や月見野上野遺跡第1地点第Ⅱ文化層や長堀北遺跡第Ⅱ文化層では尖頭器が主体的なありかたを示し、土器がともなうこともある。気候が温暖化して生態系が回復するにつれて、長距離を遊動する必要がなくなり、湧別技法による細石刃石器群が変質をこうむって消えていった。

長野県でも木曾御岳山の北東麓に広がる開田高原の南東部、標高一一二〇メートルにある柳又《やなぎまた》遺跡C地点では、下層から黒曜石製の稜柱形細石刃石核の一群が、上層およびA地点からガラス質安山岩と黒曜石製の楔形細石刃核の一群が出土した。

A地点の細石刃核は三類型に分類でき、Ⅰ類を札滑型の系統を汲むもの、Ⅱ・Ⅲ類をⅠ類の受容を契機として楔形の形式だけを採択しながら素材の形状に応じて作り分けられた「応用型」と谷口康浩さんは解釈している。

同様の現象は、信濃川水系最上流部野辺山の中ッ原5遺跡B地点とその周辺の遺跡群でも見つかっている。

神子柴石器群

縄文文化渡来説

神子柴《みこしば》遺跡は長野県上伊那郡南箕輪村、天竜川を見下ろす独立丘上にある。一九五八年に地元の藤沢宗平と林茂樹らによって発掘調査が行われた。第一次発掘調査概報によると、出土石器の各群は一メートル内外の長さに配列、あるいは集積された状態で他の群と接触しつつ、全体は長軸(南北)五メートル、東西三メートルの楕円状を描いて配列されていて、なんらかの目的をもって配置された特殊な遺構であると見なされた。

石器群は神子柴型尖頭器と呼ばれる大型石槍と、神子柴型石斧《せきふ》と呼ばれる大型磨製・打製石斧を主体に、石刃《せきじん》・搔器《そうき》・石核《せっかく》など特徴的なセットとしての組み合わせをもっている(左ページの図)。石槍は槍先としてよりも短剣としての機能をもつような、平均一四〜一七センチの美麗な形状である。石斧も長さ二二センチ、幅八センチ、厚さ五センチ内外の短冊形に近い形態で、側縁の中ほどの部分が心もち狭くなり、やや広い刃部は弧状にはり出し厚さは薄くなる。基部はやや細く分厚い。断面三角形で正面の基部より中部にかけて稜が盛り上がり背面は扁平である。

神子柴遺跡出土の石器群は旧石器時代終末の細石器を含まず、また土器も伴出しなかったため、旧石器時代と縄文時代にはさまれた一文化段階として「神子柴文化」の存在が想定された。

数年後の一九六二年に、私の恩師である佐藤達夫らによって青森県長者久保遺跡の発掘調査が

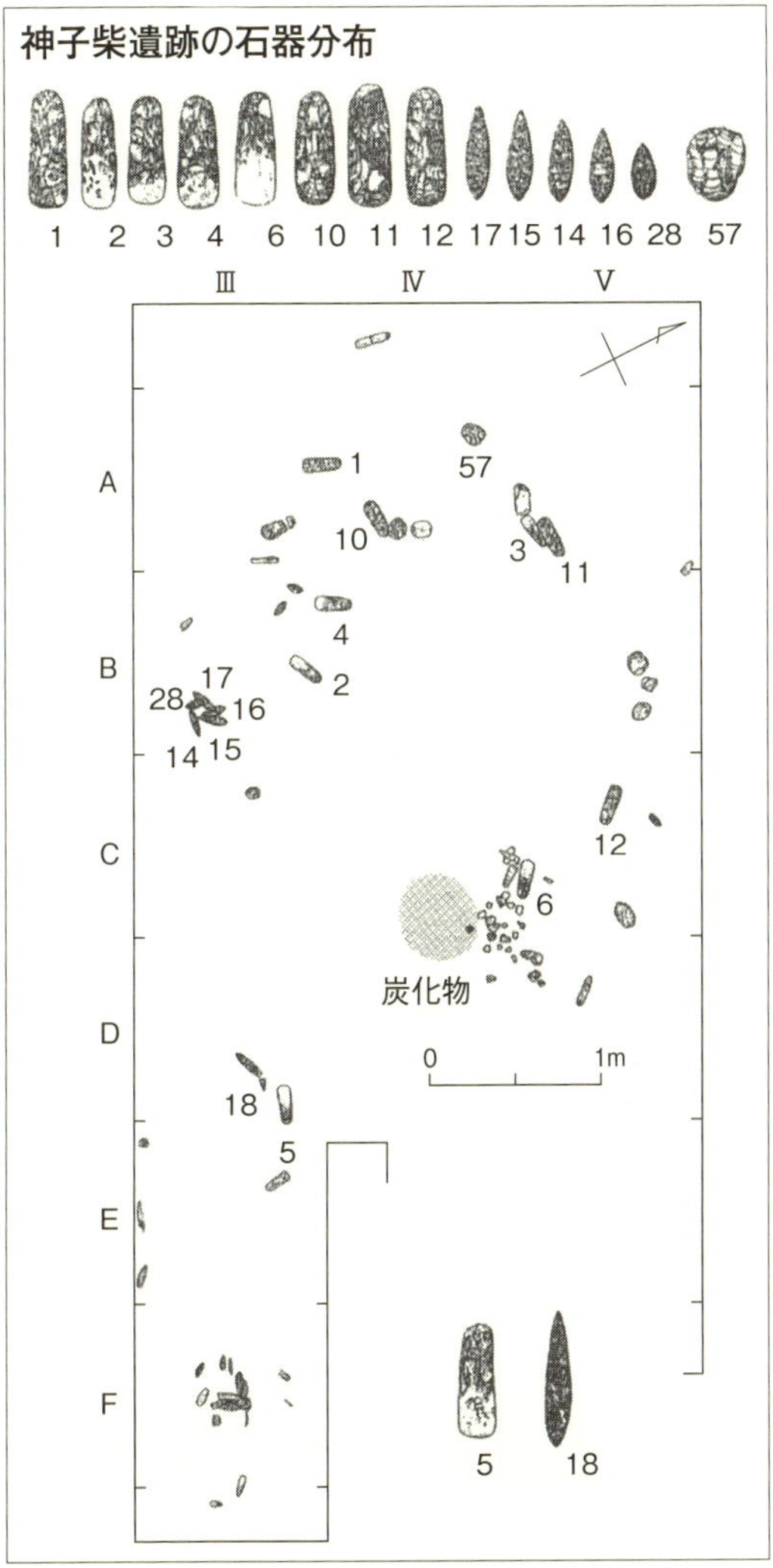

炉をはさんで、過剰デザインの石斧・尖頭器類の配置と、日常道具の石器類集中場所とが対照的に分布している。

行われた。遺跡は下北半島の付け根、東北町にある。とくに遺構というべきものは明らかでなかったが、石器包含層は八戸《はちのへ》降下火山灰（約一万五〇〇〇年前）に覆われていた。石器群は「円鑿《まるのみ》」（66ページの図参照）・石斧・石槍、各種の彫器・削器（特色ある彫掻器を含む）を組成し、石刃技法が顕著である。

山内清男と佐藤は、長者久保遺跡出土の石器類が神子柴遺跡出土の石器群とほぼ同一の時期に属し、「無土器文化」の中に一段階を形づくると考えた。そして、局部磨製の「円鑿」がシベリアのバイカル地方の新石器時代であるイサコヴォ期の円鑿に酷似することから、植刃《しょくじん》・断面三角形の錐《きり》、半月形石器などとともに大陸渡来の石器であると見なした。「北方からの文化の波及があって、恐らくこの時期に石槍等も伝来したものと見」なし、「さらに北方から土器、石鏃《せきぞく》その他のものをこの土地にもたらした大きな波が来って、ついに新石器らしい縄文文化が生じたといえよう」と、大陸渡来説を唱えた（『科学読売』第一四巻第一三号）。

縄文時代のはじまりを約五五〇〇年前と見る山内・佐藤の短期編年に代わって、長崎県福井洞窟出土の隆起線文《りゅうきせんもん》土器の放射性炭素（^{14}C）測定年代値、約一万二五〇〇年前を縄文時代の開始とみる芹沢長介の長期編年が定説となった後も、この大陸渡来説は維持された。その急先鋒だった栗島義明さんは多くの論考を発表し、北海道では丸子山遺跡・モサンル遺跡・立川I遺跡・祝梅《しゅくばい》三角山《さんかくやま》(上層)遺跡・メボシ川2遺跡を、東北では越中山遺跡と山屋遺跡を、中部では樽口遺跡・大刈野《おおがんの》遺跡・宮ノ前遺跡を、九州では福井洞窟（4層)・市ノ久保遺跡・上下田《かみしただ》遺跡・帖地《ちょうち》遺跡を「神子柴系遺物との共伴関係」例として挙げている。

北海道では白滝型細石刃核との共伴例、忍路子《おしょろっこ》型細石刃核との共伴例を挙げて、「細石刃文化最終段階」が「神子柴文化の波及段階」であると見なした。大陸渡来説を唱える研究者たちの見解も大同小異である。

佐藤達夫に師事した私も「伝播系統説」に依っていたが、この仮説を支える証拠に乏しいこともあって、二〇〇二年に「『神子柴・長者久保文化』の大陸渡来説批判」(『物質文化』七二)を発表して、神子柴石器群の出現に関する新しい仮説を発表した。

神子柴遺跡の象徴性

狩猟採集民が、ある景観をコミュニケーションの手段として、所有権の主張として、意味の構造や力の構造として利用することが、民族誌の記録から知られている。言い換えれば、遺跡が立地する場は現実的（経済的）な場であるとともに、象徴的な意味をもち、時に臨んで集まる先祖代々重要な場所でもある。

神子柴遺跡の立地が伊那谷を見下ろす孤立丘上の東端が選ばれていた。この地の選択は狩猟採集民の景観認識の表出である。遺跡は西の木曽山脈と東の赤石山脈とにはさまれて南北に流れる天竜川の右岸、上位の大泉段丘の東端にある孤立丘上、海抜七一三メートルの平坦面にある。遺跡に立つと、背後には緩やかな斜面の先に木曾谷へとつづく権兵衛峠の窪みをはさんで中央アルプスの山々が連なり、前面には眼下の伊那谷の先に遠く南アルプスの連峰が見渡せ、広大に開けた展望である。

木曾谷側から峠を越えて伊那谷へと山を降りてきた人びとにとって、段丘先端のこの小丘は格好の目印となった。同様に、諏訪方面から天竜川沿いに南下し、峠を目指して支流の谷を西に向かった人びとにとっても、段丘先端のこの丘は最初に目に入るランドマークであったろう（左の写真下）。

遺跡を中心として西およそ六〇キロメートルの所に下呂石《げろいし》（神子柴型尖頭器の石材）の産地である湯ヶ峰山が、北四〇キロメートルの所に黒曜石（尖頭器や石核の石材）の産地である霧ヶ峰や和田峠があり、さらに北へ二〇キロメートルで唐沢B遺跡（同類の遺跡）である。信濃川に沿って下流へと向かえば珪質頁岩《けいしつけつがん》（石刃の石材）・玉髄（神子柴型尖頭器の石材、細石刃核削片）の産地と想定されている北越の日本海沿岸地域である（64ページの地図）。

神子柴遺跡　南アルプスと木曽山脈の山並みが見渡せる、孤立丘上の平坦部という珍しい地形に位置する。石器とその遺跡内での配置とともに、景観もシンボリックである。

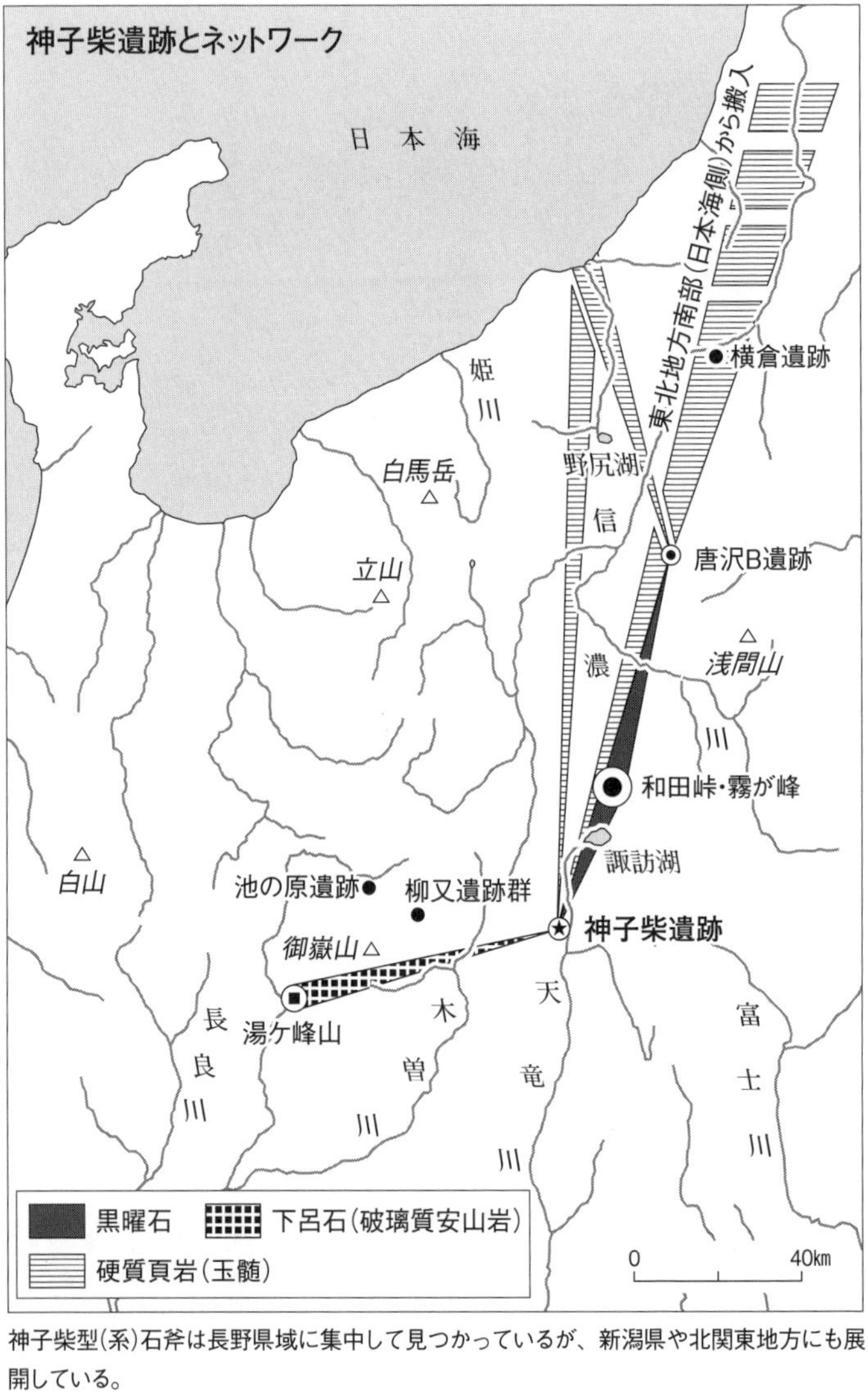

神子柴型（系）石斧は長野県域に集中して見つかっているが、新潟県や北関東地方にも展開している。

神子柴遺跡出土の石器は、黒雲母《くろうんも》粘板岩《ねんばんがん》・凝灰岩《ぎょうかいがん》・砂岩・緑色岩（神子柴型石斧の石材）など在地の石材だけでなく、遠隔各地の石材が使われている。そこで分散していた単位集団の集合地であると同時に、集団間での交換の場でもあり、祭祀の場でもあったと想定してみる。遺跡は周年スケジュールに組み込まれた季節的、日常的遊動狩猟民による複合的な諸活動が、伊那谷を見下ろす孤立丘上という特異な景観に象徴的に関連づけられていたのである。

神子柴型石斧

神子柴型石斧を特徴づける過剰デザインの象徴性とその社会的意味について、以前から何度も言及してきている。だが、過剰化する前の石器のデザインはどんなものだったのか、難問が残されている。

この件に関し、須藤隆司さんの提言がある。「神子柴型石斧固有の特徴的な甲高な片刃石斧であり、その調整剥離は裏面での平坦剥離と角度のある表面剥離、そして樋状の並列剥離による刃部形成である。この製作技術は、杉浦重信が北海道地域の中本型石斧に舟底形石器製作技術を見出したように、細石刃技術の舟底形石器製作技術、すなわち幌加《ほろか》型技術の改変と想定されるのである」（『旧石器研究』第5号）。幌加型細石刃核との技術的関連性については一考の余地があり

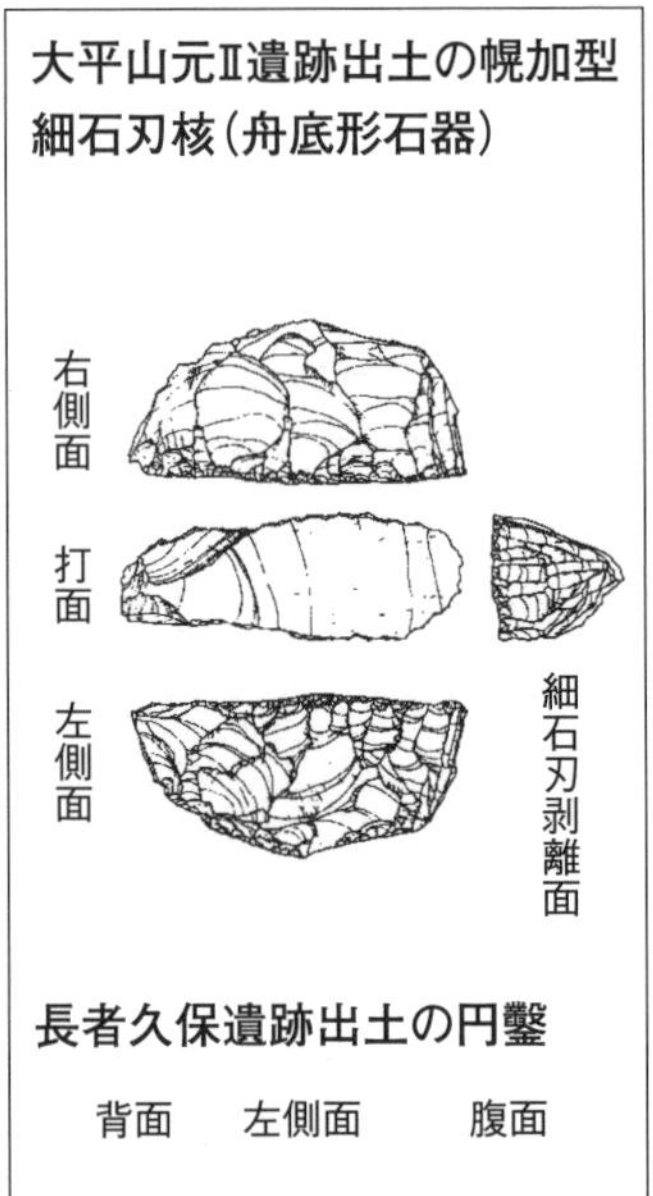

幌加型細石刃核（上）と「円鑿」（下）。「円鑿」は刃部が折れた後に細かい剥離によって丸ノミ状の刃に整形されている。

そうである。

田村隆さんも大平山元Ⅱ遺跡のような「ホロカ技法による舟底形石器」が神子柴・長者久保石器群の片刃石斧のひとつの原型であったと考えている（『旧石器社会と日本民俗の基層』）。長者久保遺跡出土の「円鑿」は「ホロカ技法による舟底形石器」から在地においてデザイン化された石器であるのか、それとも列島中央部から伝えられた神子柴型石斧の機能転化品（威信財から日常道具へ）なのか、あらたな難問である（右図）。

縄文時代草創期は、土器型式の変化によって大きく三期に分けられる。すなわち、隆起線文土

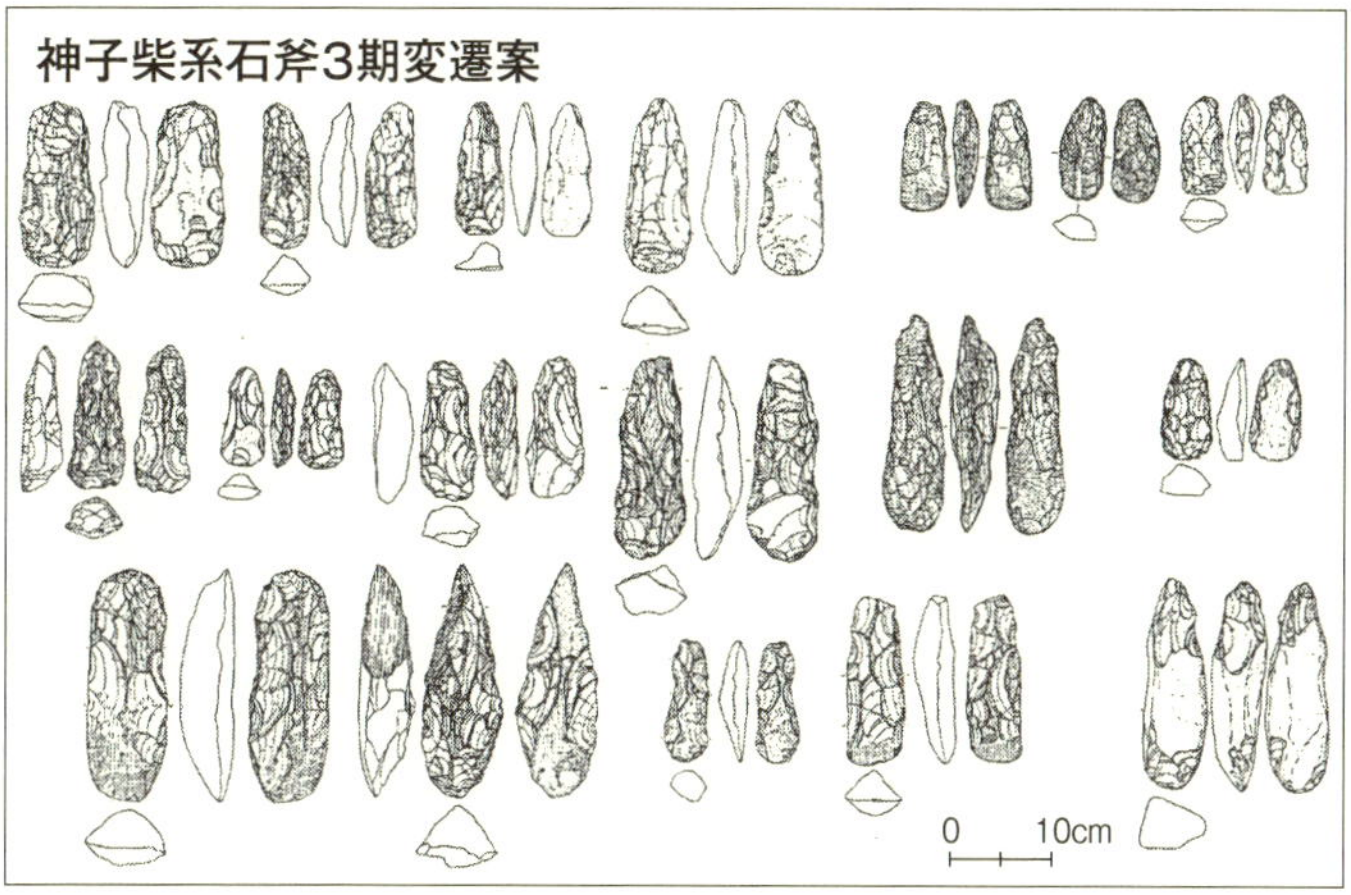

芹澤清八さんが栃木県内の「神子柴系石斧」を３段階に分けている。左下が川木谷遺跡の典型例で、長狭化、扁平化、小型化していく。

器以前、隆起線文土器期、隆起線文土器以後で、この区分はハインリッヒ１・イベントの寒冷化からの回復期、急激に気温の上昇した温暖期（ベーリング期・アレレード期相当）、再寒冷期（新ドリアス期相当）という気候変化に対応していることがわかってきた。

この間の植生は、亜寒帯針葉樹を主体に冷温帯落葉広葉樹が増加していく時期（針葉樹のトウヒ属などを主体とし、落葉広葉樹のハンノキ属がやや多く、コナラ亜属などがともなう時期）から、冷温帯落葉広葉樹が主体となる時期（トネリコ属が半数を占め、コナラ亜属コナラ節とハンノキ属が多い時期）へと変化し、再度寒冷期の樹林帯に戻ったと想定される。

神子柴型石斧の変遷（神子柴系石斧）はこの

三期の変遷を表出している（67ページの図）。亜寒帯針葉樹では伐採具としての石斧は必要なく、樹木の伐採具としての磨製石斧の増減は広葉樹林の増減と関連するからである。

図の川木谷遺跡例は典型例であって、過剰デザインに込められた社会的メッセージを信州の集団と共有する集団が北関東にいたことがわかる。最終段階に編入された鹿沼流通業務団地内遺跡出土例には「ハ」の字爪形文土器が、また大谷寺洞窟出土例には大谷寺Ⅲ式（表裏縄文）土器がともなう。

四方への拡散

急激に気温が上昇し温暖になった隆起線文土器の時期、冷温帯落葉広葉樹が主体となるのにともない、伐採具としての機能を回復した石斧（神子柴系石斧）が各地で採用されていった（左図）。隆起線文土器をともなう神子柴系石器群（局部磨製石斧・槍先形尖頭器《せんとうき》・有舌《ゆうぜつ》尖頭器・石鏃など）が東日本全域に分布している。

長野県は神子柴系石斧の中心分布地である。その典型的なありかたは星光山荘《せいこうさんそう》B遺跡に見られる。遺跡は長野県信濃町の野尻湖《のじりこ》周辺遺跡群中のひとつに数えられる。池尻川によって切られた段丘縁辺の平坦部、標高六二五～六五〇メートルにあり、炉跡の可能性がある一か所を含めて三

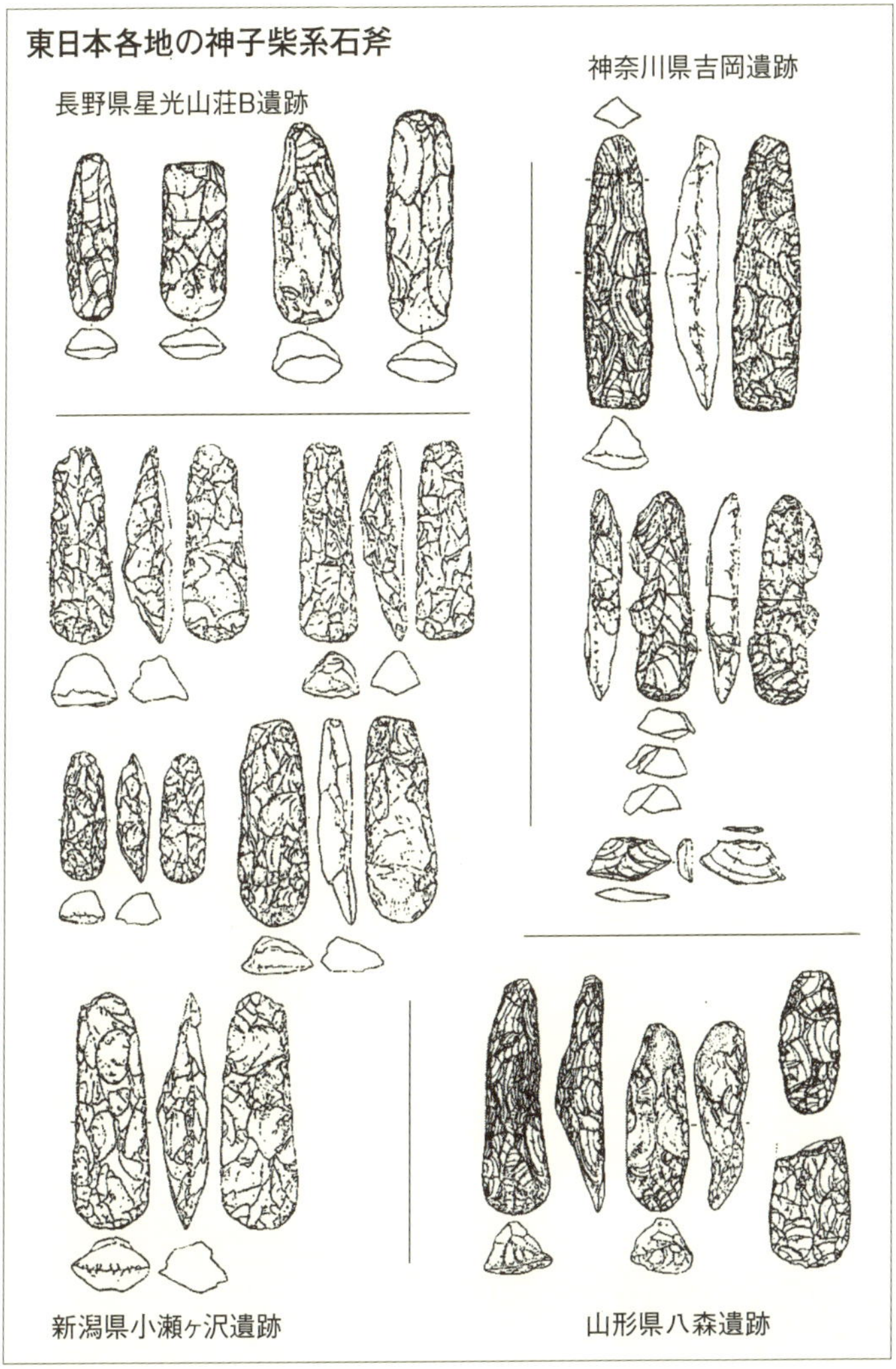

中部高地から南関東へ、また日本海沿いのルートで東北・北海道へ、そしてここには載せていないが近畿や中・四国へ伝わったことがわかっている。

か所の遺物集中部と、炉跡の可能性のある「コ」の字形配石が検出され、「短期滞在型遺跡」とされた。

微隆起線文《びりゅうきせんもん》土器片一二八四点のほか、神子柴系磨製石斧一〇点を含む石斧一八点、有茎《ゆうけい》尖頭器三一点、槍先形尖頭器三四点など、多数の石器類が出土した。土器は長野県石小屋洞窟出土の隆起線文土器や、神奈川県花見山遺跡第1群第3類土器に類似する。神子柴系石斧は、大が一七・三×四・六×二・九センチから小は一一×三・五×二センチまでの大きさで、大型品は元来のデザインをなお維持しているが、全般に短く、幅も狭く、断面の厚みも減少している。槍先形尖頭器の中に新潟県小瀬ヶ沢洞窟出土の柳葉形尖頭器に類似するものが混じる。暦年較正年代は一万四〇〇〇年より古く出ていて、温暖期に入ったころである。

草創期隆起線文土器を出す遺跡は、質量ともに南関東地方に集中して報告されている。ここでは神子柴系石斧に焦点を当てて、その特異な出方で知られる神奈川県吉岡遺跡の事例を見てみる。遺跡は相模野台地の高座丘陵北端部、相模川支流の目久尻川の中流左岸に位置する。浄水場建設にともなって一九九〇年から四年間発掘調査が行われ、調査区が六か所の丘陵部（A～F区）と谷部（G区）に設定され、後期旧石器時代最古期から草創期までの石器群が検出された。

当該石器群は、遺跡群の南西端A区の東側の谷、その谷頭部から谷に水の作用で流下したよ

小瀬ヶ沢洞窟遠景　標高200m、流紋岩の崖面の亀裂を利用した「草創期」の遺跡。室谷洞窟とともに山間地遺跡として重要。出土品は長岡市科学博物館で収蔵・展示している。

うな状況で見つかった。本来は谷頭の近くにあった石斧・石槍などの石器製作跡で、斜面に沿って打製石斧一三点（未製品一点）、局部磨製石斧三点、磨製石斧三点、槍先形尖頭器六五点（未製品一六点）と、それらの作出剝片が多数出ている。

石材は硬質細粒・中粒凝灰岩、ホルンフェルスなどが使われ、尖頭器にはガラス質黒色安山岩も使われている。最大の神子柴系石斧（二〇・九×五・四×三・三センチ）は保存状態がいいが、形態が長狭で整形剥離は多少粗くなっている。次に大きな神子柴系石斧（一六・一×四・二×二・二センチ）は二つに折れていて、五枚の作出剝片が接合する。局部磨製石斧は三点とも一〇センチに満たない小型品である。

日本海側のネットワークを考えるとき、新潟県小瀬ヶ沢《こせがさわ》洞窟が古くから中心の位置を占めてきた（前ページの写真）。遺跡は阿賀野川支流の常浪川の上流、小瀬ヶ沢左岸の小尾根末端近くにある。隆起線文土器・爪形文土器・押圧《おうあつ》縄文土器と長期間にわたって利用された洞窟である。そこで多様な形態の神子柴系石斧と槍先形尖頭器が残されていた。典型的な神子柴型石斧の若干デザインに揺るぎが生じた石斧と見なせる例から、その変形過程を示唆する事例である。

槍先形尖頭器も最大幅が基部近くにある例（神子柴系）を含んで最大幅が中心部にある例など多様である。神子柴遺跡出土の神子柴型尖頭器の素材である玉髄の産地にも近く、過剰デザインの象徴性を共有する集団の遊動域であったことがわかる。

さらに北上して神子柴系石斧・石槍の製作跡が山形県八森《はちもり》遺跡で見つかった。遺跡は庄内平野の東縁に接する出羽山地西端の段丘面にあり、北側の裾を荒瀬川が流れている。旧石器時代から平安時代までの複合遺跡で、一九九七年の第一七次発掘調査で低位段丘のⅧ区（Aブロック）とⅨ区（Bブロック）、第二二次発掘調査でXXⅨ区（Cブロック）から神子柴系石斧をともなう石器群が検出された。この三ブロックには完形品・未製品・半製品・折損品と剥片・砕片とが接合する例もあって、石器製作跡と見られる。各ブロック間の同一母岩例や接合例もある。

石斧は五点出ている。一八・八×五・六×三・八センチの大型品は断面三角形の局部磨製石斧である。珪質頁岩《けいしつけつがん》の大形剥片素材で、腹面にはほとんど剥離を加えず、背面が山形になるように側縁と刃先を調整している。神子柴遺跡や長者久保遺跡、あるいは大平山元I遺跡の石斧とは多少違っていて、地域的な変形を示唆している。断面三角形の他の一点は軟質砂岩製で一一・七センチとやや小振りであるが、器厚は三・八センチで分厚い。腹面は全面に調整を施しているが、背面の基部には大きく礫面を残す。両刃である。

槍先形尖頭器は四五点あり、最大二三センチから最小一二・九センチまで大小の断面レンズ状の両面加工木葉形尖頭器を主体に、半月形尖頭器・小型柳葉形尖頭器・有肩《ゆうけん》尖頭器が報告されている。最大の槍先形尖頭器は中央に最大幅があり、基部寄りに最大幅のある神子柴や長者久保の槍先形尖頭器とは異なる。

青森県大平山元I遺跡

先に述べた大平山元《おおだいやまもと》遺跡群のI遺跡は、畑地から偶然局部磨製石斧が見つかったことから、青森県立郷土館によって一九七五年に試掘調査が行われ、翌年に発掘調査が行われた。出土した石器とその組成が類似することから、長者久保石器群とされた。

局部磨製石斧は、典型的な神子柴型石斧とは異なり、「長さ一九・三センチ、刃部幅六・二センチ、厚さ三・五センチを測る大型の局部磨製石斧である。重量は五四〇グラムである。表裏両面とも階段状剥離が行われ、概して平坦な面を形成しておる。刃部は蛤刃《はまぐりば》を呈する。斧頭《ふとう》のほぼ中程が心持くびれており、刃部からこの部分までの両側縁は縦位に磨かれ平坦である。刃部は、表裏両面ともに大きな剥離を覆う様な状態で研磨した結果の、横位の擦過痕《さつかこん》がめいりょうに観察される。特に表面においては、研磨が胴部のほぼ中央にまで達し、大きく深い剥離を磨きつぶす程行われている。一方裏面の磨かれている部分は刃部から四センチ程であり、表面とは大きく異なっている。一般に刃部の磨きは、刃部に対し直角に行われるが、本例は横位になされており、刃がやや鈍いことや、さらに使用痕も観察されないため、未完成品とも考えられる」と報告された（48ページの図の左上）。

一九九八年に谷口康浩さんを団長として、前回の発掘区の南側の発掘調査が行われた。谷口さんは長者久保遺跡と大平山元I遺跡とを比較して、①彫刻刀形石器が多いのに対し掻器が多い、②石器群が頻繁な使用と消耗を示しているのに対し完形あるいは予備的な未完成の形状で遺棄されているケースが多い、③石鏃と土器が前者になく後者を特徴づけている、などの相違を指摘して、季節的要因による場の機能に注意を喚起している。

暦年較正年代が約一万六一〇〇〜一万六五〇〇年前まで遡る可能性が指摘されている。長者久保石器群は、神子柴石器群の系統というより在地集団の伝統の中から生じた可能性が高い。

北海道への展開

北海道八雲町にある大関校庭《だいかんこうてい》遺跡の吉崎昌一資料を、山田哲さんは細石刃石器E1群に分類している。しかし、局部磨製石斧を欠いているが、安山岩製の槍先形尖頭器の形態からも明らかなように、長者久保系石器群を含んでいる。すなわち、渡島《おしま》半島の奥深くまで長者久保系石器群を有する集団が入り込んでいたことを示唆している。そう見ることによって、千歳市周辺に分布する忍路子《おしょろっこ》型細石刃石器群中に大型局部磨製石斧が組成されていることを理解できる。

大雪山系の北東山麓、黒曜石産地の赤石山の南側を南北に流れる湧別川《ゆうべつがわ》の河岸段丘状に白滝遺跡群がある。その報告書で報告された「斧形石器」の中に、神子柴・長者久保系に関連のありそうな石斧が認められる（次ページの図）。

白滝遺跡群の上白滝5遺跡から出ている二点はともに安山岩製で風化がはげしく剥離の稜が見づらいが、正面が左右とも急角度の加工によって、裏面がおそらく平坦剥離によって断面三角形に成形されている。正面の上下端部は縦方向の剥離によって成形され、下端部が丸くなっている。

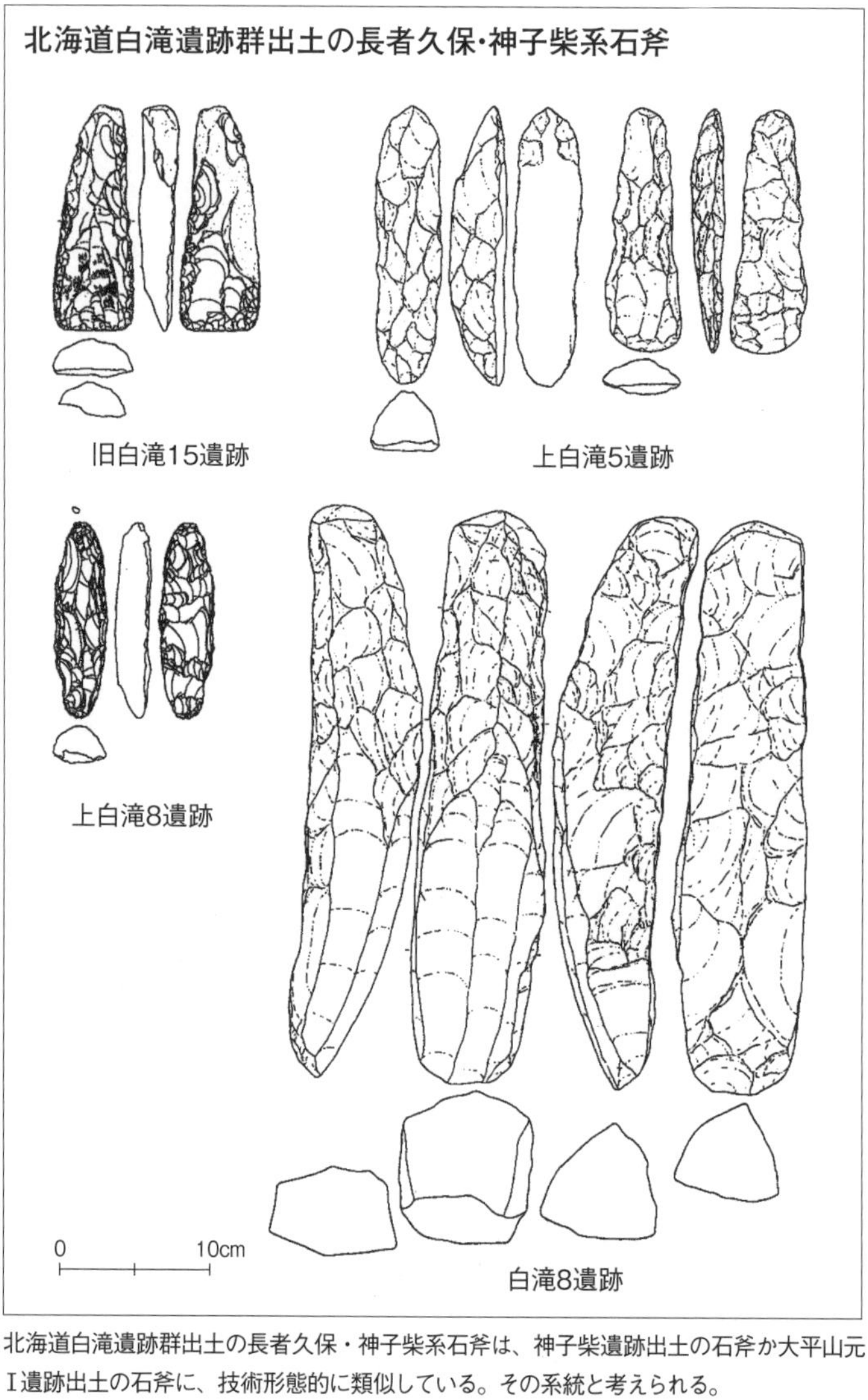

北海道白滝遺跡群出土の長者久保・神子柴系石斧は、神子柴遺跡出土の石斧か大平山元Ⅰ遺跡出土の石斧に、技術形態的に類似している。その系統と考えられる。

他方は撥形《ばちがた》で刃部は表裏とも縦方向の剥離によって直線的に整形されている。基部は正面側が凸状で、断面形は凸レンズ状ではないが、やや角度のある剥離で裏面を加工しているため、側縁の側面観は長軸と一致し直線的である。長者久保遺跡の石斧と大平山元Ⅰ遺跡の石斧を連想させる。

上白滝8遺跡の小型舟底形石器を含む石器群にともなって頁岩製局部磨製石斧が出土している。上面に幅五ミリの平坦面があり、その背面側（正面）に頭部調整状の潰《つぶ》れが見られるため、頭部調整を受けた大型の剥片素材と考えられる。

加工は正面において裏面から右側縁、左側縁の順で行われた後、右側縁から裏面下部、さらに左側縁から裏面の大部分に行われる。刃部の末端部正面の中央稜上、末端部縁辺に研磨痕があり、刃部周辺では剥離による刃部再生と研磨による刃部再生が繰り返されていたと思われる。形態は平坦な裏面と正面の左右側面の三面で構成され、断面形は蒲鉾《かまぼこ》形に近い三角形である。

もっとも注目されるのが、白滝8遺跡Sb－4の集中域から外れて舟底形石器と伴出した、長さ三六・八センチの安山岩製大型石斧である。裏面・左右側面の三面に左右側面・正面からの剥離によって断面三角形に成形される。その後、裏面の下端に作出された打面から打面調整をともなって正面下部に長さ二〇センチ程度の石刃状の剥離が行われ、刃部が作り出される。

旧白滝15遺跡C区（峠下型細石刃核を含む石器群、舟底形石器を含む石器群、忍路子型細石刃核を含む石器群が認められる）出土の石斧は、峠下型細石刃核一二点を含むSb－43から検出されているが、忍路子型細石刃核を含む石器群を構成する石器として報告されている。撥形で最大厚部は基部にある局部磨製で、刃部は薄手の両面加工により直線的に整形されている。

先に言及した舟底形石器との技術的親近性を傍証する在地発生の事例かもしれないが、その出現には温暖化にともなう冷温帯落葉広葉樹林の北進現象があったと考えている。

細石刃石器群（忍路子型）の終末の様相はよくわかっていない。また、草創期の土器といわれるものがいくつかの遺跡で見つかってはいたが、北海道には縄文草創期が設定されてこなかった。二〇〇三年、帯広市大正3遺跡の発掘調査で、口縁部に隆帯がめぐらされ、その下に爪形文や刺突文、ヘラ状の押引き文などの文様が付けられた尖底土器が出土した。木葉形の小形尖頭器、半月形石器、彫刻刀形石器などの石器群をともなう。約一万四〇〇〇年前で、気候が急激に温暖化した時期に相当する。私は、本州から北上した集団とかかわりのある遺跡だと考えている。

その後、一万二九〇〇年前ごろから一三〇〇年間の寒の戻り（新ドリアス期相当）で、この地域は無人化したようである。つぎに遺跡（集落）が見られるようになるのは、早期のテンネル・暁式土器の時期になってのことである。

第三章

縄文海進

はじめに

約二万五〇〇〇～一万八〇〇〇年前、最終氷期最寒冷期の東京湾域は海水準の大幅な低下のためにほぼ全域が陸化し、河川浸食によって大規模な谷地形が形成されていた。約一万四五〇〇年前の急激な温暖化による海進（七号地海進）によってこれらの谷は急速に沈水し、これを埋積して七号地層が形成された。新ドリアス期に対応する一時的な寒冷化によって、海面はふたたびマイナス四五～五〇メートル以下に低下した。

この海退によって東京湾域の大部分はいったん離水し、七号地層の浸食が進んで、広く浅い谷が形成された。約一万一六〇〇年前の気温の上昇とともに、東京湾域にふたたび海水が浸入しはじめた（縄文海進＝有楽町海進）。縄文時代草創期から早期前半までの海面は、今より四〇～一〇メートル低い位置にあったから、その時期に海岸近くに居住した人の痕跡は、その後の海面上昇によって失われたか、海底に没してしまったと考えられる（左ページの図）。

東京湾岸域では東京湾口部（三浦半島・房総半島南部）においてこの時期の貝塚が確認されている。横須賀市夏島貝塚では早期撚糸文《よりいともん》期～条痕文《じょうこんもん》期にかけて、一メートル以上におよぶ厚い貝層が形成されていた。とくに夏島式土器の時期、第1貝層の発達が著しい。この貝層は成長の進

関東平野中央部における過去1万年間の海水準変動

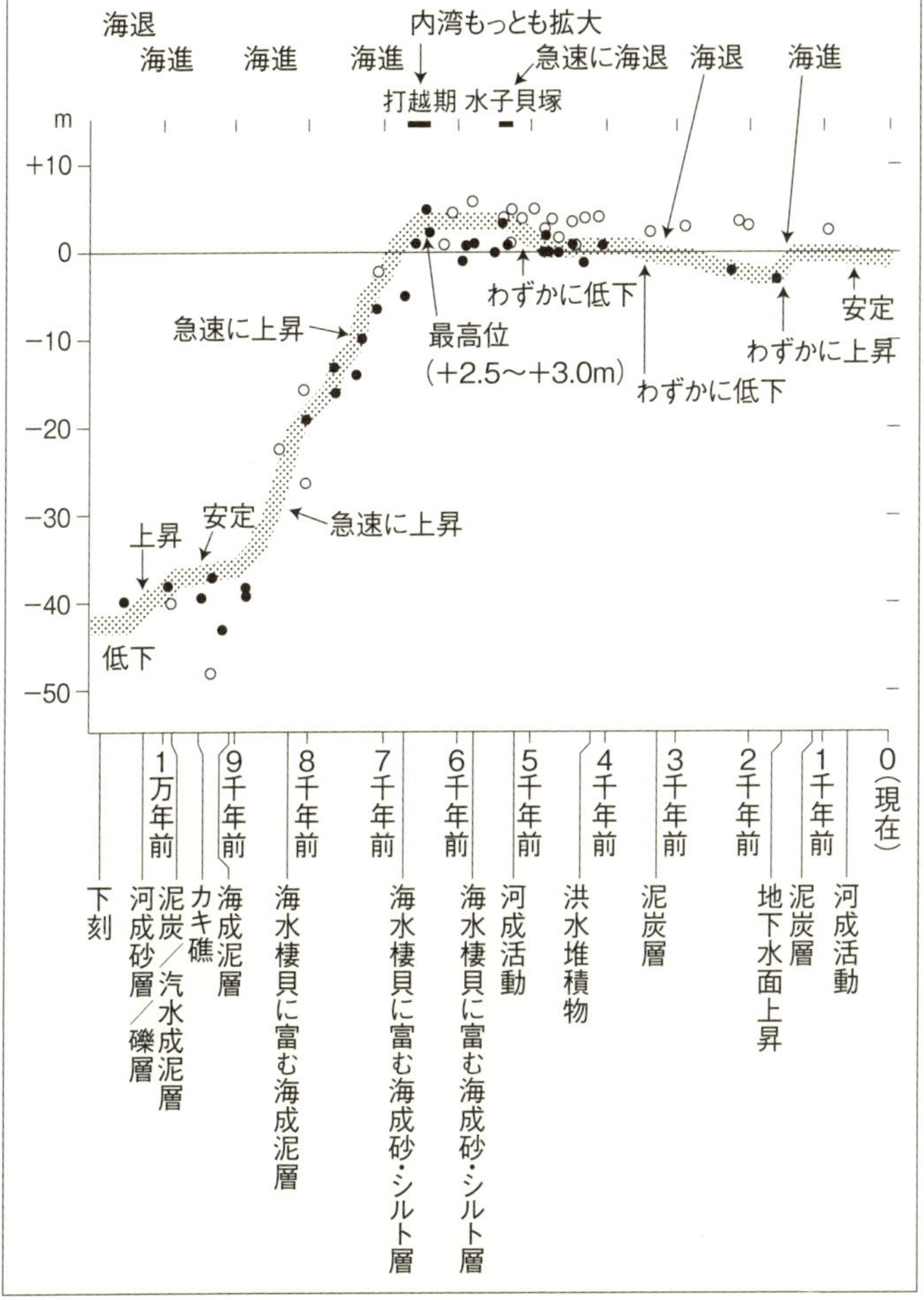

図は早坂廣人さんによる。海→蒸発→雲→降雨→海(陸：川→海)のように水は循環する。寒冷期には氷床が形成され海水が減って海面が低下し、温暖期には氷床が融けて海面が上昇する。

んだマガキを主体としており、この年代に形成されたカキ礁に対応する可能性がある。夏島式期の貝層からはクロダイ・スズキ・ボラ・コチなどの内湾性魚類に加え、典型的な外洋性の回遊魚であるマグロ・カツオなどの魚骨が多数出土しており、さらに精巧な釣針も発見されている。

房総半島先端部に近い館山の沖ノ島遺跡は、汀線付近からマイナス一メートルの範囲で確認された。房総半島南端の地域は基盤の隆起量が大きいことで知られており、遺跡は現在の標高にして海抜マイナス二五メートル前後に位置していた。撚糸文系後半の大浦山・平坂式期の泥炭質～砂質層中から多数のイルカ骨と石鏃・鹿角製銛《もり》が出土している。

付近の稲原貝塚（早期）でも黒曜石製石器の刺さったイルカ骨が確認されていることから、石鏃はイルカ猟に使用されたものと推定されている。ほかにクロダイ・マダイ類・スズキ属・小形魚などが出土している。

マイナス二〇～一〇メートル付近で一時的に上昇速度が鈍化ないし停滞した可能性が指摘されている。以後ふたたび急上昇をはじめ、約七〇〇〇年前の早期末・前期初頭には現海水準を越えてプラス三～四メートル前後に達した。これにともなって海域の拡大もピークを迎え、現在の東京湾域をはるかに越えて内陸へと深く侵入し、「古入間湾」「奥東京湾」と呼ばれる広大な浅海域が形成された（左ページの図）。

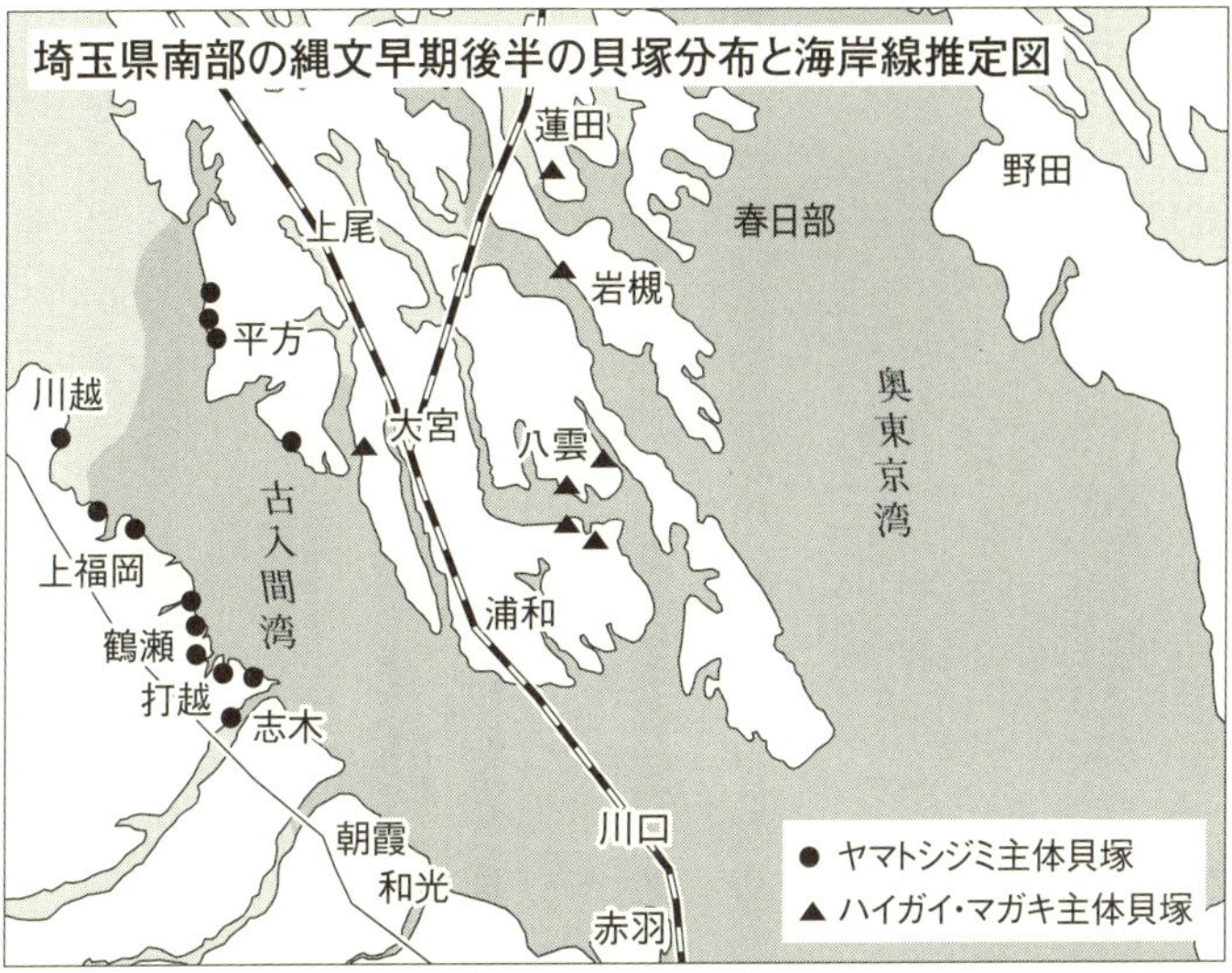

約7000年前の最適温期(早期末・前期初頭)に現在の海水準以上に海面が上昇し、荒川や利根川流域沿いに埼玉・群馬県境付近まで海が進出した。

この時代の東京湾は樹枝状の溺れ谷に縁取られた複雑な海岸地形を発達させていたが、湾の埋積がまだ進行していなかったため、陸域は水深のある内湾に直接面しており、干潟は全般に未発達であったと推定されている。

ただし、溺れ谷の湾奥にしばしば泥質の干潟が形成され，海水準停滞期にはカキ礁の発達も見られた。東京湾〜奥東京湾岸のこの時期の貝塚は大半が小規模な遺構内貝層であり、貝類は食料資源のなかでは付加的な要素に過ぎなかったようである。

この時期の干潟は分布も限られており、貝類の生息量もさほど多くはなかったと推定される。

これに対し、横須賀市茅山《かやま》貝塚（茅山下層式期）や吉井城山貝塚下部貝層（茅山上層式期）などの三浦半島の貝塚では比較的大規模な貝層形成や多数の魚骨の出土など、早期前半に引き続き発達した魚貝類利用の様相が認められる。しかしながら魚類の組成を見ると、外洋性回遊魚（カツオ・マグロ）が減少し、マダイを主とする外洋沿岸性魚やクロダイなどの内湾性魚類を対象とした沿岸漁に比重がシフトしている。

東京湾域における縄文時代初期の魚貝類利用が、発展段階的な変遷を示さない、言い換えると、地域の生態系に適応した変化を示している点が注目される。

約八二〇〇年前をピークとする冷涼化の影響はグローバルなものであった。世界各地の考古資料に記録されている。日本列島でもそれまで順調に進んでいた定住化にとって大きな障害であったようで、大きな集落遺跡がいったん姿を消した。この試練を乗り切ることができた集団が、さらなる気候の温暖化に乗じて、「前期的生活世界」の構築を準備していった。

海進にともなう海産食料資源の開発が、縄文人の生活の豊かさに資したことは確かである。ただし特定地域内の人口増加とその維持を可能にするのは、生産量の大きな植物性食料の増産、言い換えれば、照葉樹林や、それ以上に冷温帯および暖温帯落葉樹林の広がりである。

縄文時代の特徴のひとつとされる「定住集落」については、これまで前期・中期がクローズアップされ、早期に関しては、地域の動向で取り上げられることはあっても、列島全体の動向に注意が向けられることがなかった。そもそも早期の研究自体が、足踏みの状態であった。

新ドリアス期相当の寒冷気候から回復し、急速に温暖化がはじまった一万一〇〇〇年前以後、つまり早期前葉に、列島各地に大きな集落が現れた。南九州の貝殻沈線文《かいがらちんせんもん》系土器期、関東地方の撚糸文系土器期、東北地方北部・北海道南西部の貝殻沈線文系土器期、北海道東部のテンネル・暁式土器期などに顕著である。不勉強で情報をもたないが、おそらく中部・近畿地方の押型文系土器期にも定住化が推し進められていたであろう。

定住生活の広がり

もうひとつの縄文化

西南日本、とりわけ南九州では旧石器時代終末の細石刃石器群の時期に定住化の傾向が生じ、草創期の隆帯文《りゅうたいもん》土器期に定住化が加速した（左ページの図）。しかし、新ドリアス期（約一万二九〇〇～一万一六〇〇年前）相当の寒冷化と、それ以上に桜島の大爆発（薩摩火山灰層：桜島P14：約一万二八〇〇年前）によって、南九州における定住化の中核地域はいったん壊滅的な状態に陥った。

南九州では、薩摩火山灰層が草創期と早期を画する鍵層とされている。この自然災害の影響は大きかったものの、草創期の隆帯文土器から水迫式土器・岩本式土器へと、細々とではあるが土器型式の継続が見られる。そしてその後の急激な温暖化と生態系の回復にともない、おそらく分散していた小集団が回帰し、早期の古い段階に平底の貝殻文円筒土器群が出現した（88ページの写真）。

円筒形、角筒形、口縁部の上面観がレモン形の三種の器形からなる前平式土器の時期に定住生

鹿児島県鬼ヶ野遺跡出土の廃棄場

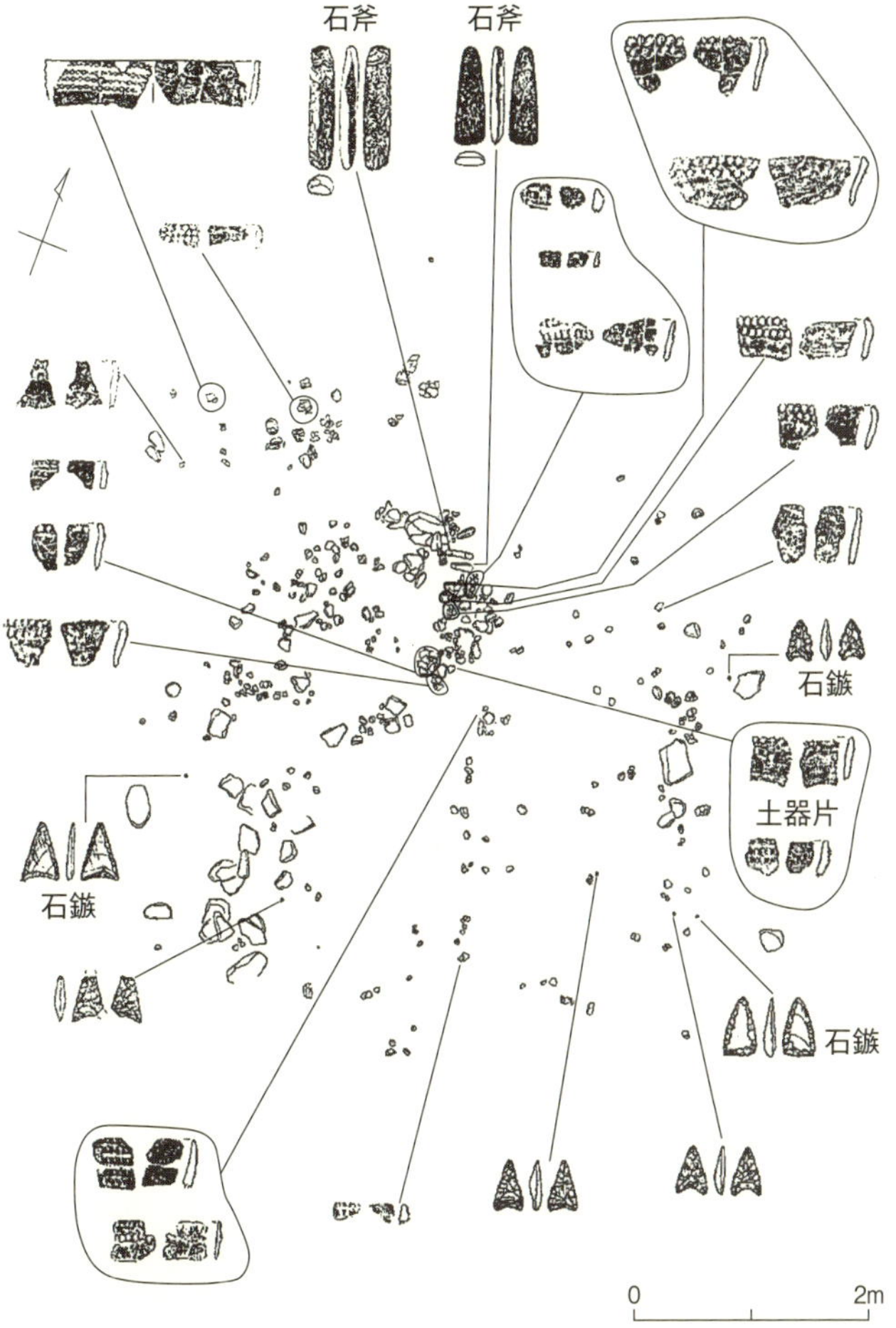

竪穴住居跡1軒、竪穴状遺構4基、集石4基、配石遺構5基、土坑6基が検出された。九州本島と陸続きだった種子島では、他に奥ノ仁田遺跡、三角山Ⅰ遺跡が重要。

活がはじまり、志風頭《しかぜがしら》式期とつづき、加栗山《かくりやま》式期に集落のピークを迎えて、吉田式期（岩之上段階）で定住集落が姿を消していった（左ページの表）。

貝殻沈線文土器類　貝殻沈線文土器を出す集落は加栗山式土器期をピークとして、吉田式期(岩之上段階)で終焉する。

定塚遺跡

宮崎県境に近い大隈町、標高約二二〇メートルの台地上に立地する。竪穴《たてあな》住居跡九七軒、連穴土坑《どこう》（煙道付き炉穴）一五基、集石遺構五四基、土坑二五七基、集落の道の跡二本が検出された。土器は前平式土器から冷涼化（8.2 kaイベント）の時期の

南九州縄文時代早期前半期の竪穴住居跡

遺跡名	県名	市町名	遺構名	検出数	有効遺構数	最大（㎡）	最小（㎡）
定塚	鹿児島	曽於	竪穴住居状遺構	97	83	17.52	2.45
建昌城跡	鹿児島	姶良	竪穴状遺構	67	33	11.17	1.33
前原	鹿児島	鹿児島	竪穴住居跡	25	24	10.69	2.22
加栗山	鹿児島	鹿児島	竪穴住居址	16	14	13.69	2.94
益畑	鹿児島	鹿屋	竪穴住居跡	2	2	13.98	12.1
上野原	鹿児島	霧島	竪穴住居跡	52	47	13.62	2.95
丸岡A	鹿児島	志布志	竪穴状遺構	1	1	3.92	3.92
弓場ケ尾	鹿児島	志布志	竪穴状遺構	2	2	10.22	5.72
倉園B	鹿児島	志布志	竪穴住居跡	4	3	12.72	9.47
夏井土光	鹿児島	志布志	竪穴住居跡	2	2	20.94	12.75
桐木	鹿児島	曽於	竪穴住居跡	4	4	5.94	3.8
建山	鹿児島	曽於	竪穴住居跡	4	3	8.5	3.4
地蔵免	鹿児島	曽於	竪穴住居跡	1	1	6.28	6.28
永迫平	鹿児島	日置	竪穴住居跡	9	9	10.61	4.76
大中原	鹿児島	南大隅	竪穴住居状遺構	4	4	8.03	4.29
鷹爪野	鹿児島	南九州	竪穴状遺構	8	4	10.03	5.58
拵ノ原	鹿児島	南さつま	竪穴状遺構	1	1	7.77	7.77
札ノ元	宮崎	宮崎	竪穴住居跡	2	2	6.02	5.09
又五郎	宮崎	宮崎	竪穴住居跡	3	3	6.96	5.61
留ケ宇都	宮崎	串間	竪穴（土坑）	1	1	11.02	11.02
鴨目原	宮崎	西都	竪穴住居跡	1	1	4.79	4.79

鹿児島県では、工業団地の造成工事、高速道路・新幹線建設工事などにともなう行政発掘調査によって、草創期・早期の遺跡が多数発見され、それまでの考古学常識を覆した。

塞ノ神式土器までの各型式が出ているが、主体は前平式土器と吉田式土器である。竪穴住居は多くが前平式期に属する。

建昌城跡遺跡

鹿児島湾奥の姶良《あいら》町、沖積低地に伸びる山塊の南端に位置する。薩摩火山灰層（第Ⅷ層）の下の第Ⅸ層から、土器片は型式判定が困難であるが、隆帯文土器期（約一万三八〇〇〜一万二七〇〇年前）の竪穴住居跡八軒、連穴土坑三基を含む炉状遺構八基、土坑一〇五基が検出された。

竪穴住居は長径が二〜四メートルほどの円形・楕円形で、周辺に複数の小土坑をともなう。この住居形態は早期にも継続する。薩摩火山灰層の上、第Ⅶ・第Ⅵ層からは竪穴住居跡六七軒、連穴土坑一八基を含む炉状遺構二四基、集石遺構四六基、土坑二三三基が検出された。竪穴住居・炉状遺構・土坑の集中域が環状にめぐり、その中央の空間に集石遺構が集中する。

志風頭式期ころに居住がはじまり、主として加栗山式期（約一万一〇〇〇〜一万年前）に形成された集落と考えられる。

加栗山遺跡

鹿児島市街地の北西約七キロ、標高一七四メートルの舌状《ぜつじょう》台地上にある。鹿児島県で最初に確認された早期の集落跡である。竪穴住居跡一七軒、連穴土坑三三基、集石遺構一六基、土坑四四基が検出された。隅丸方形《すみまるほうけい》の住居は全般に小型である。

永迫平遺跡

薩摩半島のほぼ中央にある伊集院町、標高約一五〇メートルの台地上に位置する。小型の矩形《くけい》で周囲に一八～四三個のピット（柱穴か）をともなう竪穴住居跡九軒、連穴土坑三基、集石遺構一八基、土坑三九二基、集落の道の跡三本が検出された。その他に「方形土坑」として竪穴住居跡に形状が似た大型土坑が九五基報告されている。

内部にさらに土坑やピットをもつものが多く、作りかけの住居跡あるいは畑跡が想定されたが、決め手に欠け、何かはわからない。加栗山式期とされている。

前原遺跡

薩摩半島のほぼ中央にある鹿児島市福山町、標高約一八〇メートルの舌状を呈するシラス台地の先端部近くに位置する。

調査区は東から西へA、B、Cの三区に分けられている。前平式期にC地区が利用されはじめる。志風頭式期（約一万一〇〇〇年前）になってB地区に集落が形成された。加栗山式期になるとB地区だけでなく、A地区にも居住区が展開した。

A地区は次の小牧3Aタイプ土器から石坂式（この地区の主体的土器）期まで継続して利用されていた。C地区では方形の竪穴住居跡一軒、集石遺構二基、土坑八七基が検出された。多く出ている前平《まえびら》式土器か小牧3Aタイプ土器の時期の住居かもしれない。B地区では竪穴住居跡一二軒、連穴土坑六基、集石遺構三基、土坑八一基、道の跡二本が検出された。

竪穴住居はA地区のものと同様のものだが、より新しい時期（志風頭式・加栗山式期）の集落である。A地区では二列に並んで小型の竪穴住居跡一二軒、連穴土坑五基、集石遺構一〇基、土坑一三六基が検出された。遺構内出土の土器はわずかで時期決定が難しいが、遺跡出土の土器量からみて、早期前葉が主体と思われる。

霧島市上野原遺跡

南九州においても気候の冷涼化（8.2 kaイベント）にともない、居住形態が大きく変化したことを明示しているのは上野原遺跡である。

遺跡は鹿児島湾奥の国分地区の南東側、標高約二五〇メートルの台地上にあり、鹿児島湾と国分平野が眼下に眺望できる。P13火山灰降下（約一万六〇〇〇年前）にからむ竪穴住居群と、早期後葉の遺構群とが発掘区を異にして出土した。すなわち、第2・第3地点からは竪穴住居跡五二軒、連穴土坑一六基（多くが竪穴住居を切っている）、集石遺構一〇〇基、土坑一七〇基と土坑群二か所、集落の道の跡二本が確認された（左ページの図）。

調査を担当した黒川忠広さんによれば、住居跡の埋土の検討や出土土器の分析などから、P13火山灰降下以前一三軒、降下時六軒、降下直後七軒、それ以降の時期二六軒に分けられ、降下時に廃棄された住居跡六軒を同時併存する住居とすると、この集落では都合八回程度の建て直しが行われたことになる。

鹿児島県上野原遺跡の集落跡

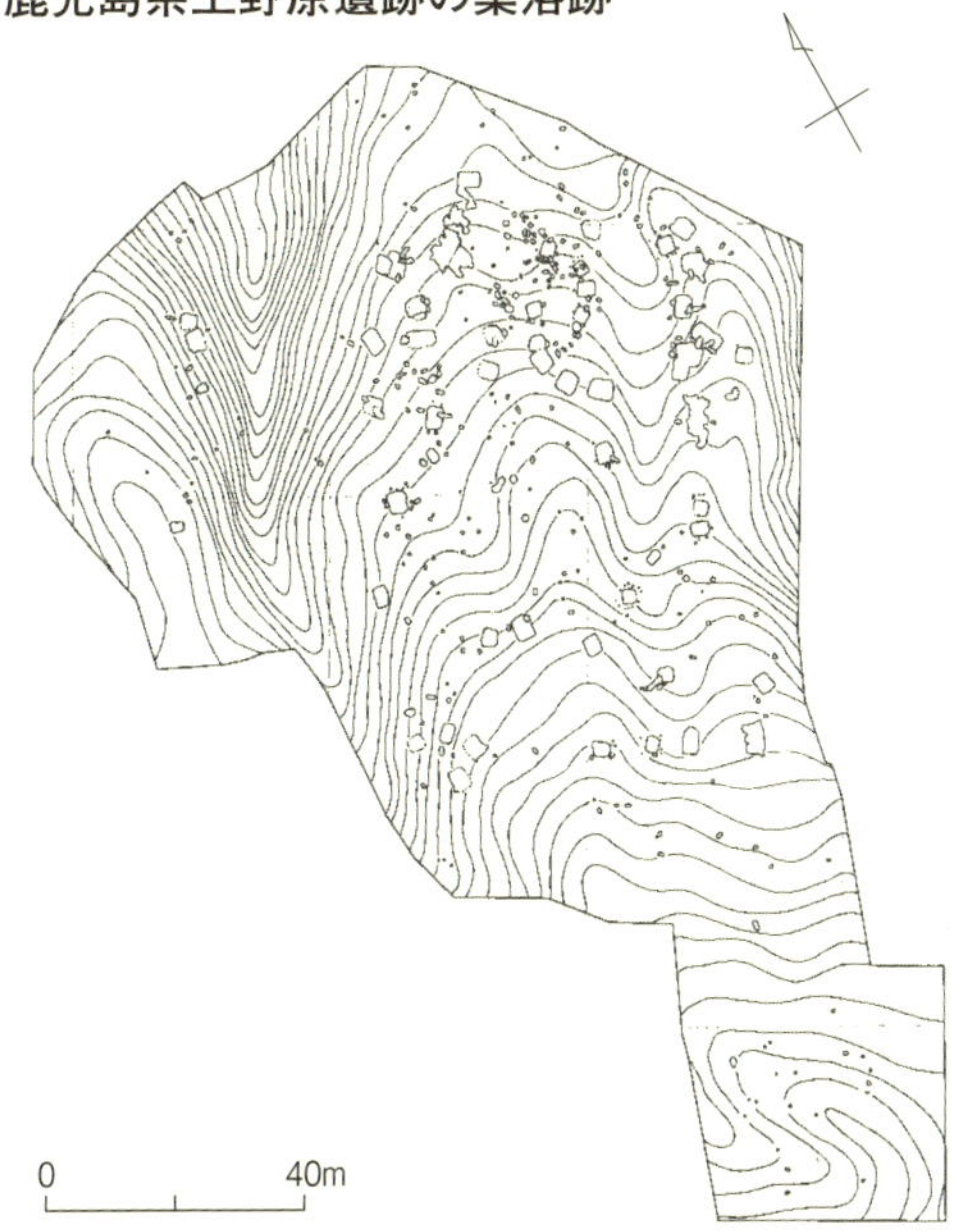

集落は6軒程度の住居からなり、8回くらい繰り返し建て替えられたようで、52軒の住居跡が残されていた。

出土土器では前葉の加栗山式土器と小牧3Aタイプ土器が量的にもっとも多い。早期前葉の土器のピークがⅦ層以下の層、中・後葉の土器はⅥ層中から出ており、Ⅶ層以下の石器では石鏃一七点に対し、磨石類一八二点（とくに方形で六面体を呈するものが一四点）・石皿一一九点（面取りを施したものが一四点）と、狩猟活動が低調な一方で、植物性食料に依存していたことを示唆している。

　しかし早期前葉に各地に営まれた定住集落が早期中葉を経て姿を消していき、妙見式土器、天《てん》道ヶ尾《どうがお》式土器、平栫《ひらがこい》式土器から塞ノ神《せのかん》式土器、条痕文土器、苦浜《くがはま》式土器（七三〇〇年前に大噴火したアカホヤ火山灰層直下の土器）とつづく後葉には、のちに一〇六ページで述べる上野原遺跡第10地点で見られるように、まったく異なる生活世界となっていた。

撚糸文系土器の分布域

　土器型式の編年研究が進んでいる関東地方において、早期の土器編年を見てみると、前葉の撚糸文系土器群、中葉の貝殻沈線文《かいがらちんせんもん》系土器群、後葉の条痕文系土器群の三系統に大別される。

　撚糸文系土器群は、井草Ⅰ・Ⅱ式土器から大丸式・夏島式・稲荷台式・稲荷原式・花輪台式・大浦山式とつづき、東山式・平坂式で終わる。そして中葉の貝殻沈線紋系土器群が竹之内式土器からはじまり、さらに三戸《みと》式、田戸下層《たどかそう》式、田戸上層式、そして後葉の子母口《しぼぐち》式土器へとつづき、以後、8.2kaイベントの冷涼化にからむ野島式・鵜ヶ島台《うがしまだい》式と、おそらく気候回復期の茅山《かやま》下層式・茅山上層式・下沼部式・打越《おっこし》式・神ノ木台式・下吉井式へとつづいて早期が終わる。そこからさらに前期の花積《はなづみ》下層式・関山式土器へと変遷する（35ページの図参照）。

撚糸文系土器は、関東地方とくに多摩丘陵・下末吉台地・武蔵野台地および下総台地を中心に分布する地域性の強い土器群である。

宮崎朝雄さんは、Ⅰ期（井草Ⅰ・Ⅱ式）、Ⅱ期（夏島式〜稲荷台式新・稲荷原式古）、Ⅲ期（稲荷原式新・大浦山Ⅰ式・花輪台Ⅰ式〜東山式・大浦山Ⅱ式・平坂式古・花輪台Ⅱ式）の三時期に分け、竪穴住居から定住化の傾向を探っている（次ページの図）。Ⅰ期は多摩丘陵と下総台地に集中し、Ⅱ期になると下末吉台地、武蔵野台地で遺跡の急増が顕著になり、Ⅲ期にもその分布傾向が継続された。

住居は大型化、方形化に向かい、合わせて、方形掘り込み内の中央柱穴を中心に、中間の柱穴、壁際の柱穴が整然と並び、Ⅲ期に定型化する。Ⅰ期に町田市日影山遺跡で二三軒、Ⅱ期に町田市多摩№２００遺跡で三一軒、Ⅲ期に府中市武蔵台遺跡で三二軒の住居跡が検出されている。多摩№２００遺跡では中・大型竪穴住居一軒と付随する小型竪穴遺構一〜二軒が単位となっており、武蔵台遺跡でも大型住居一〜二軒を中心に、付随する小型竪穴住居あるいは竪穴遺構二〜三軒の単位が六〜八群確認された。

武蔵台遺跡は磨石とスタンプ形石器が多いことは他の遺跡と同じだが、石鏃（四〇二点）が主体的石器として加わり、石皿・砥石《といし》なども多く、石器組成における多様性の幅がきわめて大きい。

関東地方撚糸文系土器期の竪穴住居

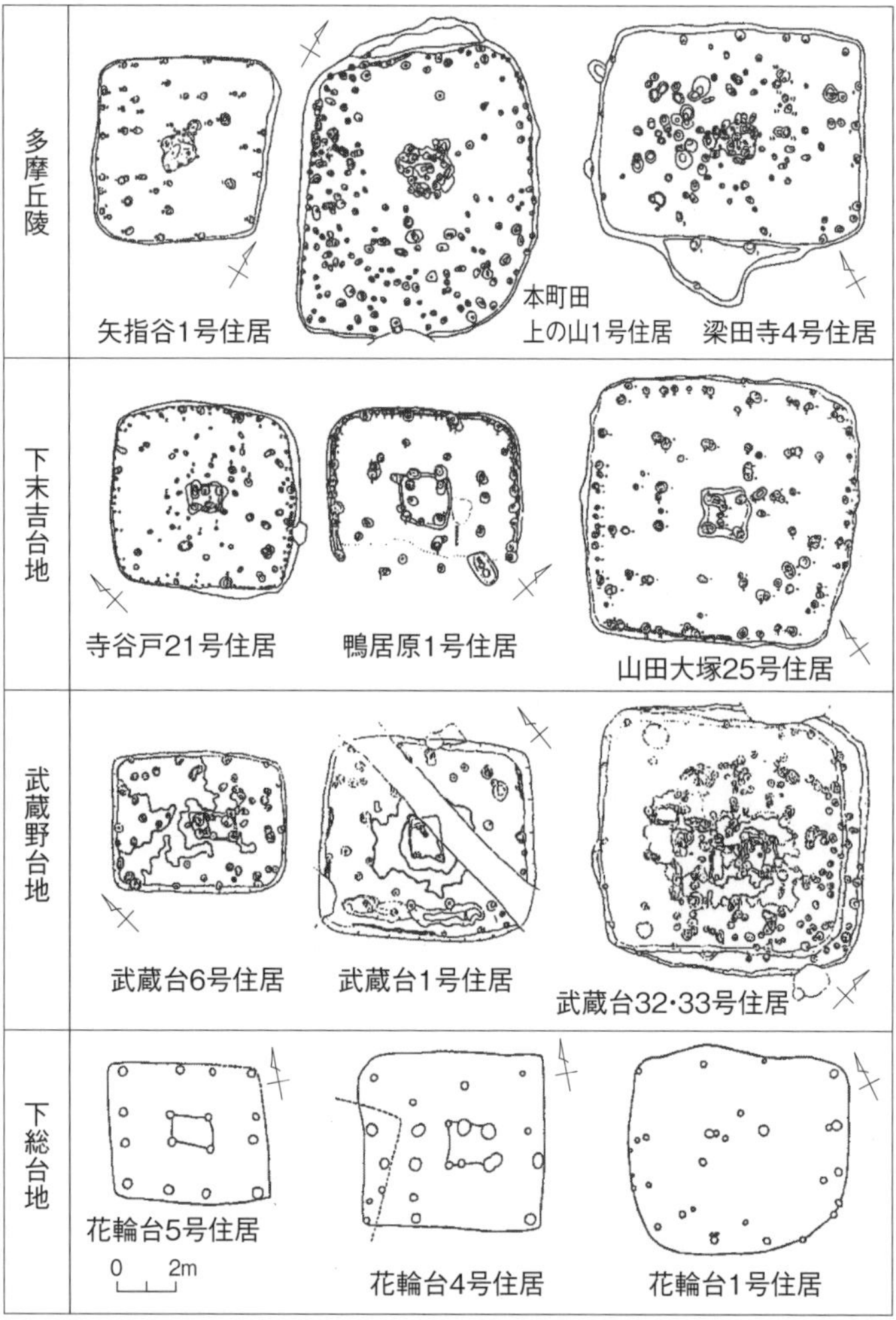

方形・隅丸方形プランを基調とし、壁際に多数の柱穴をもつ。中央に掘り込みと柱穴をもつ例もある。ふつう屋内に炉をもたない。

植物性食料加工と狩猟を主体とする多様な生業形態を持つ拠点集落の出現と捉えられている(『縄文時代』第一五号、第一六号)。

谷口康浩さんによれば、立地、竪穴住居の定型性、住居配置の計画性、住居の継続性、集落の反復性、この五つを基準として定住性の安定度を1～7に類型化してみると、武蔵野台地地域と多摩丘陵・下末吉台地地域との差が明瞭に読み取れる。武蔵野台地南面には類型1・2の集落が安定して維持されている一方で、下末吉台地の集落が類型2・3で比較的安定しているものの、多摩丘陵部の集落は安定性の弱い類型7・8で占められていた。谷口さんは撚糸文期の安定化の一因は、海進にともなって活性化した漁撈に関係していたと見る。

北の大地

北海道の渡島《おしま》半島は旧石器時代以来東北地方北部とつよいつながりをもってきた地域である。東北地方から北進してきた押型文の日計《ひばかり》式土器の登場によって早期が開始した。

冨永勝也さんは、函館市中野B遺跡の発掘調査の成果を中心において、北海道の早期を四大別(「押型文期」「貝殻文期」「石刃鏃石器群が共伴する段階」「縄文期」)している。貝殻沈線文系土器群期の定住的な生活様式から、いったん遊動的な生活様式へ変化したのち、縄文系平底土器の

北海道東部縄文時代早期土器型式の暦年較正年代値

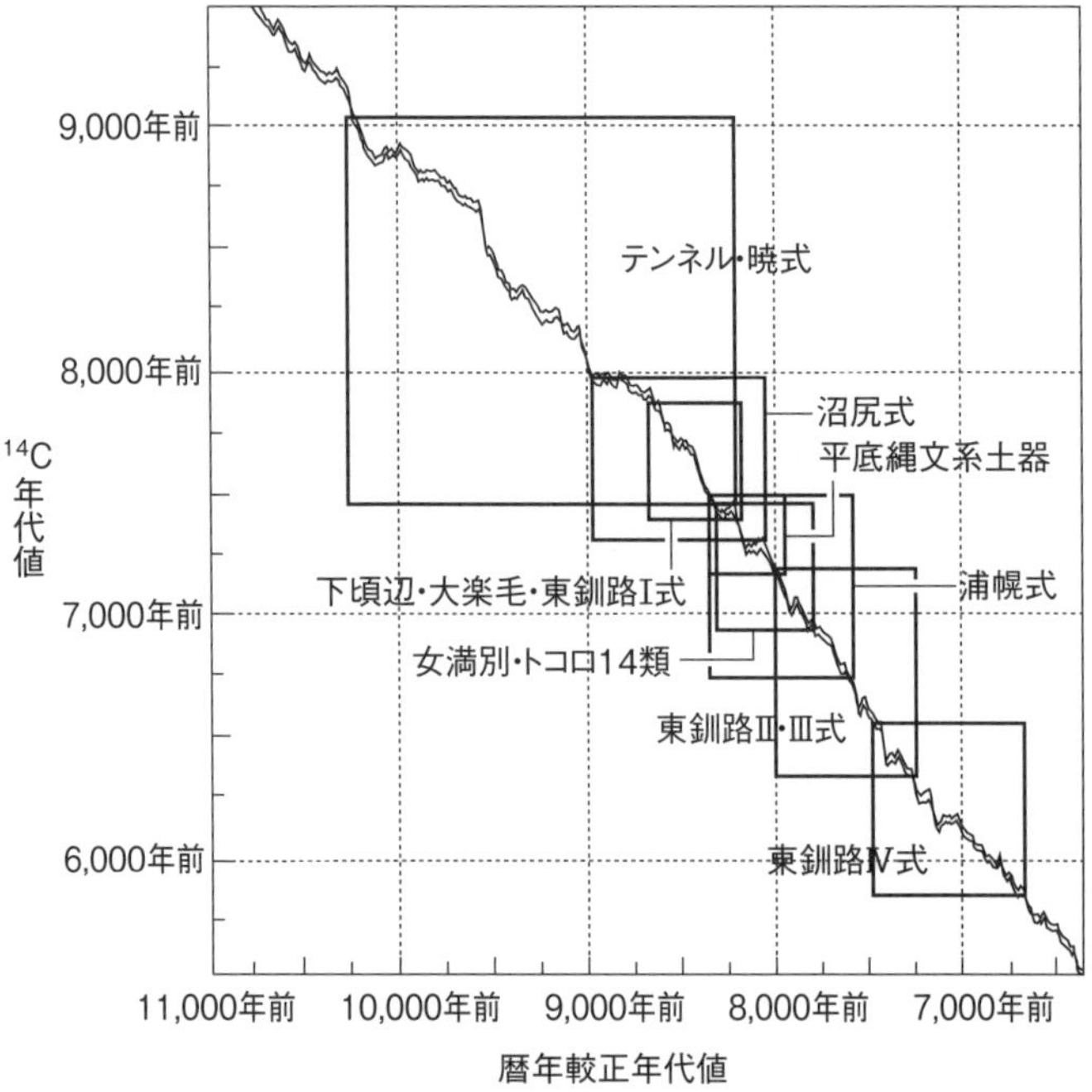

浦幌式土器の^{14}C年代値は7000年前前後だが、暦年較正では8000年前前後となり、8.2kaイベントとの関連が視野に入ってくる。

時期にふたたび定住化へと変化した。

新ドリアス期相当の寒の戻りによって、細石刃石器群期の遺跡が多数見られた北海道の東・北部地域は、早期のテンネル式・暁式土器期までほぼ無人化したようである。

北海道の中央部と東部は全体に南西部とは異なる土器型式の変遷を見せる。

國木田大さんの最近

の年代研究によれば、テンネル式・暁式期は約一万二〇〇〇～八二〇〇年前、さらに樽前《たるまえ》d火山灰層を挟み、沼尻式期が約九〇〇〇～八〇〇〇年前、下頃辺《しもころべ》式・大楽毛《おたのしけ》式・東釧路Ⅰ式期が約八七〇〇～八二〇〇年前、平底条痕紋系土器が約八四〇〇～八〇〇〇年前、女満別《めまんべつ》式・トコロ14類土器が約八四〇〇～七八〇〇年前、浦幌《うらほろ》式期が約八四〇〇～七六〇〇年前、東釧路Ⅱ・Ⅲ式期が約八〇〇〇～七三〇〇年前、東釧路Ⅳ式土器が約七五〇〇～六七〇〇年前とつづいた（右ページの図）。

中野A遺跡・中野B遺跡

函館市街地の東方約八キロ、海岸線に沿って発達している赤川段丘の裾野部に相当する日吉町段丘上、津軽海峡に注ぐ銭亀宮の川の右岸に中野A遺跡、対岸の左岸に中野B遺跡がある。

中野A遺跡では一九七五・七六年の調査では物見台式期の竪穴住居跡六軒と土坑一二基が、また早期終末の「梁川町式土器」期の竪穴住居跡八軒と石組炉一基が検出された。一九九一年の調査の際も、早期前葉の押型文土器である日計式土器にともなうと言われる縄文施文土器期の竪穴住居跡一軒と、物見台式期の竪穴住居跡一三軒が、また一九九二年の調査でも物見台式期の竪穴住居跡が四〇軒出た。

函館空港拡張工事の際に早期・前期の集落跡がいくつも見つかった。中野B遺跡からは住吉町式土器期を中心として、650軒もの住居跡が検出された。

住居は床面積が八平方メートル弱から二八平方メートル強の大きさで、隅丸方形・隅丸長方形や台形、あるいは卵形の平面形をもち、主柱はないものから四～六本のもの、また炉をともなっていたり、いなかったりする。住居跡の切り合い関係や遺物の接合関係、住居の平面形の変化や長軸の方向を検討すると、集落は住居が同時に二～三軒併存する規模で長期に継続

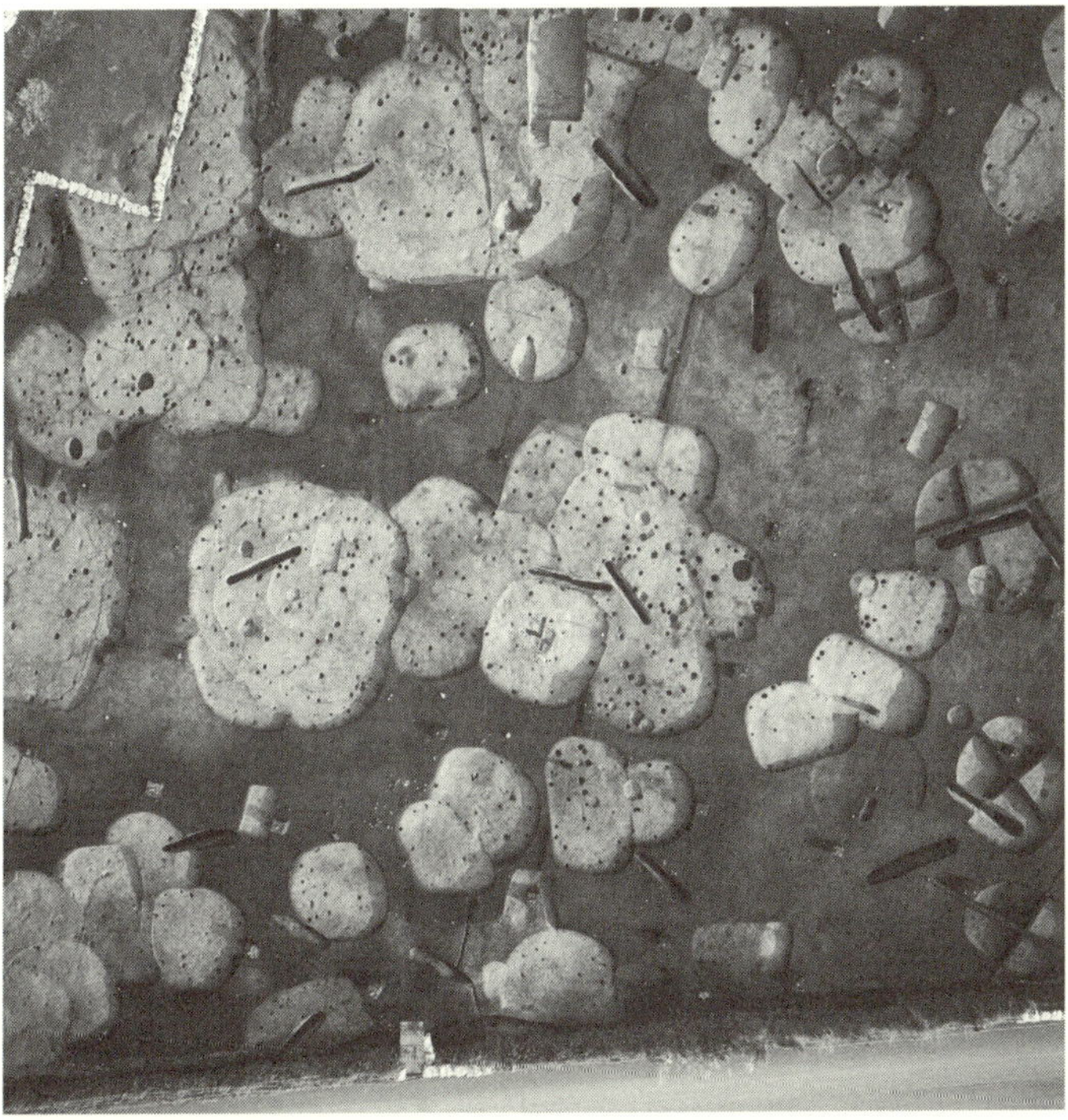

中野B遺跡の集落跡　長期にわたって維持された集落なので、同じ場所に何度も建て替えられて、6軒、9軒と竪穴住居跡が重なり合っている。小黒点は柱穴。

したようである。

石錘《せきすい》が三九〇点出ているが、次の住吉町式期とくらべると相対的に少ないようである。注目される遺物として、キハダ属、クルミ属、ミズキ属の炭化種子が出ている。

中野B遺跡は住吉町式期を中心として、およそ二〇〇〇年間にわたって形成された集落跡である。竪穴住居跡六五〇軒、墓《ぼ》壙《こう》・フラスコ状土坑など の土坑三九二基、焼土一九か所、集石三か所といった遺構が検出された（100ページの図）。

早期中葉の大きな集落を維持した生業は、約二万六〇〇〇点出ている石錘が示唆する網漁と、オニグルミなどの植物採集が考えられる。貯蔵穴と見られるフラスコ状土坑が大型化するとともに数が増加している。クルミ属の核片が出る例が多く、炭化したヒエも発見されている。

一九九二・九三年度の発掘調査の報告書において、高橋和樹さんが住吉町式土器期に属する竪穴住居一三五軒を、切り合い関係、長軸方向、住居の配置関係など総合して九段階に分けている（一五軒、一七軒、一六軒、一九軒、一二軒、一三軒、一四軒、二〇軒、九軒）。当該期の竪穴住居跡は切り合いが激しく、405号住では六軒と、454号住では九軒と重複していた（101ページの写真）。ＡＭＳ法による放射性炭素年代測定の暦年較正年代は約九〇五〇～八六五〇年前で、この集落は8.2 kaイベント以前の温暖期に形成されたのである。

クルミ属、ブドウ属、ミズキ属、キハダ属、ニワトコ属、マタタビ属、タデ属の炭化種子の他に、ヒエ属の種子が二軒の住居の床面から一粒ずつ、一軒の住居の床面直上から二粒、三基の土坑から一粒ずつと一基の土坑から三粒と、わずかだが出ている。小粒だが、雑草のノビエ（イヌビエ）とは形態に違いがあるという。

①炭化している。②遺構から出土している。③内外頴《えい》がとれた頴娃果の状態である。④ほかの

炭化種子が同遺構から検出されている。⑤ほかの「雑草性植物」種子は検出されていない。
こうした出土状況から、越田賢一郎さんらは縄文早期人の関与を考えている。

帯広市八千代A遺跡

先に九州南部や関東地方、北海道南西部で見てきたように、早期に入って温暖な気候がつづくと集住化が進み、多数の竪穴住居からなる集落が出現した。八千代A遺跡は暁式期の代表的な遺跡である。

遺跡は帯広川の支流売買川の源流部付近、標高二八〇メートル前後の馬の背状の台地に位置する。1地点～5地点に分けられた調査地点から竪穴住居跡一〇五軒、土坑一二一基などが出土した。1地点から住居跡八〇軒、土坑二九基、落とし穴五基、焼土二九か所が検出され、そのうち住居跡七九軒と土坑二八基が暁式期である。さらに北側に遺構が広がりそうである。

2地点、4地点からも同時期の住居跡と土坑が検出されていて、暁式期の住居は計一〇三軒を数える。北東側に隣接する八千代C遺跡でも同期の住居跡が二軒調査され、さらに六軒以上の存在が推定されていることから見て、この台地上にはさらに多くの竪穴住居が営まれていたと考えられる。

直径三メートル未満の竪穴住居は仮小屋的な性格のものと見られている。直径四～五メートルの中型住居の床面に地床炉《じしょうろ》と小ピットが残されていて、相当量のクルミをはじめとする炭化物が得られた。直径八メートル前後の大型住居は炉をもたず、立地も他の住居と異なることから違った性格をもつと見られる。

遺物を比較的多く出土した住居2で見てみると、土器以外に、石鏃《せきぞく》・石槍・削器・彫刻刀形石器・石錐《せきすい》・磨製石斧《ませいせきふ》・擦石《すりいし》・敲石《たたきいし》などが世帯道具であった。石斧の素材は大半が緑色岩・蛇紋岩《じゃもんがん》であるので、この集落の居住者たちの行動領域が石材産地の旭川方面にまで至っていたかもしれない。

竪穴住居の構造材あるいは薪炭材と思われる炭化木片についての樹種の同定では、トネリコ属（ヤチダモ・コバノトネリコ?）、ニレ属（ハルニレ・オヒョウ?）、ハンノキ属（ヤチハンノキ・ケヤマハンノキ?）、コナラ属（ミズナラ・コナラ・カシワ?）、トウヒ属（エゾマツ?）と、カエデ属?（イタヤカエデ・ヤマモミジ・ウチワカエデ?）およびオニグルミ?の樹木が見られ、遺跡周辺には冷温帯落葉広葉樹林が広がっていたようである。また出土した炭化物から、山田悟郎さんはミズナラとキハダの果実利用を示唆している。

内陸部の八千代A遺跡では石錘《せきすい》は出ていなかったが、竪穴住居跡一七軒、土坑一二九基が検出された釧路市材木町5遺跡からは六五二点も出ている。海進期には台地の下は海であり、定住を可能にした生業を示唆している。

幣舞《しでまい》2遺跡からも樽前d火山灰層の下から竪穴住居跡一七軒、土坑二九基が検出された。床面積が五〇～六〇平方メートルの大きな住居もあるが、二〇～三〇平方メートルが標準である。深さは七〇～八〇センチと深い。そのうち九基が地床炉をもつ。

住居跡からは石鏃を主に彫刻刀形石器・石錘などが、また土坑からは主に石錘が出ている。門別町ピタルパ遺跡でも竪穴住居跡一一軒、土坑九基が検出されている。ちなみに、一〇号住居床面の炭化材の年代は約九五〇〇年前である。帯広市大正6遺跡では暁式期の遺物集中四か所と土坑三基が見られ、暁式土器付着炭化物による年代測定の暦年較正で約一万四〇〇〇年前、ないし一万九〇〇〇年前である。

八二〇〇年前の冷涼化と縄文社会

上野原遺跡の「祭祀場」

寒気のピークは塞ノ神《せのかん》式期の半ばころに当たる。しかし早期前葉に各地に営まれた定住集落が早期中葉を経て姿を消していき、妙見式土器・天道ヶ尾《てんどうがお》式土器・平栫《ひらがこい》式土器から塞ノ神式土器・条痕文土器・苦浜《くがはま》式土器（アカホヤ火山灰層直下の土器）と続く後葉には、まったく異なる社会となっていたようである。

早期にしてはそれまで知られていない特殊な様相が、九二ページでも取り上げた霧島市上野原遺跡第10地点で見つかった。出土土器は平栫式土器が主体（五四・四％）で、遺構内から出土した土器片から判断して、二五二基検出された集石遺構は主として平栫式期のものである。石器では狩猟関連の石鏃《せきぞく》五四四点、石槍二二点、石匙《いしさじ》九二点に対し、植物性食料関連の磨石《すりいし》一八点、石皿一〇八点である。竪穴《たてあな》住居は見当たらないが、当地への回帰性の高い活動が行われていたようである。

この点に関して、興味深い遺構が残されている。Q・R－10区に集中して磨石の集石場所が四か所（四個・二個・三個・三個）、一見して大きな円環状に磨製石斧《ませいせきふ》の集中場所（「埋納」）が六か所（二点・四点・五点・四点・二点・三点）、S－12区とR－12区に集中して一三個体の鉢形土器か壺形土器の完形品が一二か所（「埋納」）で検出された。土坑中から二個の壺形土器が立位

土器埋納遺構　晩期を除き縄文時代に壺形土器は珍しく、発見当時、弥生時代の壺形土器と見まがう形態で話題を呼んだ。南九州一帯に分布し、祭祀を共有する社会的紐帯を示唆する。

の状態のまま並立して出土した「土器埋納遺構1」はよく知られている（上の写真）。ベンガラによる赤彩土器（一〇数個体）、赤彩耳飾り（六点）、土偶一点など縄文時代後・晩期を彷彿させるような遺物群が出ている。

遺物の希薄な空間を囲んで、外径二四〇メートル、内径一五〇メートルほどの環状に、土偶や異形土製品、異形石器などを多く含んで遺物が集中している。八木澤一郎さんは、遺物の希薄な空間を囲み、土偶や異形土製品、異形石器など「第二の道具」を多く含んで遺物が集中していたこの地区を「環状遺棄遺構」と呼んで、土器埋納遺構や石斧埋納遺構が検出された空間が「祭祀場」として機能していたと見ている（『縄文時代の考古学』）。

冷涼化に起因する社会的緊張下で、分散居住・遊動する集団間の精神的結束が要請されていたのであろう。次の塞ノ神Bd式期（約七九〇〇年前）になると祭祀場としての機能は停止したようで、当該空間から多数の土器片が出ている。

佐賀市東名遺跡

8.2 kaイベントから気候が回復し、ふたたび温暖化に向かった早期終末の貝殻文系塞ノ神式期の良好な遺跡が佐賀県で見つかっている。

佐賀平野の北部、JR佐賀駅の北七〇〇メートル余にある東名《ひがしみよう》遺跡で、縄文海進最潮期直前の約八〇三〇～七六一〇年前に河口部に位置したと推定され、遺跡の上面は洪水層で覆われていた。海水準はマイナス四・五メートルからマイナス三メートルまで約一・五メートル上昇していた。

珪藻《けいそう》分析の結果、人が居住したころは内湾の環境で、貝の自然遺体群から、貝塚は汽水《きすい》域のアシ原に形成されたことが分かった。花粉分析の結果、暖温帯落葉広葉樹に常緑広葉樹が混じった森林を基本にしながらも、標高の高いところには冷温帯性の樹種が存在し、遺跡周辺には落葉広葉樹が主体の二次林（クヌギ類・エノキ属・ムクノキ・ナラ類・エゴノキ属・ムラサキシキブ属・ニワトコ・クリ・ゴンズイなど）があって、その林内には常緑低木であるアオキやイヌガヤ・シキミ・ヒサカキなどが生えていたようである。

もっとも注意を引いたのが、潮汐《ちょうせき》作用により堆積した水成粘土層を中心に構築された一五五基の土坑である。地形的に窪まった第2貝塚で集中的に検出されている。その中にはツヅラフジなどの編籠が残されていて、周辺部や破片資料も含め七〇〇点以上の編組製品が出土した。

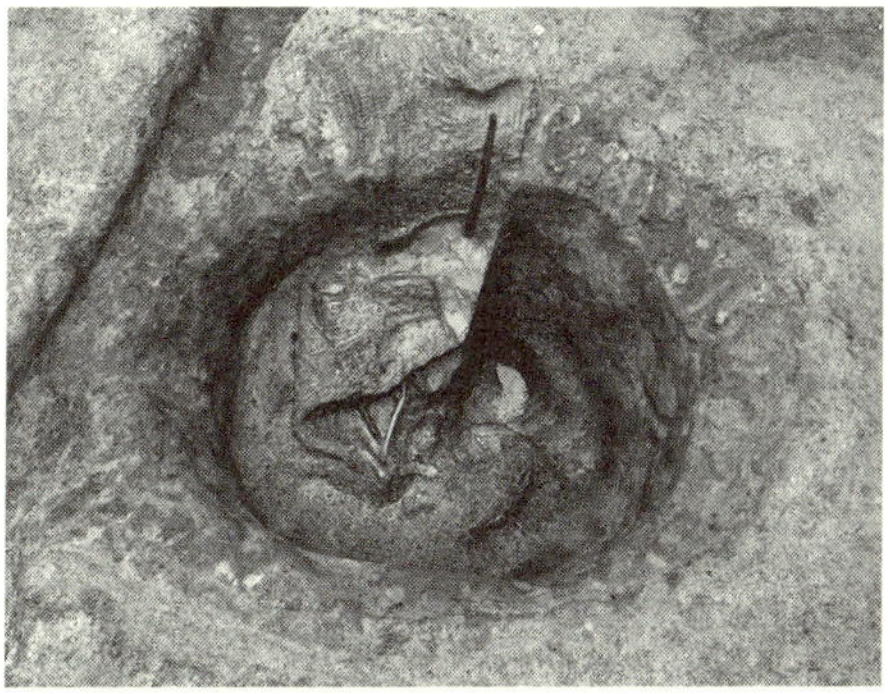

堅果類の貯蔵穴　貯蔵穴は満ち潮の時に冠水するように配慮されている。イチイガシは灰汁抜きせずに食べられ、凶作時の食用として貯蔵されていた。

堅果《けんか》類が木杭（五〇〇本前後）で固定された編籠に入れた状態で水漬け保存されていたようで、イチイガシを主にクヌギ・ナラガシワなどの堅果類も多く出た（上の写真）。堆積層からはイチイガシのほかにコナラ属とオニグルミが多く出ている。クスノキやケヤキの容器類や板材、ヒサカキ・ツバキの竪櫛《たてぐし》などの木製品も出ている。

竪穴住居は検出されていないが、標高三メートル前後の微高地上に一六七基の集石遺構と石器集積遺構一九基が、また埋葬人骨五か所（八体分）が墓域を意識していたかのように集中して見つかっている。居住地の東側四〇～五〇メートルの距離の斜面、標高〇～マイナス三メートル前後に形成された六か所の貝塚のうち第1貝塚と第2貝塚が発掘され、土坑一五五基、集石遺構四基、炉跡三基、配石遺構三基、木杭が検出されている。

ヤマトシジミ・ハイガイを主体にアゲマキ・カキが混じる貝塚である。貝層中の動物骨はニホンジカとイノシシを主体にイヌ・タヌキ・ノウサギなど前期以降の狩猟動物一般に通じるものである。

漁撈活動については、内湾から汽水域にかけて刺突漁《しとつりょう》によって大型のスズキ属、クロダイ属、ボラ科を主体に獲得し、干潟ではムツゴロウや小型のカニ類、河川の下流域では産卵のために川を降ってきたアユを獲っていた。

早期後葉に回復した九州の定住社会は、鬼界カルデラの大爆発（鬼界アカホヤ層：約七三〇〇年前）によってふたたび壊滅的な被害をこうむった。鬼界アカホヤ層が早期と前期を画する鍵層とされている。

東京湾岸地域

関東地方の早期条痕文系土器の時期に特徴的な遺構として、炉穴がある。冷涼な気候下の遊動

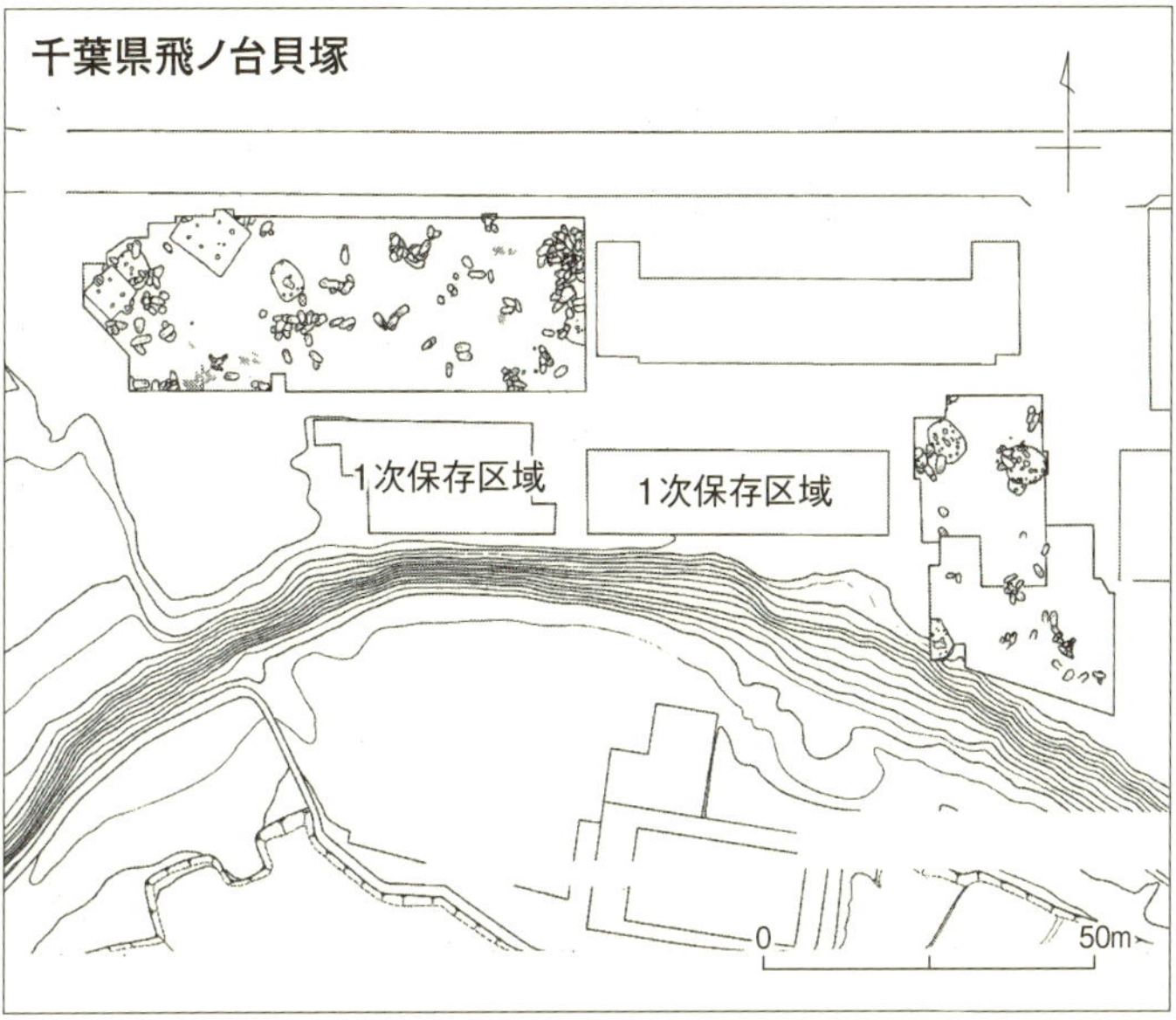

約170年間続いた8.2kaの冷涼期を中心に形成された貝塚遺跡で、無数の切り合う炉穴が検出された。現在は博物館公園になっている。

的な居住形態に適合した装置である。

千葉県船橋市飛ノ《とびの》台《だい》貝塚の発掘調査で、竪穴住居跡八軒、小竪穴四基、炉穴二二五四基、土坑一〇基、集石二基、貝塚三四か所が見つかった（上図）。野島式・鵜ヶ島台式・茅《か》山《やま》下層式期の大遺跡である。

近年の中村宜弘さんによる検証では、炉穴二二二基中、野島式期が五二・二パーセント、鵜ヶ島台式期が一四パーセント、茅山下層式期が一八パーセントである。

野島式期の資料六点、鵜ヶ島台式期の資料一点、茅山下層式期の資料二点の較正年代は、それぞれ八四〇〇〇～八三〇〇年前、八四〇〇～八二〇〇年前、八一〇〇～八〇〇〇年前である。野島式期は温暖期から冷涼化が進行する時期、鵜ヶ島台式期が寒期のピーク、茅山下層式期が温暖化に向かう時期と想定される。

飛ノ台貝塚は船橋市の夏見台地の南縁に位置し、南側に谷を望む。この「飛谷津《とびやつ》」は海水準の上昇にともなって台地が侵食されてできた谷で、海進がいったん止まって出現した干潟が貝類の好適な採集場所として形成された。その後、飛谷津は旧夏見湾に流入した沿岸流などによる土砂の堆積（天沼砂嘴《さし》）で、その出口をふさがれて淡水湿地となり、鹹水《かんすい》域や汽水域に棲息する生物の採集場所でなくなり、縄文人は移転を余儀なくされた。言い換えれば、縄文海進の一時的な停滞、あるいは海況の安定した時期に遺跡が形成・維持され、その後に砂嘴の形成で集団は移動したのである。

野島式・鵜ヶ島台式・茅山下層式の各土器型式の器形・文様帯・文様は系統的に変遷しているが、鵜ヶ島台式になると斉一性が強くなり、文様構成・文様要素も限定されてくる。さらに、くびれが強調され、大きく口縁が外反し口端部が内削《うちそ》げ状となる。

鵜ヶ島台式からの区画状文・文様帯はそのままの形で茅山下層式に受け継がれ、茅山下層式（新）において文様帯のⅡ帯の省略が行われるとともに、くびれが退化・減少していく。この変遷は、土器の製作技術を継承する集団内で、鵜ヶ島台式期に土器表現の強調、つまり過剰デザイン化が行われた、と読み取ることができる。

きわめて斉一性が強く、地域差が見出されないことと相俟《ま》って、この土器製作集団において共通のアイデンティティー強化が図られたと考えられる。

千葉県天神台遺跡

気候が回復し、停滞していた海面上昇が再開した時期に形成されたのが、市原市天神台遺跡である。遺跡は養老川が河口に向け流路を大きく西側へ曲げる箇所の右岸すぐ上の台地上、標高二五～二六メートルの位置にある。

早期・前期の竪穴住居跡（それぞれ一七軒と三四軒）、竪穴状遺構一三基、炉穴二四八基、集石四基、落とし穴三八基、土坑一一七基など、おもに早期の竪穴住居跡や炉穴の覆土内に形成された貝ブロック五八か所（その中から一体の埋葬人骨出土）が検出された。

ちなみに、早期後葉の貝層では西側と南側で貝種構成が異なり、前者がハマグリ・マテガイ・ツメタガイ・アカニシを主体とするのに対し、後者はハマグリ・マガキ・ハイガイ・ウミニナを主体とする。なお、前期前葉の貝層では、ハマグリとヤマトシジミを主体としている。

早期の集落は広大な台地上の西から南側の部分にのみ展開していたようである。現在諏訪神社があって未調査の区域にも遺構が残されていると見られ、集落は長軸で二四〇メートルの楕円形の範囲内にあった。

もっとも注目されるのが33号住居跡（一三・五六×七・一×一メートル）を最大とする一〇軒の長台形の大型住居で、東側に分布する59号を除き九軒が南側の限られた地域にのみ分布していた。主軸方向が一定でないことから同時期とは考えにくく、一時期には一～二軒程度だったと見られる。遺構出土の土器は鵜ヶ島台式・茅山下層式・茅山上層式が混在して見られるが、主体は茅山下層式土器で、大型住居が集中する地区では茅山上層式土器がやや多くなる傾向がある。

埼玉県打越遺跡

富士見市打越《おっこし》遺跡は、気候が回復し、ふたたび海進が進行した時期、すなわち早期末から前期前葉に、古入間湾に臨む標高約二〇メートルの台地に形成された大集落跡である（83ページの図参照）。

竪穴住居跡は、早期末（打越式中段階期三七軒、神之木台《かみのきだい》式期一軒、下吉井式期八軒、不明一二軒）、前期（花積下層式期四一軒、関山式期五六軒、黒浜式期六軒）、中期八軒、後期一一軒、

時期不明五五軒で、とくに花積下層式期から関山式期にかけて集住された。ヤマトシジミを主体とする貝層をともなっている。

早期末の住居跡もほとんどが地床炉《じしょうろ》をもつ。早期末の遺構は、ほかに炉穴九五基、土坑三〇基、大型掘立柱建物跡一棟が検出されている。炉穴は単体のものがほとんどで、冷涼期特有の重複するものは少ない。早期集落の特性が薄れ、前期集落の特性が表れてきている

関山式Ⅰa期の169号住居跡（九・四×八・四メートル）、Ⅰb期の188号住居跡（八×五・六メートル）、17号住居跡（七・九×五メートル）、87号住居跡（七・六×四・四）、Ⅰc期の88号住居跡（九・八×六・一メートル）、Ⅱb期の173号住居跡（八・七×六・六メートル）と、各期にわたって大型住居が存在した。

小川岳人さんは他の遺跡の事例も参照して、大型住居が住居群の展開の「要」になっていることを見出して、離合集散を繰り返す世帯群にあって活動の中心となる「中核世帯」の住居だと見なしている（次ページの図）。

当該地域において活発な遺跡形成が知られる前期の関山式～諸磯a式期にかけて、植物性食料、とくに堅果類の処理加工具と見なされる磨石・石皿類が各遺跡を通じて安定的に存在することが知られている。小川さんが注目するのは石鏃《せきぞく》の出土数の多寡である。打越遺跡と千葉県松戸市幸《こう》

埼玉県打越遺跡の大型住居跡

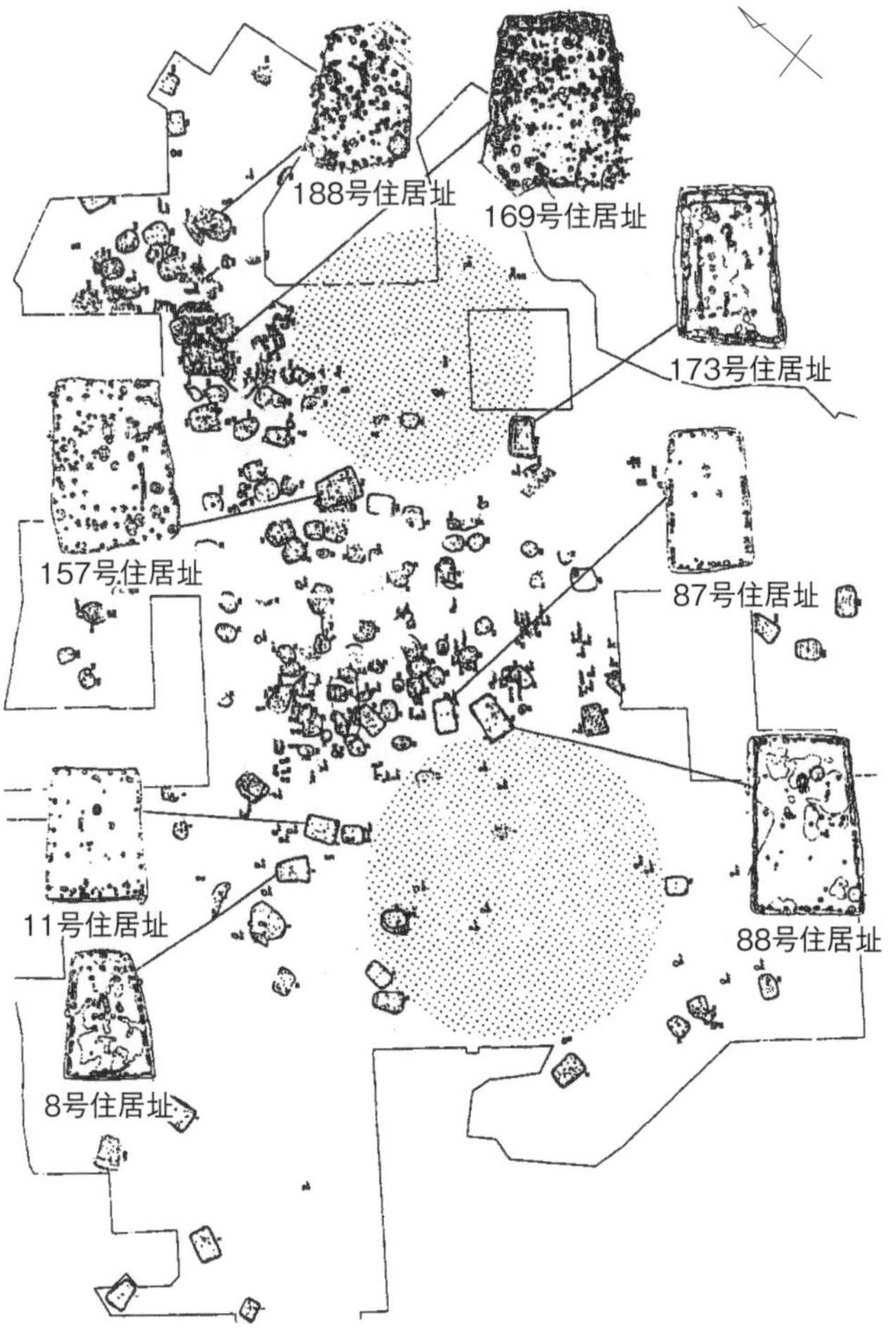

海面が上昇し、荒川流域沿いに海水が進出して「古入間湾」が形成された時期に、海に臨む台地上にいくつも集落が形成され、大型住居が目につくようになった。

田《で》貝塚の住居跡からイノシシの頭骨や獣骨類が出ている。また耳飾り・垂飾《すいしょく》・管玉《くだだま》などの「希少財・奢侈財・威信財」は石鏃が多く出る遺跡に集中している。そして石鏃・希少財が多く出た遺跡は、広場をもつ大きな集落にかたよる傾向も認められる。

ここから小川さんは、専業狩猟集団・狩猟系家族の存在も想定する。「こうした専業狩猟者集団〈狩猟系家族〉としての世帯は単に狩猟活動を行うばかりでなく、石器石材の入手、石器製作、狩猟の計画、狩猟に係わる動物祭祀等の狩猟とそれに伴う種々の技術・儀礼を継承し組織する存在であったろう」（『縄文時代の生業と集落』未完成考古学叢書③）と。渡辺仁の言う「縄文式階層化社会」を生み出す生業分化と、「退役狩猟者（エリート）層」を念頭に置いた解釈である。

多副葬の社会

オホーツク海沿岸を中心に北海道東部に石刃鏃《せきじんぞく》石器群が広く分布する。女満別《めまんべつ》式土器やトコロ第16類土器、あるいは浦幌《うらほろ》式土器がともない、大陸起源の石器群と言われてきた。浦幌式土器が石刃鏃石器群と伴出した大正3遺跡の年代が8.2 kaイベントに相当することが分かっている。分布圏の拡大は寒気のピークを迎えて従来の生業圏では人口を維持できなくなったため、小集団ごとに、より南へと移動した結果だと考えられる（98ページの図参照）。

気候が回復するとふたたび定住化の傾向が生まれ、複数の竪穴住居で構成される集落が形成されて、早期末から前期初頭にかけて地域色の強い特異な社会が形成された。とりわけ早期末葉の東釧路Ⅳ式土器を残した集団は風変わりな習俗を持っていた。乳幼児の足形が付いた土版を墓に副葬したのである。この「足形付土製品」に関する皆川洋一さんの研究から要点を列挙しておく（『北海道考古学』第四二輯）。

①道央部で四遺跡（千歳市美々5遺跡、同7遺跡、苫小牧市美沢3遺跡、江別市吉井の沢2遺跡）、同南部で二遺跡（函館市豊原4遺跡、同垣ノ島A遺跡）が見つかっている。

②足形の乳幼児および製作者がそれぞれ異なり、製作者は経験のない素人である。

③土製品をともなう土壙《どこうぼ》墓は河川や海を見渡せる小高い台地や段丘縁辺部に立地するが、周囲に該当期の住居跡がない。

④墓域は「中心タイプ」「準中心タイプ」「周縁タイプ」の三タイプの土壙で構成される。

⑤土製品以外に、尖頭器類・つまみ付ナイフ・抉《えぐ》り入り剝片・石斧類が副葬されるが、なかでも尖頭器類とつまみ付ナイフは際立って特徴的である。

⑥土壙墓の規模が、副葬品の総点数でなく副葬品のセット数と関係する。

⑦東釧路Ⅳ式土器期に限定される。

皆川さんは民俗学の事例に照らし、乳幼児の足形は、「（乳幼児の姿をした）『小さき神（性）』の象徴であり、土製品の意味は、それに備わる霊力や神性など超自然的な力を足型という形で土製品に付与した『呪物』」であるとし、土製品と葬礼は「重要人物（権威者）の死」と、その継承者の政治的プロパガンダとにつよくかかわっていた、と考えている。

函館市（旧南茅部町）垣ノ島A遺跡では、足形付土版は当該期の七六基の土壙墓のうち四基から計一七点出ている。二・五×二・五×〇・八メートルのP－330からそのうちの三点の土版とともに、長さが二〇センチ弱の精製の尖頭器が出ている。五・四×四・七×〇・八メートルの隅丸方形の大型合葬墓と見られるP－181からは一〇点出ている（次ページの図）。No.10土版に尖頭部を向けた黒色頁岩《けつがん》の尖頭器の両側に「ハ」の字状に白色の堆積岩（チャート）の尖頭器を配して、黒白のコントラストを強調している。No.4土版の傍らには赤色チャートのつまみ付ナイフの両側に白色チャートのつまみ付ナイフが「川」の字状に配置され、赤白のコントラストが強調されている。No.2土版に接して出た七点のつまみ付ナイフも石材の色が意識されていたと思われる。

函館空港の東側汐泊川の左岸段丘上にある豊原4遺跡の一画で足形付土版を副葬した早期末の土壙墓群が検出された。一・六七×一・二五メートルの浅い皿状を呈したP－100は他のピットに囲まれるようにその中心に配されていた。三点の土版と石槍一点、土版を囲むようにしてつまみ

函館市垣ノ島A遺跡P-181土壙墓と副葬品（①〜⑩は足形付土版）

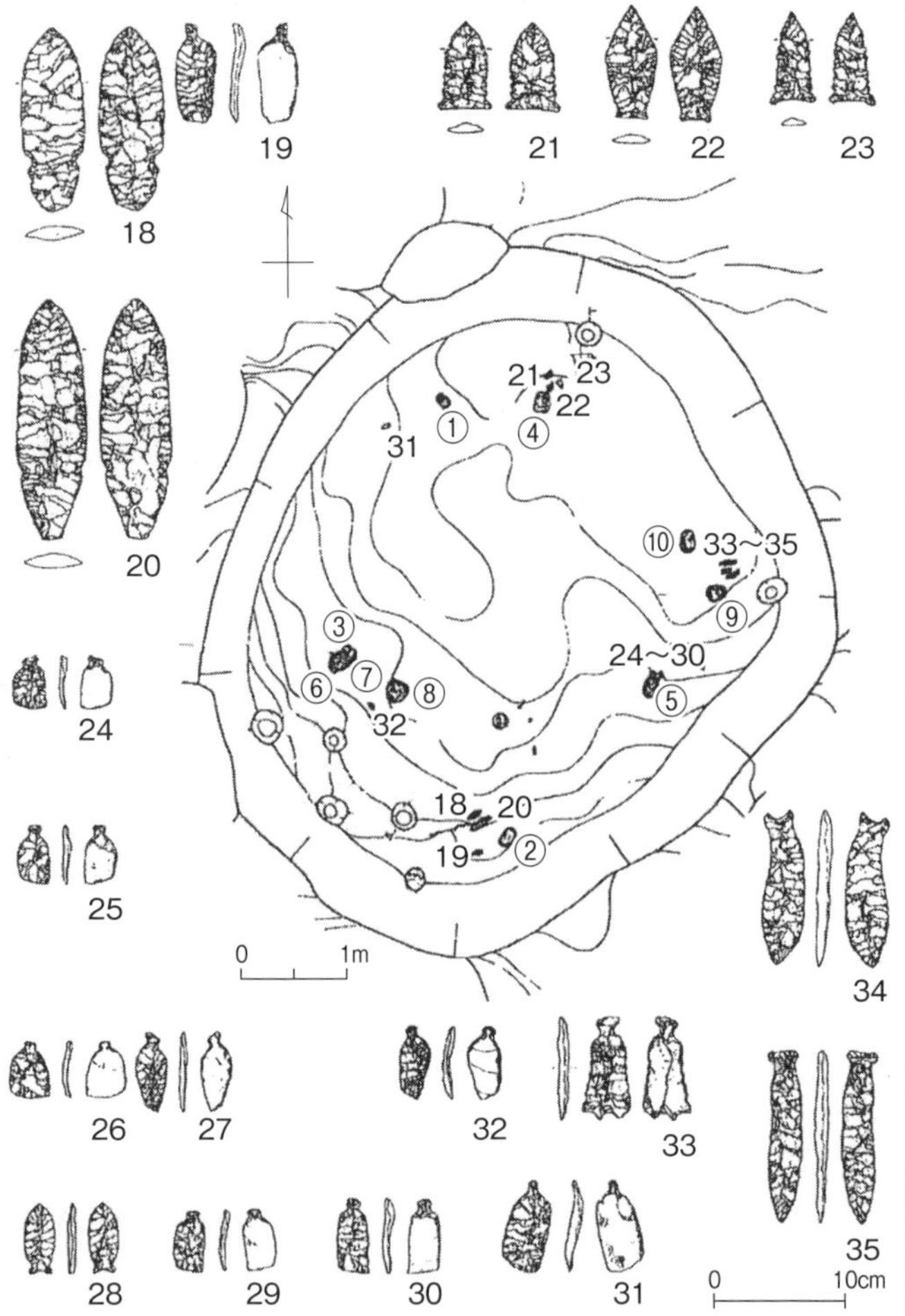

「色のシンボリズム」は難しい問題であるが、社会的意味が付与される副葬品、この場合は石器の石材に白・黒・赤の三色が意図的に選択されていた。

付ナイフがほぼ等間隔に並び、またそれと対峙するように同一石材のつまみ付ナイフや剥片類が一六点集中して出土した。

南側には白色と赤色の石斧が対峙するかのように配されている。さらに離れて黒色の石斧も配されていた。いずれも蛇紋岩《じゃもんがん》製であるが、色調を異にする。副葬品であるだけに赤・白・黒の石斧の色彩に象徴的な意味が込められていることは間違いない。

前期綱文土器の社会

釧路湿原に接した釧路段丘上にある北斗遺跡第1地点から東釧路Ⅲ式期と綱文《つなもん》土器期の竪穴住居跡四軒、綱文土器期の土壙墓五基が検出された。

第1号墓から「特異なつまみ付ナイフ」（「北斗型石小刀」）一点、第2号墓から「特異なつまみ付ナイフ」一点と石鏃・掻器各二点と黒曜石剥片二四五点、第3号墓から「特異なつまみ付ナイフ」・黒曜石剥片各一点と自然礫二点、第4号墓から「特異なつまみ付ナイフ」二点と磨製石斧一点と石製装身具が出ている（次ページの図）。

東釧路第3遺跡の第152号の覆土から短剣形尖頭器二点が黒曜石製大型掻器五点とともに出ていて、前期と報告されている。この過剰デザインの尖頭器は東釧路遺跡第2地点の墓壙からも、磨製石斧・石匙などとともに五点出ている。黒曜石製で、二〇～二六センチの大型品である。前期の「東釧路V式土器」期とされている。

東釧路貝塚からも前期の東釧路V式土器期の貝塚四か所、両時期の中間期の竪穴住居跡一軒と

特異なつまみ付きナイフと過剰デザイン尖頭器

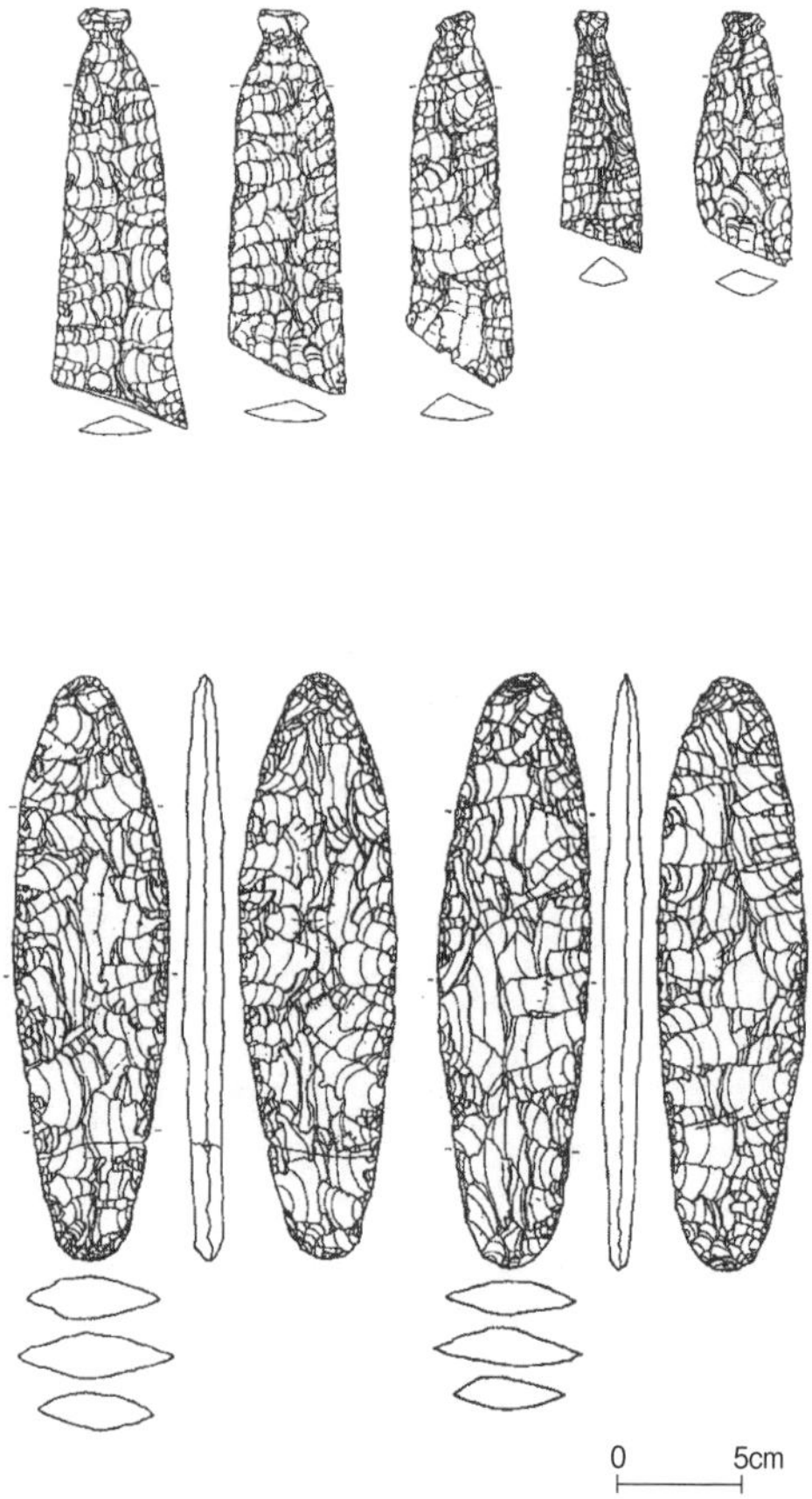

集団表象としての社会的意味を付与された過剰デザインの石器(あるいは土器)が、神子柴石器群以来、縄文社会にたびたび出現していた。

墓一基が出ている。注目されるのが二点の黒曜石製石槍で、過剰デザインである。前期の貝塚を覆う「縄文前期盛土層」と呼ばれる焼礫・焼土・炭化物を大量に含む層から、「盛土構築時に投げ込まれた」ように重なり合って出ている。二二・八×六×一・五センチ、二二・五×六・五×一・六センチとたいへん大きい。東北地方北部の円筒下層式土器期の類品と対応する（144ページ以下を参照）。

美幌町の三橋《みつはし》遺跡からも綱文土器期の竪穴住居跡二軒、墓壙五基、貯蔵穴状土坑八基、その他の土坑二九六基、焼土二か所が報告されている。墓壙1から、作りが丁寧で未使用の長さ約一九センチの大型の「特殊なつまみ付ナイフ」が、墓壙2からも、作りが丁寧で未使用の長さ約一三センチのものが、そして墓壙3からは、作りがやや雑な通常のつまみ付ナイフ二点、および剝片と掻器各一点、頁岩製磨製石斧三点、緑色岩製磨製石斧二点、両端に彫刀面剝離が加えられた黒曜石の棒状原石一点、原石四点とともに副葬されていた。

この特殊なつまみ付ナイフは、「亡き死者に奉げるためにわざわざ作成されたもの」で、「綱文式土器文化といえるような、ひとつの共通基盤を持った文化伝統が背後に確立していることが伺える」と荒生建志さんは報告している。

さらに石器の象徴性について言えば、前期前半に複数の石鏃を副葬する土壙墓が知られている。

江別市吉井の沢1遺跡では、P−13とP−260からそれぞれ石鏃が一三点と三点出ている。他に石錐（二点と二点）、つまみ付ナイフ（九点と四点）、削器（一一点と一九点）、石斧（一五点と一点）、台石（一点と一点）、磨石（〇点と一点）、石皿（〇点と二点）、砥石（一点と一点）、軽石（九点と四点）剝片（一三九点と〇点）の石器類が副葬されている。

縄文尖底土器期の土壙墓であるが、P−13が若干古いとされる。これらの石器は副葬のためにあらたに準備したものでなく、日常使用している道具を墓に納めたと言われている。そうだとしても、P−260に土器と磨石と石皿があってP−13にないこと、P−13に石鏃とつまみ付ナイフと石斧と剝片の数が絶対的に多いという違いは重視しなければならない。つまり、埋葬された両者の性別、あるいは狩猟者の立ち位置ないし威信が示唆されているのではないか。

前期後半の円筒下層式土器の時期には北海道ではこの葬制は見られなくなるのであるが、次章でくわしく述べる津軽地方を中心とした東北地方北部の円筒下層式土器、とくに円筒下層c式・d1式期に、土器以外にも多数の石鏃、過剰デザインの尖頭器・異形デザインの尖頭器、石匙（つまみ付ナイフ）、精製の石斧などを副葬する葬制が一時的に出現した。その生態的、社会的背景についてはのちに一四四ページ以下で詳述する。

第四章

退役狩猟者（エリート）層

はじめに

「退役狩猟者」は、私の恩師の渡辺仁の用語である。狩猟制の強い社会、たとえば、東北地方北部においては、狩猟採集社会から農耕社会へと直接移行するのでなく、二段階移行であった。第一段階は女性が農耕のハード面に関わり、退役狩猟者（エリート）層がソフト面を操作していた。この渡辺仮説の検証は終章「縄文から弥生へ」で行うことにし、ここでは退役狩猟者層の存在を、時代を遡り縄文時代前期の社会に探ってみる。

縄文人骨の死亡年齢段階は、壮年期ないしは熟年期段階の場合がもっとも多い。そのような人びとよりも長生きした「高齢者」たちが、少なくとも埋葬時において特別扱いされていた証拠は、ほとんど存在しない。その意味では、いわゆる「長老」と言えるような人物は、抽出不可能である。縄文時代において年長者でありかついわゆる「祖父」「祖母」は、熟年期段階の世代には多数いたはずであり、いわゆる「老人」は熟年段階のなかにこそ存在していた（山田康弘『人骨出土例にみる縄文の墓制と社会』）。そこでここでは、退役狩猟者層を長老層としないでエリート層と認識している。

先に一一七ページでみたように、小川岳人さんが古東京湾沿いの前期の遺跡にその存在を想定したが、熟年期の退役狩猟者層に関連するもう少し確かな証拠を提示したい。

約八二〇〇年前をピークとする冷涼化（8.2 kaイベント）から気候が回復し、今日より気温が高くなった前期前葉（約七〇〇〇年前）には、海進がピークに達するとともに植生が安定し、多様な生態系に応じた居住形態が出現した。
①奥東京湾や古鶴見湾などの内湾に面した地域、
②中部高地から関東北西部や甲府盆地周辺、
③多摩丘陵地域、
④駿河湾沿岸から伊豆半島・三浦半島・房総半島南部など、太平洋岸地域の四つの地域色が顕著になった。
東北地方でも約六〇〇〇年前、秋田市・盛岡市・宮古市のラインを境に、北に円筒下層式土器が分布し、南に大木《だいぎ》式土器が分布して、南北の地域色が鮮明になった。その傾向は大木8a・8b式土器の分布域が拡大して、円筒上層式土器に影響を及ぼして榎林《えのきばやし》式・最花《さいばな》式土器に変容させた中期中葉まで続いた。

完新世のボンド・イベントのひとつに5.8 kaイベントがある。しかしこの冷涼化現象は、早期末の8.2 kaイベントにくらべると、現在のところ考古資料に明確に刻印されていない。

放射状配置の大型住居

長方形大型住居

第三章で言及したように、長方形の大型竪穴住居跡は、北海道東部・東北地方北部・関東地方東部で早期中葉のほぼ同時期に出現した。時をおいて前期中葉から後葉の時期に東北地方北部・中部に集中して、長軸長が二〇～三〇メートル級の超大型も含め平均で長軸が一五メートル余、短軸が六メートル余の長方形大型住居が分布した。一〇基以上の炉をもつ住居も例外的に存在するが、一般に三～五基の炉をもつ。

武藤康弘さんは「ロングハウス」の民族誌事例を集め、考古資料の解釈に応用するくふうをしている。どんな意味をもち、どう使われていたか（コト）を、考古資料（モノ）だけから解き明かすのは困難である。そこで、民族誌を利用する手立て（民族考古学）が一般に取られる。北米イロコイ族のようにその存在が直接過去に遡れる場合、民族資料と考古資料の対比に確実性が増し、比較（「歴史遡及法」）は有効である。一四～一五世紀のイロコイ族のノッドウエル遺跡8号住居跡とドレイパー遺跡12号住居跡を例に、複合住居家屋が考古資料として確認されうる条件と

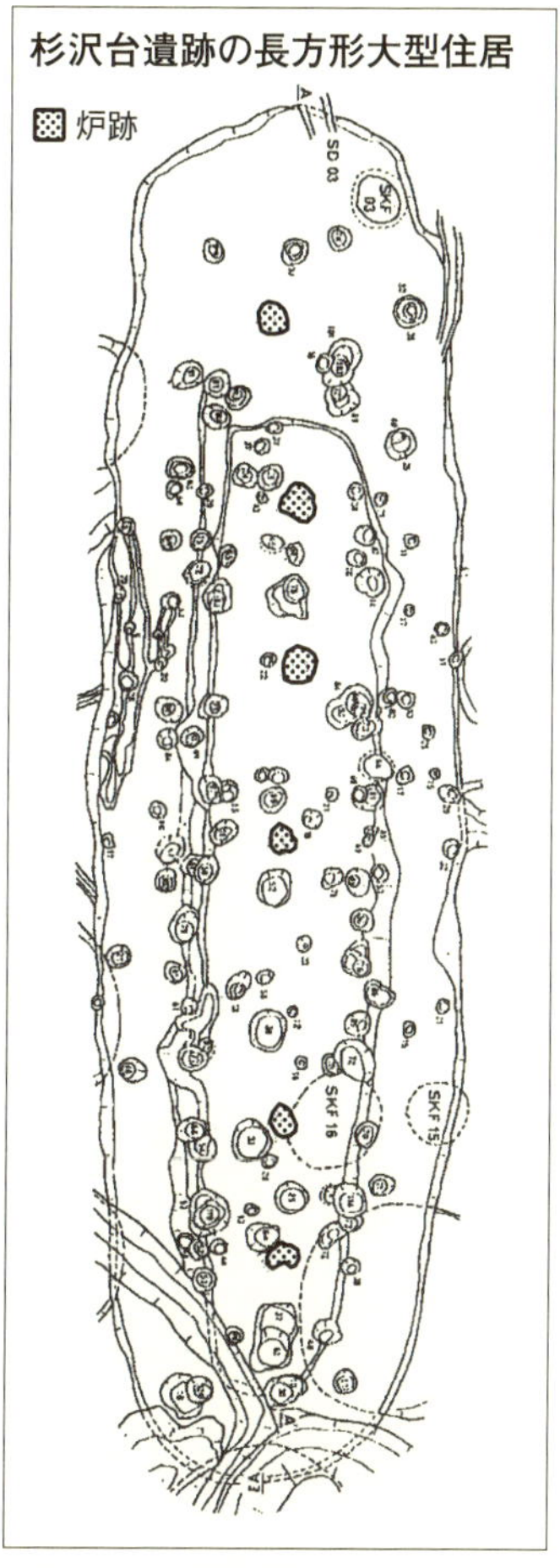

全長31m、幅8.8mの規模。ロングハウスの事例のように、白人と接触した時期の北米先住民の遺跡は、その部族の子孫たちの口承などからその機能が推測・確認できる。

して、長大な平面形、規則的に配列された炉、隔壁構造の存在を引き出し、秋田県上ノ山Ⅱ遺跡SI213住居跡や杉沢台遺跡SI07住居跡（右図）にその可能性を指摘している（『考古学と民族誌』）。

大型住居の放射状配置

大型住居を環状に配置した集落構成は、前期中葉黒浜式期の宇都宮市根古谷台遺跡がよく知られている。だが、関東地方でのその後の展開が見られない。

一方で前期の大木3式〜5式期に、北緯四〇度、もう少し正確に言うと、秋田市・盛岡市・宮古市をつなぐラインの南に位置する秋田平野や横手盆地、北上盆地とその周辺地域などに、北の円筒式土器分布圏と南の大木式土器分布圏を分かつ「緩衝地帯」のように、大型住居を放射状に配置した集落構成が現れ、独特の文化的要素を持った地域圏が形成された。カツオブシ形石製品や燕尾《えんび》形石製品、石剣・石棒などはこの地域固有の遺物である（134ページの写真参照）。

典型的な集落としては、岩手県遠野市綾織新田《あやおりしんでん》遺跡で大木2a〜4式期にかけて長方形を基調とした住居跡一七軒と半円形の住居跡一軒が、北上市蟹沢館《がんじやだて》遺跡で大木2a〜5式期の住居跡一七軒が、秋田県大仙市上ノ山Ⅱ遺跡で大木4〜5式期の住居跡一七軒が、岩手県奥州市大清水上遺跡で大木5式期を主体とする大型住居跡六二軒と小型竪穴一二軒が検出されている。

こうした集落構成が東北地方中部・南部に現れるのは前期末になってで、宮城県嘉倉《よしくら》貝塚では大木5〜6式期に見られ、山形県高瀬山遺跡では大木6式期に環状集落が出現した後に、中期になると長大な住居を放射状または弧状に配置した構成が顕著になった。この間に5.8 kaイベントが起こっていたのだが、考古資料が少ないため、検証ができなかった。

村山市西海渕《さいかいぶち》遺跡では、中期中葉の大木8a・8b式期に約三〇軒の大型住居跡による環状集落が形成され、また国宝に指定された立像土偶が出土した舟形町西ノ前遺跡も、大木8a式期の長方形大型住居集落である。

大仙市（旧協和町）上ノ山Ⅱ遺跡

遺跡は雄物川の支流淀川の右岸段丘、標高五〇～四五メートルに位置する。一九八六年の発掘調査で、調査区中央部から北東部にかけては一九六二年の開田事業で上部が削平されていたが、竪穴住居跡六四軒、土坑一一三基、フラスコ状貯蔵穴一六基、落とし穴六基、土器埋設遺構六基、配石遺構三基などが検出された。

竪穴住居は長軸一〇メートル以上の大型が二九軒あって、そのうち二〇メートル以上のものが五軒ある。最大の150号住居は長軸二四・五メートル、短軸五・三メートルの楕円形住居である。配石遺構を中心として長軸約五〇メートル、短軸約二五メートルの広場の周囲には一七軒の大型住居があり、長軸線が広場の中央部に集まるように配置された大型住居群一一軒と、広場の中軸線に平行する一群六軒が存在する。

その西側と北東側に大小の住居跡と土坑などの遺構が集中する部分がある。この区域の大型住居の中には、床面が硬く踏み固められ、しっかりした炉をもつものが多いのに対し、中央部の大型住居は床面の確認が困難なほど踏み固められていないものが大部分で、炉としての焼土も数例を除けば痕跡程度のものがほとんどである。

南西・南・北西側には遺物の捨て場がある（次ページの図）。遺構の切り合い関係から、集落

大仙市上ノ山Ⅱ遺跡の遺構群と捨て場の位置

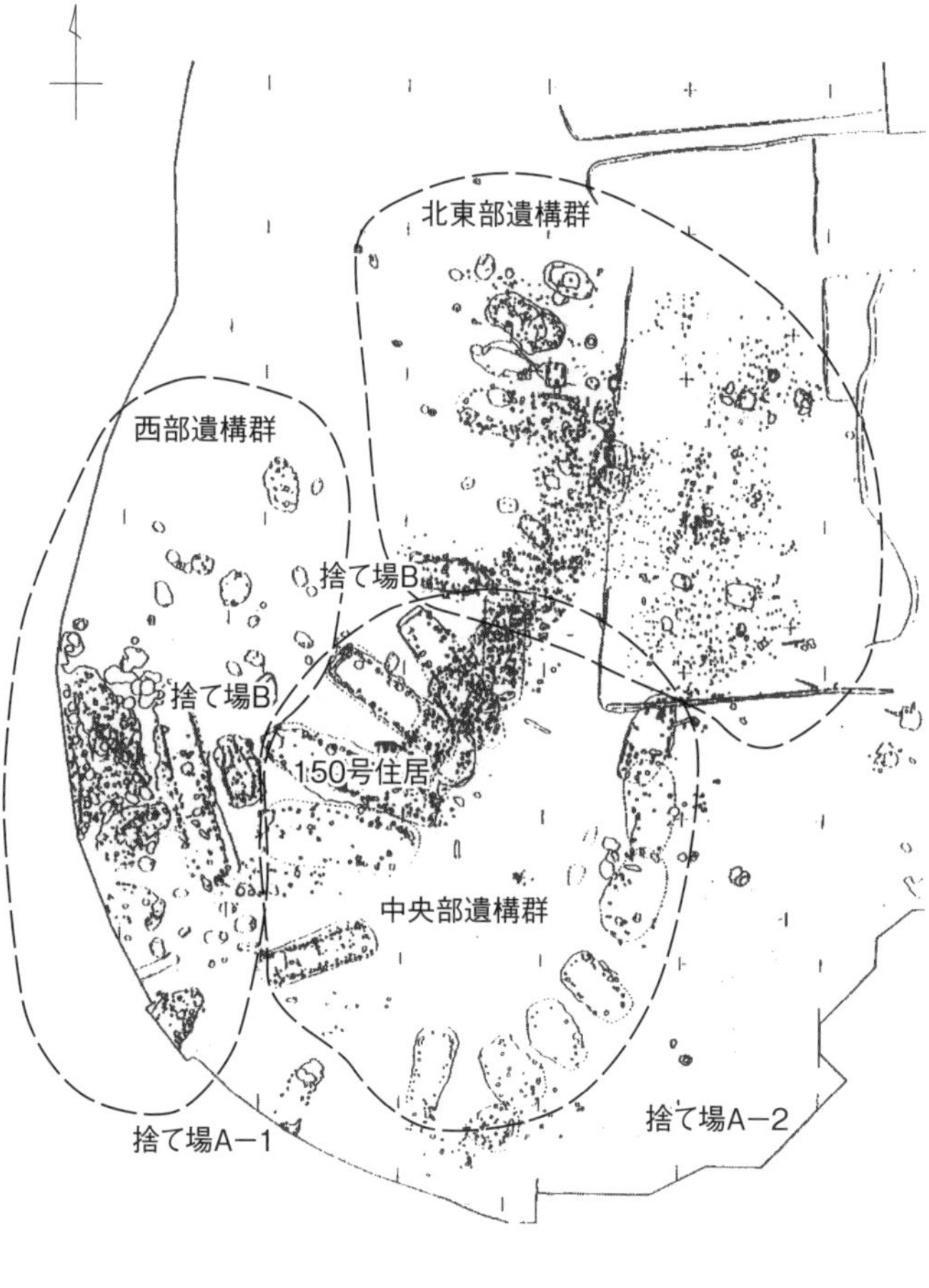

当初、豪雪地帯に発見例が多かったので、冬の共同作業場と見なされていた。ここでは複数世帯の共同家屋説に与している。

はじめに配石遺構を中心に設定された広場を囲む放射状配列という形で、一～三軒ずつ何回か建て替えられ、次に広場をはさんで並行する建物が一～三軒ずつ数回建て替えられた、と想定されている。

出土土器の九九%以上が大木4～5式土器を主体に、円筒下層b式土器や大木式・円筒下層式の融合形態の土器である。剝片製石器は狩猟活動が重要だったことを示唆している（上図）。

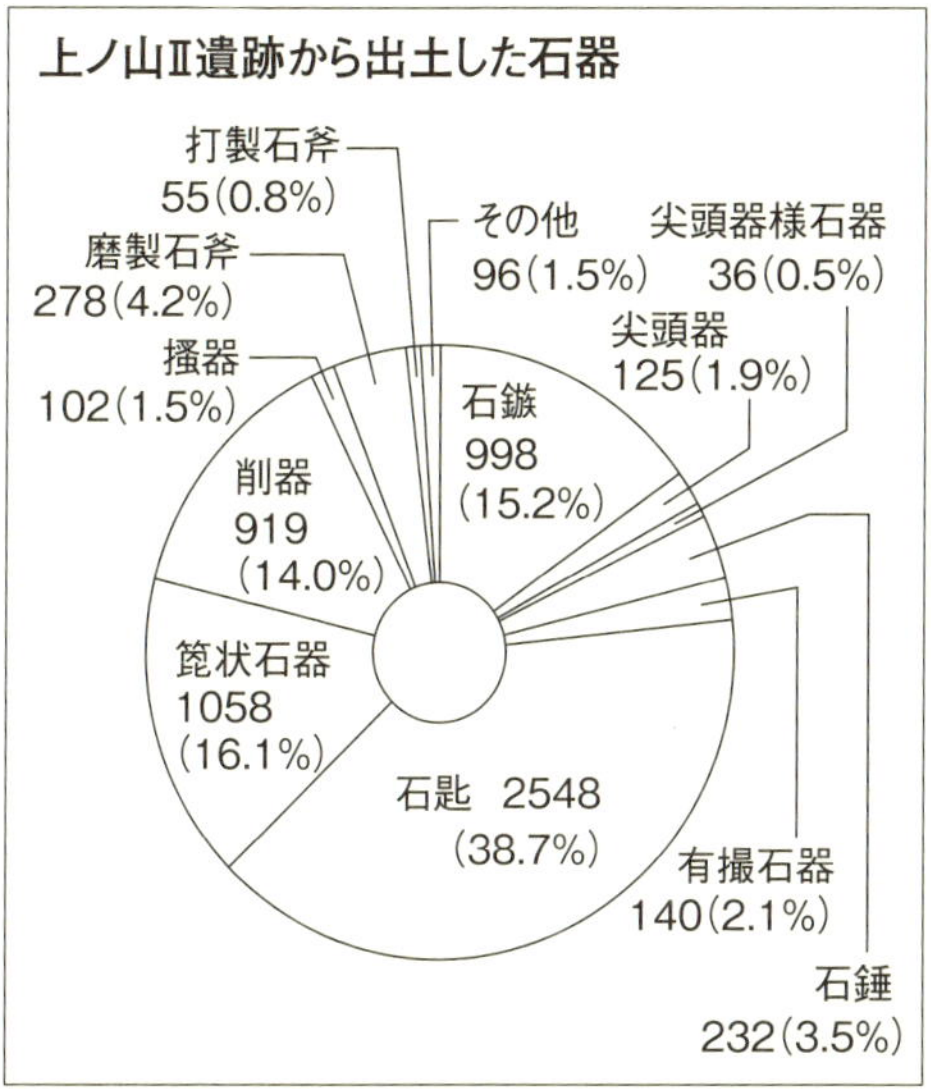

「有撮石器」とは山形県押出遺跡(大木４式土器期)から多数出土した「押出型尖頭器」と呼ばれるつまみ付の尖頭形石器の類である。

礫石器ではいわゆる植物性食料の調理具とされる磨石《すりいし》・石皿《いしざら》の出土が少なく、底縁部を打ち欠いて刃部をつくり出す「半円状扁平打製石器」（擦切石斧製作にあたって原石を引き切る道具「石鋸《いしのこ》」を含む）が二四六六点（四〇・七パーセント）、凹石二二四〇点（三七・二パーセント）、

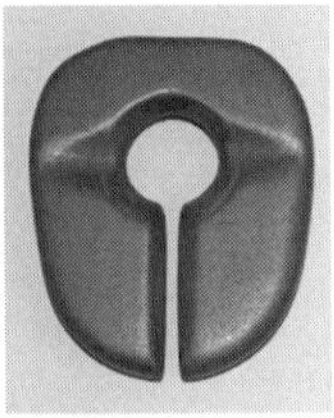

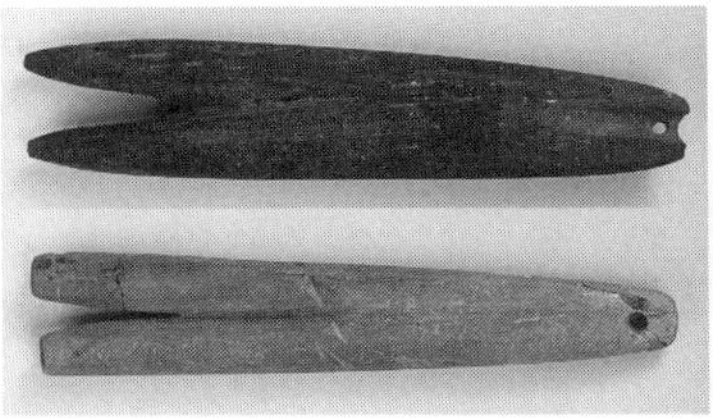

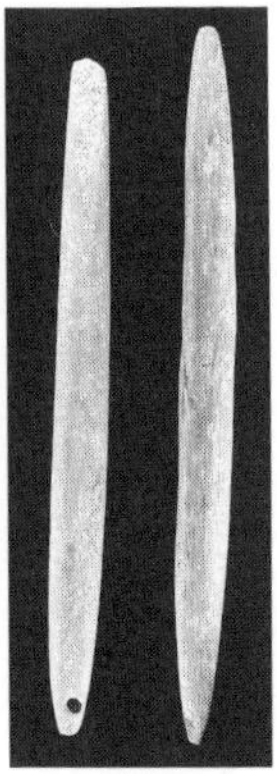

抉状耳飾り・燕尾形石製品・石剣・石棒　「燕尾形石製品」と「カツオブシ形石製品」は、上ノ山Ⅱ遺跡の発掘調査を担当された大野憲司さんが命名。「抉状耳飾り」は中国の抉（玉器）に似ていることから。埋葬人骨の耳の部位から一対で出ることがある。

漁網錘《ぎょもうすい》あるいは編み物の錘《おもり》の石錘《せきすい》九四二点（一五・七パーセント）で九割以上を占めている。

上ノ山Ⅱ遺跡出土の石製品は、前期の石器組成に関するそれまでのイメージを大きく変えるものであった。抉《けつ》状耳飾りは蛇紋岩《じゃもんがん》・滑石《かっせき》製の精製品と、緑色凝灰岩《ぎょうかいがん》・軟質凝灰岩製の粗製品があり、前者が搬入品、後者が模倣品と考えられる。短冊状や棒状に研磨した後に長軸の一端に切り込みを入れ、他端に穿孔《せんこう》した「燕尾形石製品」は、当遺跡からはじめてまとまって出土したものである。両端を砲弾状に削り出した「カツオブシ形石製品」も同様である（上の写真）。

その他に石剣・石棒・ヘラ状石製品・男根状石製品など、装身具・祭祀具などが想定されるものの実態のよくわからない道具が多数出ている。石剣・石棒は後・晩期の「第二の道具」を代表する石器で、副葬品としてよく見かける。

シャーマンなど特異な職能と関係があるという見方がある。ただし、中期に見られないので、前期後半の石剣などとの間に系統関係があるかは不明である

岩手県大清水上遺跡

遺跡は北上川支流胆沢川によって形成された扇状地性地形のほぼ扇頂部に位置し、ダム工事に関連して二〇〇〇年から五年間にわたって発掘調査が行われた。

大型竪穴住居跡六二軒と小形竪穴一二基で構成された集落跡で、出土土器からみると大木5式土器期である。一六・六×七・四メートル（101号住居）を最大、七×四・四メートル（208号住居）を最小とする、長方形ないしは楕円形の大型住居は、直径約二〇メートルの中央広場に長軸を向けて環状に配置されている。

集落東側の住居にその規則性を乱す例が多く、102号住居は約三五メートル離れて単独で存在する。各住居の時間的前後関係はわからないが、頻繁に建て替えや拡張が行われていて、そこを基準に見ていくと、集落を構成する住居は二〇群に分けられるという。複数の地床炉をもち、主柱穴に囲まれた「炉空間」を見ると七〜一二か所の空間が見られ、三〜四か所の空間をもつものが多い（次ページの図）。武藤康弘さん流に解釈すると、三〜四世帯の複合居住家屋である。

直径約20mの中央広場を取り囲むように大型住居が長軸を広場中心に向けて環状に配置されている。その外側に小型の竪穴や土坑が廻る。

小形竪穴は貯蔵施設と報告されている。二〇三基検出された土坑は、貯蔵穴・土壙墓など特定の機能・配列がわからなかったようである。出土石器も、剥片石器類では使用された剥片がもっとも多く、石鏃五〇七点（二五・五パーセント）、削掻器二二八点（一一・五パーセント）、石匙一五三点（七・七パーセント）、石ヘラ一四七点（七・四パーセント）、尖頭器一〇〇点（五パーセント）など狩猟活動を示唆するものが多い。礫石器類では凹石一一七六点がもっとも多く、磨石類六七五点（二六パーセント）、石錘四六一点（一七・八パーセント）、台石一五一点（五・八パーセント）、石皿六二点（二・四パーセント）など、植物性食料の調理や河川漁活動を示唆するバランスのとれた組成である。

燕尾形石製品二点（未製品か欠損品）とイチジク形土製品一点が当該時期の地域性を表わしている。石剣二九点、石棒一三点、抉状耳飾り一一点（頁岩一点のほかは凝灰岩）、土偶八点（部分的な残存状況のため、板状土偶と想定した判断）、土玉一四八点、鼓形耳栓《つつみがたじせん》（ピアス）五点、ミニチュア土器一三点など社会性を帯びた石製品・土製品も出土している。ただし、素材・成型技術・出土状況などの面において集落の特性を示唆する特徴には乏しいという。石材は在地の奥羽山脈だけでなく、早池峰山塊付近のものも含んでいるものの、黒曜石を欠くことが注目される。

大木6式期

東京大学名誉教授の今村啓爾さんによれば、山形県遊佐町吹浦《ふくら》遺跡は古・中・新の三段階に分けられ、段階ごとに土器系統の組み合わせが大きく変化する。古段階（大木6式1期・2期）は円筒下層系が土着化した粗製土器であった。中段階（大木6式3期）ではそこに大木6式が球胴形を主体にして進出する。新段階（大木6式4期・5期）になると状況は一変する。主体は圧倒的に北陸系となり、中段階に進出が著しかった普通の大木6式がほとんど見られなくなるかわりに、それまで見られなかった円筒下層d式系が相当にともなうようになる。

要するに、秋田市周辺遺跡で北陸系の朝日下層式併行期にみられたことと同じ急激な変化が、同時期の山形県海岸部にもみられるのである。新段階への転機は、秋田に進出した北陸の集団が移住後も故地との連絡と往復を保ち、この往復によって円筒下層d式系の影響が北陸西部で朝日下層式の重要要素として取り込まれた後、そこから東に向かって広がる動きである。ただし、円筒下層d式集団のまとまった自主的な南下はなかった、と今村さんは判断している（『土器から見る縄文人の生態』）。

私流に読み替えてみると、古段階は寒冷期のピークに北の円筒式土器圏から南下して土着した人びとの集落であり、新段階は気候の回復にともなって西の北陸系の人びとが北進してきた時期である。ちなみに大木6式3期の土器の暦年較正年代は約五五〇〇年前である。

小林圭一さんによると、山形県内では大木6式古・中段階に遺跡数が多く、新段階ではほとんど認められなくなり、遺跡数の大幅な増加と立地の拡大、大規模遺跡の形成は中期の大木7b式土器期以降に顕在化する。寒河江市高瀬山遺跡は大木5b〜6式土器期に形成された円環状の「重帯構造」集落である。三〜五メートルの標準的な竪穴住居跡三七軒と長軸一五〜二〇メートル余の大型竪穴住居跡一二軒が検出された。出土土器は大木5b〜6式3期にかけて多く、3期の段階でこの大規模な集落は終焉を迎えた（『研究紀要』一三、東北芸術工科大学東北文化研究センター）。

大木5b式土器期は5.8 kaイベントのピークに当たり、大木6式古・中段階の遺跡数の増加は遊動性の高まりの可能性がある。また現在の気候から推測すると、比較的気候の穏やかな山形盆地地域が避寒場所に適していたため、高瀬山遺跡に集住した可能性も考えられる。

大木6式新段階から前期初頭は気候の回復が想定されるのだが、この時期に遺跡がほとんど見られない。その社会的回復を担う在地集団の文化力が衰退してしまっていたからであろう。

5.8 kaイベント

5.8 kaイベントは暦年較正年代では諸磯b式の新期に当たる。谷口康浩さんが集計したデータ

（『環状集落と縄文社会構造』）がある。住居数は関山式土器期にいちじるしく増加し、黒浜式期にはさらに増加する。この高い水準は、つづく諸磯a式からb式期にかけ維持される。この現象は埼玉県内の古東京湾沿岸でとくに目立った動向となっている。埼玉県では黒浜式期をすぎると集落数と住居数が大幅に減少する。海進がピークを過ぎ、急速な沖積が進んだことで貝塚群が減退したことがその要因である。それに対して丘陵地を抱える東京都と神奈川県では、黒浜式期から諸磯a・b式期にかけて住居数・集落数の増加傾向が持続している。そしていずれの県においても諸磯c式期に極端な減少をみる。

黒浜・諸磯a式期を中心として環状集落が顕在化し、大規模な集団墓造営が広まった。しかし諸磯c式期になると、墓群造営が継続する遺跡においても明確な住居跡が残されなくなる。丘陵・台地だけの地理的環境にある多摩ニュータウン地域では、黒浜・諸磯a式期も小規模な集落に分散し、かつ移住する傾向があったのだが、諸磯b式期にとくにその傾向が顕著になっている。そして前期末の十三菩提《じゅうさんぼだい》式から中期初頭の五領ヶ台《ごりようがだい》1式期にかけて住居跡は皆無に等しくなる。

ちなみに、こうした傾向に対し、甲信地方では、諸磯c式土器期に遺跡・住居跡の数が増えるとともに、植物性食料に関連する打製石斧の数が急増することが知られている。この地域の集団は窮迫期に対応して技術革新を図り、中期の繁栄の礎を築いたようである。

東北北部の前期前半は南部にくらべ遺跡数が極端に少ない。後半の円筒下層a式期に突然増加に転じ、円筒下層b式期に急増した。しかしそのまま増えつづけるのでなく、円筒下層c式期に一転して減少に転じた後に、円筒下層d式期で再度急増して最大数に達する。円筒下層a式土器およびb式土器の暦年較正年代は、それぞれ約六〇〇〇～五八八〇年前と約五九〇〇～五六五〇年前である。

青森県八戸市畑内《はたない》遺跡では、円筒下層a・b式土器期三九軒、c・d式土器期八軒、中期円筒上層a式土器期二二軒の竪穴住居跡、フラスコ状などの土坑約六〇〇基、土器埋設遺構六六基、捨て場六か所などが、時期ごとにその組み合わせを若干変えながら存在していた。とくに円筒下層a・b式期と、下層d2式～上層a式期にかけては住居跡の量・規模などから、拠点集落としてあり、また中間の下層c・d1式期にかけては墓域と小規模のいわゆる衛星的な集落であったとみられている。この集落構成の変化は、気候の冷涼化（5.8 kaイベント）に関連していたと考えられる。のちに一四四ページ以下でみるように、この時期の墓への副葬に特異な現象が認められる。

諸磯式土器・十三菩提式土器の時期

ボンド・イベントが周知されるはるか以前から、今村啓爾さんがこの気候の冷涼化にともな

過剰デザインの土器　神奈川県三浦半島にある諸磯貝塚を標準遺跡とする諸磯式土器はa式、b式、c式の3型式に分けられる。北関東のc式土器に過剰な装飾が見られる。

う考古現象をくわしく研究していた（前掲書）。

今村さんの研究を引用してみる。

諸磯式土器と十三菩提式土器を分けるのは学史的な理由によるもので、土器自体の性質が大きく変わるわけではない。急激な変化は中部高地・西関東では諸磯b式（新）とc式（古）との間にあると今村さんは言う。東関東では興津《おきつ》Ⅱ式と粟島台《あわしまだい》式との間、東北では大木5a式と大木5b式との間の時期に当たる。

そこで私が注目するのは「群馬B期」（中部高地古段階2期併行）を特徴づける土器である。湾曲する口縁に巻きつけるように多くの貼付文をボタン状貼付文と交互に加え、そのうちの四個を耳状に大きく作る。口縁部の下のふくらみにも二段目の貼付文を加えることもある。ボタン状と棒状の貼付文を胴部にまで加える土器もある（右の写真）。

ボタンの上を半載竹管《はんさいちくかん》や細棒の先で刺突《しとつ》したものも多い。このデザインは崩れつつ「群馬C

期」「群馬D期」まで続く。中部高地と類似する型式から地域的独自性の強い型式に変化する過程でみられた装飾の過剰化である。D期で群馬の系統がほとんど途絶えて中部高地の土器が広がった現象に鑑みると、この過剰デザインの土器に第三章で扱った鶴ヶ島台式土器と同様の社会的機能が想定できる。

今村啓爾さんは、少なくとも前期末〜中期初頭の縄文土器型式を「系統の束」として捉えている。つまり、系統の集まりであることが、少なくともこの時期の土器の実態だというのである。前期末という時期は、北陸・中部高地・東海・関東の全域にわたりさまざまな系統の土器があって移動し合い、各地・各遺跡で複雑に共存する状況がある。十三菩提式期という大きな時間を画する枠組みのなかに、実体としては多くの系統の流れが移動や分岐や合流を複雑に展開している状態が見てとれるという。

そしてこの土器現象の背景には、安定期（諸磯a・b式期）と、安定期・繁栄期（五領ヶ台Ⅱ式期とそれに続く阿玉台《おたまだい》式・勝坂式併行期）との間にはさまれた衰退期があったこと、そしてその衰退期とは気候の冷涼化によって植物性食料が減産して人口が減少した時期であったことを主張している。

石鏃多副葬の社会

円筒下層式期の葬制

山田康弘さんによれば、副葬品をもつ単独・単葬二一四例のうち、男性で石鏃をもつものは一六例（七・五%）、女性で石鏃をもつものは二九例（一三・六%）で、石鏃出土をもって男性とは断定できない（『人骨出土例にみる縄文の墓制と社会』）。また副葬されていても一〜二点が普通である。

ところで、北海道と東北地方では、前期になると石鏃を多く出す遺跡が目立ってくる。前期の石鏃の形態を参考にすると、円筒下層式土器分布圏では有茎鏃《ゆうけいぞく》であるのに対して、大木式土器分布圏では無茎鏃《むけいぞく》が一貫して使用されていて、両地域の地域性を強く示唆している。

石鏃の形態だけでなく、石鏃を副葬する慣行においても違いがはっきりしている。円筒下層a〜b2式土器期を中心として、円筒下層式土器成立期前後の竪穴住居跡一五軒、土壙墓五〇基以上が検出された函館市（旧南茅部町）八木A遺跡では、10号土壙墓でつまみ付ナイフ（石匙）三点、石斧未製品一点、擦石《すりいし》一点、土器片二点とともに石鏃が三点副葬されていた。24号土壙墓からもつまみ付ナイフ・掻削器・石皿とともに石鏃が一点、30号土壙墓からも両面を粗く加工した石器と凹石とともに石鏃一点、95号土壙墓からも石ヘラとともに石鏃一点、96号土壙墓からも石鑿《いしのみ》と擦石《すりいし》とともに石鏃一点が副葬されていた。

北海道の早期末に始まるこのような多副葬の慣行が、津軽地方を中心にした地域の円筒下層c・d1式期に、突然、石鏃を中心として過剰に表出されるようになった。きわめて稀であるその事例は、被葬者が特別な位置にあったことを示唆している。

秋田県大館市池内遺跡

池内《いけない》遺跡は北緯四〇度よりやや北、大館盆地を流れる米代川右岸の河岸段丘とその斜面に立地する。竪穴住居跡七九軒、土壙墓四五基、フラスコ状土坑一七一基、土坑一七七基、掘立柱建物跡六三棟、Tピット二二基、土器埋設遺構九基、捨て場五か所などが検出された前期中葉から後葉にかけての集落遺跡である。竪穴住居跡と方向を変えて、台地の縁辺部にフラスコ状土坑群、その内側に土壙墓群と掘立柱建物跡群が帯状に並んで配置されていた（次ページの図）。

植物遺存体の同定により、集落の周囲に人の手が加わって、ブナ・ミズナラなどの落葉広葉樹林からクリ・オニグルミやニワトコ属群・ブドウ属群などの低木が混生する二次林となっていた。

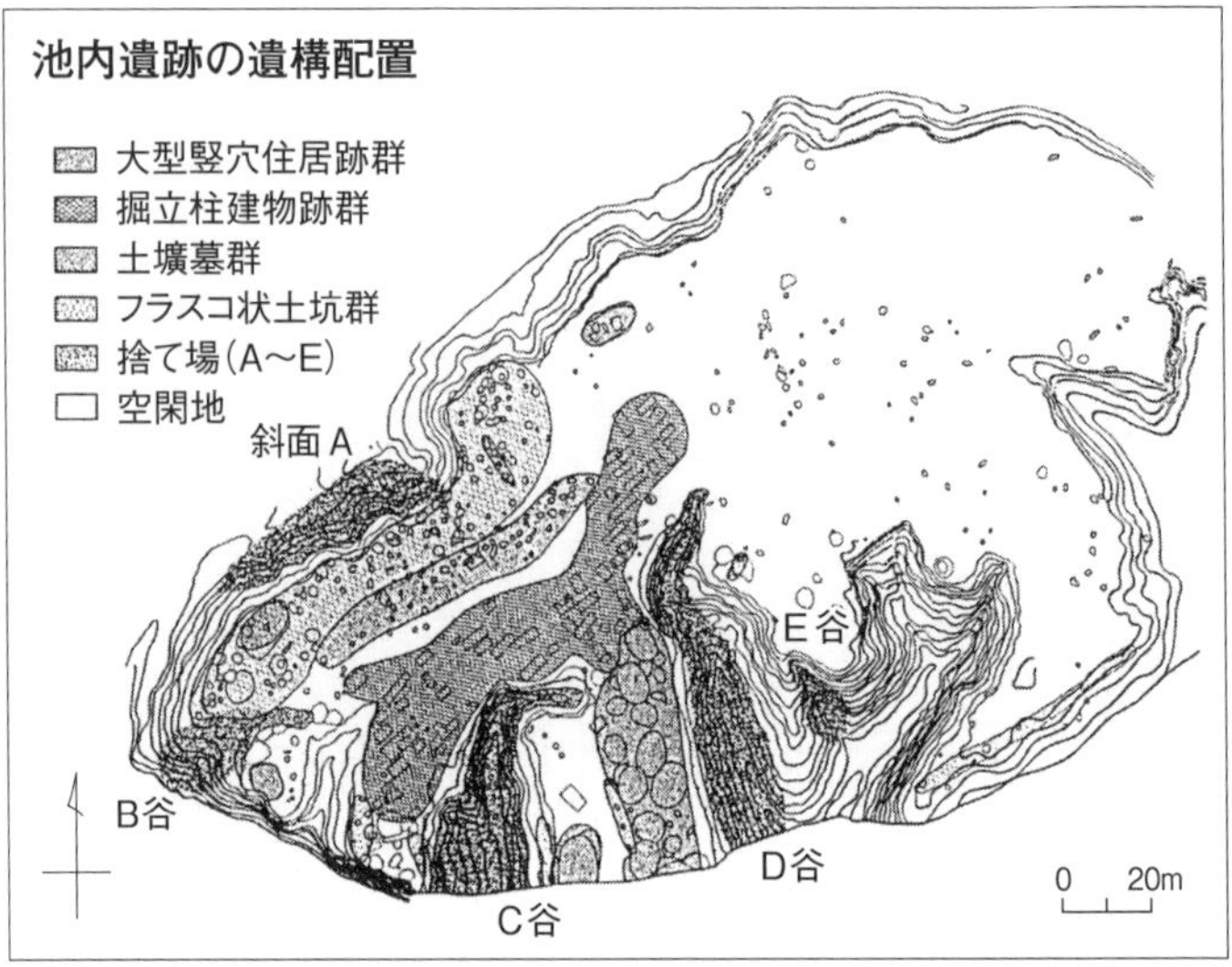

竪穴住居跡、掘立柱建物跡、土壙墓、土坑が帯状に配された“列状集落”が特徴的である。谷の斜面にいくつもの捨て場がある。

オニグルミは人が割ったものが産出量の八〇%前後を占め、焼けたものも一〇%前後出ていて、生活に深くかかわっていたことがわかる。クルミ核加工品（彫刻もしくは磨きをかけたもの）も出ている。低木の実から果汁もしくは果実発酵酒をつくっていたと見られている。

ブリを筆頭にサバ・ホシザメなどの海生魚の骨が出ており、米代川を利用して日本海側から頭を落とした状態で運ばれてきたらしい。その他にヒラメ・ニシン・サケ類やコイ科の魚類が同定されている。哺乳類（ノウサギ・モモンガ・イヌ・イタチ・シカ）の骨の出土は少なかったが、三内丸山遺跡と同様に狩猟具

多副葬墓　石鏃を主体に石槍・石斧・石匙（狩猟者の道具セット）を副葬した土壙墓の事例は、円筒下層c・d1式期と、北海道の後期〜続縄文期に限られたようである。

である石器類の出土は多い。とくに石鏃に注目すると、住居跡からは多くて五点、ふつう一〜二点で、検出されない住居跡も多いのに対し、副葬品として土壙墓からは多数出ている。

貯蔵穴群と掘立柱建物跡群にはさまれて三〇基の土壙墓群が見られた。副葬品には深鉢・石鏃・石槍・磨製石斧・打製石斧・石匙・扁平打製石器・石錘《せきすい》・石皿・礫《れき》が見られる（上の写真）。

人骨が残っていないので、それぞれの副葬品が老若男女とどのような関係にあるかを知ることができない。副葬品の質量から年齢階梯、世帯の貧富差、社会的男女差（ジェンダー）などの社会的表象を見つけ出していくことは、なかなか難しい。

石鏃は三〇基中一〇基に副葬されていた。代表的な前期後葉のSKA208土壙墓には、底面から二・三センチ上の埋土中に深鉢一点・石匙一点・打製石斧一点・磨製石斧二点・擦石一点・礫一点とともに、石鏃が北側壁近くにまとまって五六点も副葬されていた。SKS408土壙墓からも尖頭形のつまみ付き石匙一点とともに、北東壁際にまとまって一三点、少し離れた壁際で一点の石鏃が出土している。

SKS387土壙墓でも礫五点と土器片九点とともに、北側壁近くから一三点の石鏃が出ている。SKS431土壙墓では南西側に深鉢土器一点と破片二点、石匙二点、拳大《こぶし》と扁平な礫、南東側に石槍一点、北西側にも扁平礫一点、そして北側と北東側に石鏃一一点と磨製石斧一点と扁平な礫一点が出ている。SKS394土壙墓では中央南側の深鉢土器二個体の周辺から五点、北側壁際から四点、北東壁際から一点の計一〇点が、石匙一点、擦切磨製石斧一点とともに出ている。SKS430土壙墓では石錘二点、擦石三点、石皿の破片とともに、北側壁際近くで四点、中央部で二点の計一〇点が出ている。

その他にSKS817土壙墓で土器片三点、半円状打製石器破片一点とともに三点、SKS822土壙墓でも石鏃だけが三点出ている。SKS392土壙墓では深鉢土器一個体とともに一点、SKS718土壙墓で土器片三点と礫二点とともに石鏃一点が出ている。

石鏃に関して言えば、副葬した墓と、していない墓にまず分けられる。副葬した墓も一〇点以上副葬している墓と一～三点の墓に分けられる。石鏃を多数副葬した墓は、ほかにも深鉢・石匙・磨製石斧などの豊富な副葬品で特徴づけられる墓と、ほかに目立った副葬品のない墓に分けられる。

土壙墓に副葬された石鏃は、狩猟者のシンボルである。そうであるならば、石鏃を副葬した池内遺跡の人びとの社会は、狩猟者の何人かが狩猟の名人としての威信を得ているような社会だったと考えられる。あるいはある種の男だけが「威信的狩猟」にかかわる社会であったかもしれない。これに関して、池内遺跡の発掘調査の報告者は、阿仁マタギ西根稔の次のような言葉を紹介している。「近年まで、マタギの里では仲間の槍の名手が亡くなると、マタギ仲間がその名手にあやかりたいとして、自分の使っていた槍か、新しく造った槍を一緒に葬った。（石鏃の）数が多いのは、その死者が弓の名手だったので、仲間たちがその名手にあやかりたいという気持ちで入れたのではないか」（『池内遺跡』秋田県文化財調査報告書第二六八）。

この池内遺跡や三内丸山遺跡の動植物遺存体の分析から、集落の繁栄を支えたのは女性が関与する植物性食料であったと考えられる。

ただし、植物性食料の共同管理・栽培の背景には、男の狩猟制とエリート層が支配する社会が、共同体の深層に隠されていたことを見落としてはならない。

豊富な副葬品を有する土壙墓を渡辺仁の謂う「退役狩猟者」の墓としておきたい。池内遺跡ではSKS－412土壙墓とSKS－824土壙墓に精製大型石槍（過剰デザインの石槍）が副葬されていた。これは狩猟者中の狩猟者（リーダー）のシンボル（威信財）と考えられる。この時期、そうした存在が社会の表面に姿を現す事象、すなわち、気候の冷涼化（5.8 kaイベント）に関連した生活世界の危機的状況が生じていたと思われる。

青森市石江遺跡

石江遺跡は、三内丸山遺跡の北北西一・二キロ、沖館川をはさんだ対岸にある。竪穴住居跡は、円筒下層b式土器期以前の安定した集落が円筒下層c式期に縮小し、円筒下層d1式期に回復に向から動向を示唆する。一か所の捨て場が円筒下層d1式期に形成されていることも示唆的である。

複数の石鏃が副葬された墓は、4023号墓で一二点、5079号墓で六点と石槍一点、6122号墓で六点、6123号墓で一四点と石錘一点である。6101号墓では石鏃三点と石錘一点に下層式土器二点が伴っていたが、細別時期が分からない。6106号墓からは下層式土器一点、石鏃二八点、私が「異形デザイン尖頭器」と呼ぶ石器一点、石匙一点、磨製石斧一点が

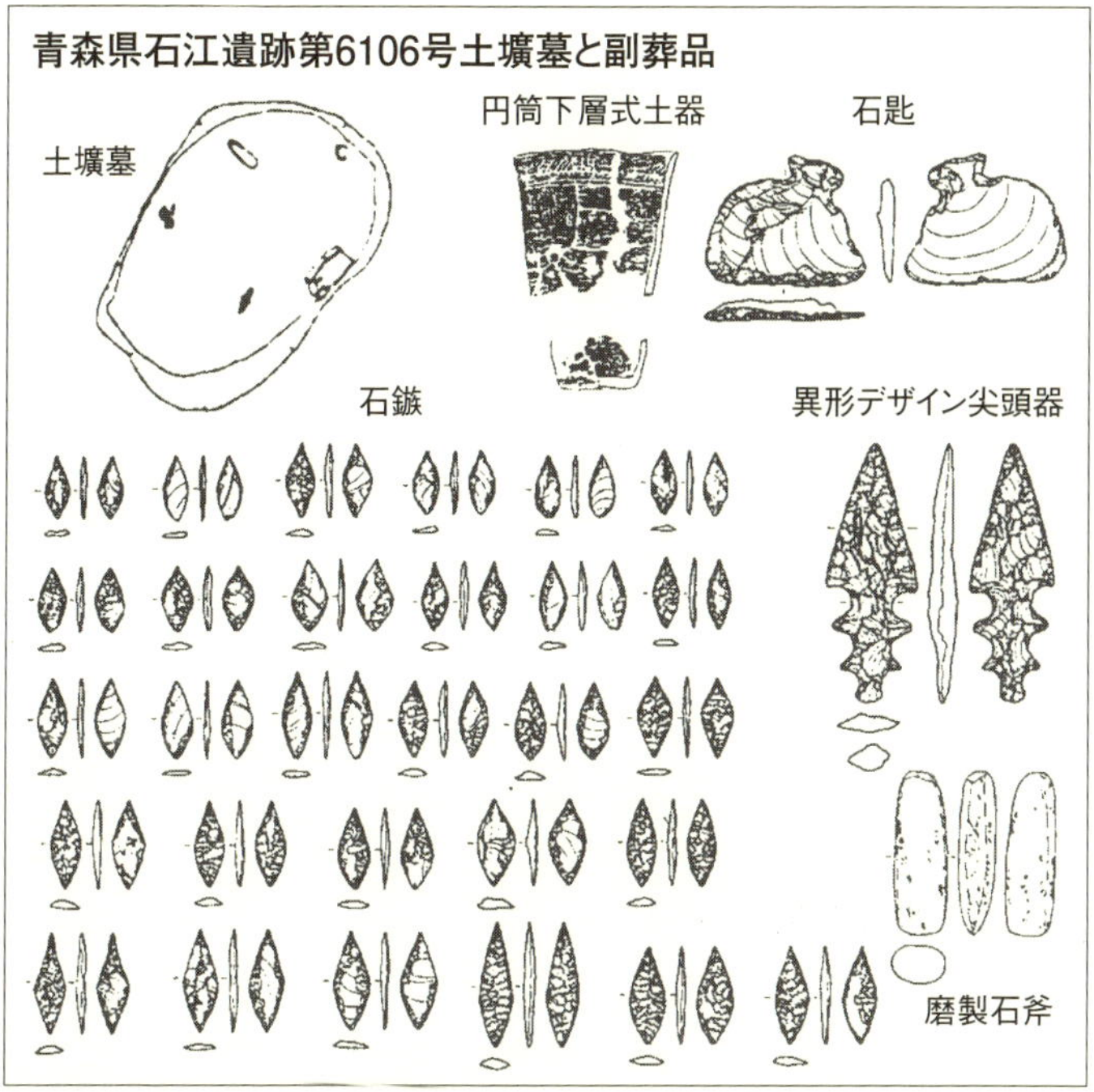

右上が「異形デザイン」と呼ぶ尖頭器。基部に2対あるいは3対の抉り込みが入っていて、柄に着装できない。威信財として副葬された。

出た（上図）。石鏃多副葬墓である。

次に時期のわかる土器が副葬されていた土壙墓を見てみよう。①円筒下層b2式土器が副葬された５０５８号墓にはその三個体分の土器が敷き詰められていただけである。②円筒下層c式土器が副葬された５０７８号墓には石鏃二二点が、６０９５号墓には石鏃七九点、石匙二点（一点はつまみ付き尖頭器で、一三センチを超える木葉形の大型品である）、石製品一点、磨製石斧一点（長さが二七センチを超える細身の過剰デザイン品である）、台石一点、敲石一点がともなっていた。６０９５号墓は石鏃多副葬墓である。③円筒下層ｄ式土器が副葬された４０２５号墓からは石匙一点と石槍一点が出土した。石槍の作りはあまり良くないが、一六センチを超える大型品である。④円筒下層d1式土器が副葬された５０４５号墓は削掻器一点、磨石一点、半円状扁平打製石器一点がともなっていた。

石江遺跡の場合に限れば、細別時期のわかる石鏃の多副葬墓は円筒下層ｃ式土器期に限られる。そうだとすると、６１０６号墓と、アスファルトを収納した土器一点、石鏃一〇点、過剰デザインの石槍一点、石匙一点、削掻器一点、石製の玉二点、磨製石斧三点、石棒（石皿様の磨根をもつ）一点を副葬した６０８８号墓は円筒下層ｃ式土器期以降の可能性がある。

青森市新町野遺跡

新町野遺跡は三内丸山遺跡の南東六・五キロ、荒川と合子沢川の合流点から三・二キロの台地上にある。竪穴住居跡（第20号、第24号・25号、第31号、第35～37号、第41号、第47～49号、第56号、第58号）は、すべて前期末葉の円筒下層ｄ式期に属する。

15号墓から円筒下層d1式土器と時期不明の土器、石鏃七点・石槍五点（九センチ以下の柳葉

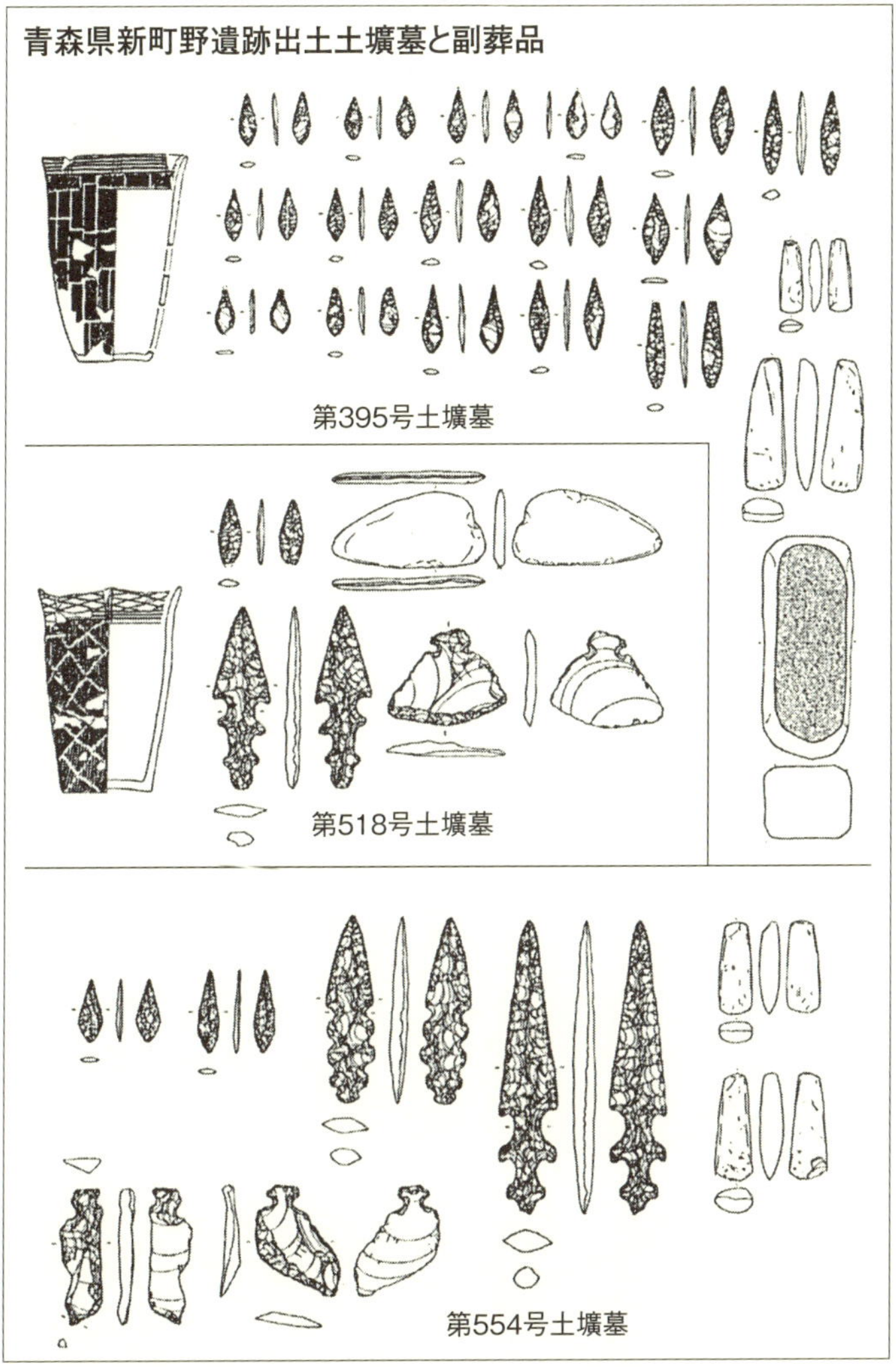

多数の石鏃あるいは異形デザイン尖頭器を副葬した事例を図に選んである。

形)・石匙一点・磨製石斧二点が、46号墓からも円筒下層d1式土器、石鏃九点と石匙一点が、64号墓から石鏃一点、石槍二点、石匙四点、石ヘラ一点、剥片四点、磨石一点などが出ている。395号墓から石鏃一六点、石匙一点、磨製石斧二点、台石・石皿一点が、518号墓から石鏃一点、異形デザイン尖頭器一点、石匙一点、抉入扁平磨製石器一点が出ている。石鏃二点、異形デザイン尖頭器二点、石錐一点、石匙一点、磨製石斧二点が副葬されていた554号墓には土器はないが、同時期であろう(前ページの図)。

その他、石鏃二点が一基、三点と五点がそれぞれ一基確認される。新町野遺跡の場合に限れば、細別時期のわかる異形デザインの尖頭器の副葬は円筒下層d1式土器期に限られる。

以上、石江遺跡と新町野遺跡からの新データによれば、石鏃を多数副葬する墓は、円筒下層c式期からd1式期に集中する傾向がある。また先にエリート(退役狩猟者)を象徴する石器とした過剰デザインの石槍と異形デザインの尖頭器については、石槍が先行し、その過剰性が弱まるとともに主体が異形デザインの尖頭器へと移行したように思われる。円筒下層c式~d1式期の社会的危機は、エリートとしての退役狩猟者たちの経験知によって乗り越えることができた。その結果、円筒下層d2式期にはその直後の中期円筒上層式期の繁栄の礎となる新しい社会システムが築かれていった、と推測しておく。

第五章

地域集団の繁栄

はじめに

縄文時代前期・中期（約七〇〇〇年～四五〇〇年前）は縄文文化の高揚期である。その一端は、関東甲信地方における中期中葉～後葉にかけて、遺跡・竪穴住居跡（人口）数が急激に増加したことに見てとることができる（左図）。

縄文人は草創期・早期という早い段階に、ウルシやアサ・ヒョウタンなどの外来植物・栽培植物だけでなく、野生種を管理・栽培し、前期以降の東日本では、定住的な集落の周辺にクリやウルシが多い人為的な森をつくり出し、周辺の環境に積極的に働きかけた植物利用を行っていた。かつて藤森栄一が「縄文中期農耕論」を唱えたが、マメ類（ダイズやアズキの野生種）を栽培した可能性も指摘されている（『ここまでわかった！縄文人の植物利用』）。長期居住を示唆する環状集落は早期末～前期初頭に出現して、その発達が前期中葉、中期中葉～後葉、後期前葉～中葉に見られた。縄文人の生活世界にとって環境が安定した時期であったことが分かる。

環状集落の典型的な形態として、中期の大木8a式期を主体とする盛岡市西田遺跡がよく知られている。中央広場中央に設置された墓群の外側に、放射状に土壙墓群と掘立柱建物群が配置され、さらにその外側を住居群が環状に取り巻き、その北側にフラスコ状貯蔵穴群、南側に円形土坑群

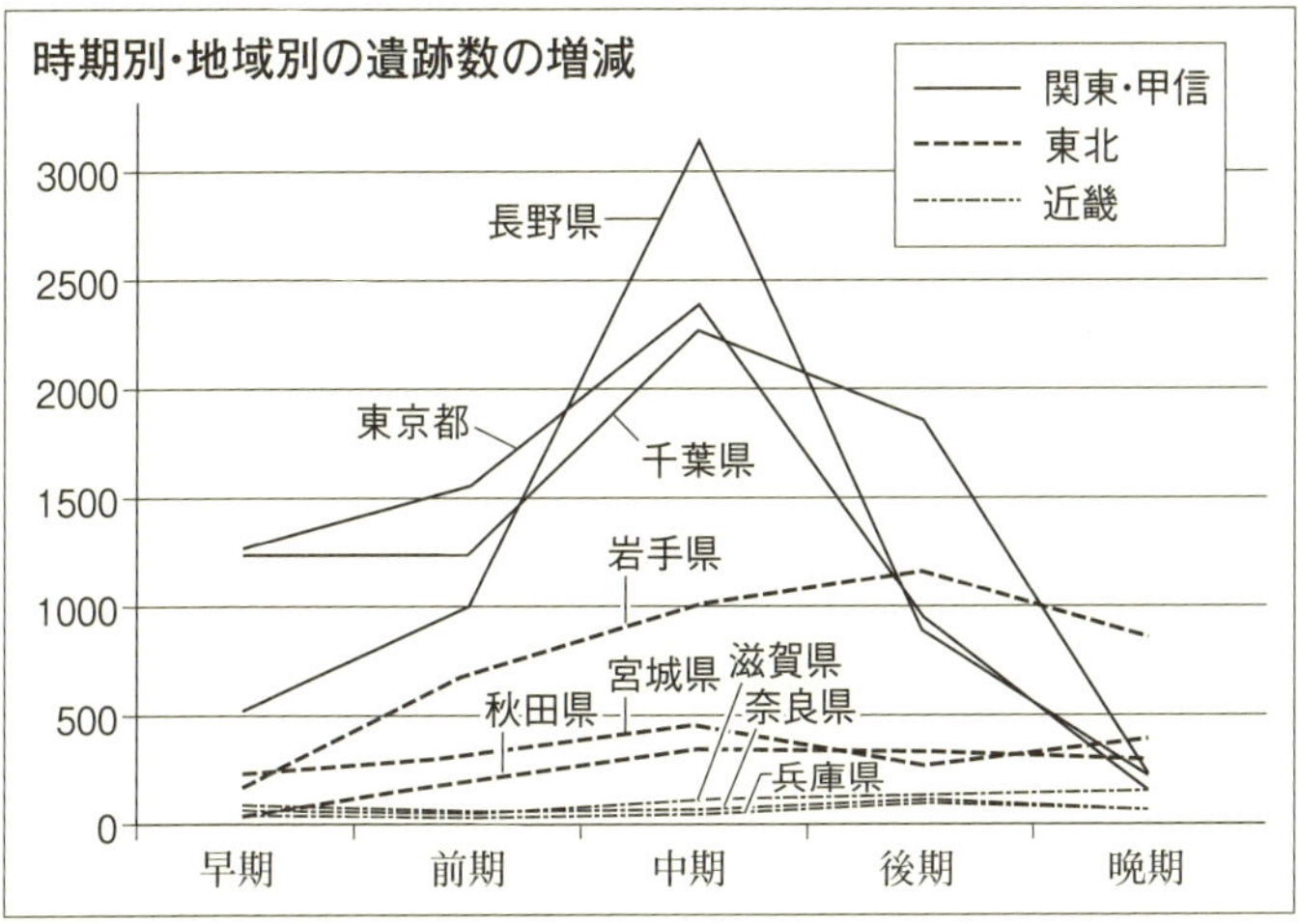

縄文文化は東高西低である。関東甲信越地方が中期を頂点とするピラミッド型に対して、東北・北海道は後期・晩期に減少しない。

と住居群が、直径一二〇メートルにわたって配列されている。土壙墓群は長軸方向によりおのおの二小群からなる八群、掘立柱建物群は一〇群に類別されている（次ページの図）。

関東地方南西部のデータから谷口康浩さんが導き出した「六角形ラチス」の領域モデル、および半径四・五キロ前後の領域規模は、世界の現生採集民の平均的な生活領域とされる半径一〇キロ圏のおよそ五分の一の面積であり、豊富な資源と高い利用技術を背景に高い人口密度を実現し、領域が細分化していたことをうかがわせる。

このことを象徴するのが竪穴住居・貯蔵穴・掘立柱建物・土壙墓などが同心円状に配置された「重帯構造」の環状集落である。谷口さんによれば、規模は最大級の一群で居住帯の外径（直径）が約一三〇〜一五〇メートル、内径が約七〇〜九〇メートル、最小の一群で外径が約七〇〜八〇メートル、内径が約四〇メートルで、前者は領域の中心となっていた「拠点集落」、後者がその周囲に位置した準拠点集落である。

二〇〇二年の時点で関東地方南西部に三六か所の拠点集落が確認されている。中央広場にしばしば墓域がつくられ、土壙墓数が二〇〇基前後もしくはそれ以上に達する場合もある。配置された墓群・住居群・廃棄帯などは大きく二群（さらに四群・八群）に分節されている。その二大群

岩手県西田遺跡の環状集落

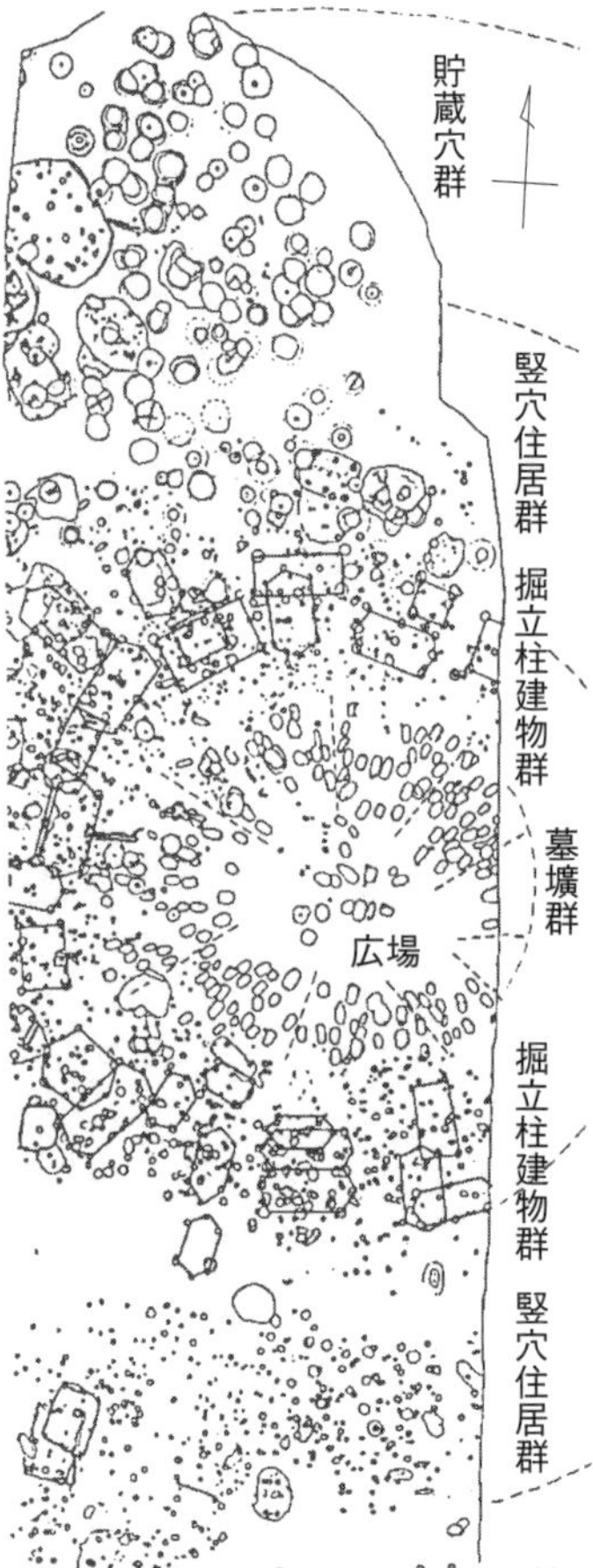

集落跡全体は発掘調査が行われていない。だが、限定的な調査区内からも広場(右隅)を囲んで竪穴住居跡と土坑が分布しているのが見て取れる。

には、墓数・住居数や住居型式と住居更新とに違いがみられる。

集落の規模や分節単位数などの基本的空間構成が初期に設計されていたと、谷口さんは踏み込んだ解釈をしている。墓の配置されることのある広場をはさんで対をなす二軒が二組相対して二群の分節構造を形成するタイプと、半分にした片側一対の別タイプがある。分散していた小規模な単位集団が複数集合し、一定の分節構造に従って組織されたと考えられる。

環状集落の「分節構造」の背景に、異なる二つの単系出自集団が共に集落を構成していたことが想定される。つまり、環状集落は人口密度に起因して生じた「生きた成員と死んだ成員との一つの共同体」、つまり高度な親族組織「リネージ」の発達を背景にしているというのである（『環状集落と縄文社会構造』）。

「円筒土器文化圏」の中心的拠点集落として一五〇〇年間も継続維持された青森県三内丸山遺跡では、円筒土器分布圏を遠く離れた原産地の物資が多数出土し、遠隔地との「交易」が活発に行われていたことでも注目された。黒曜石の産地分析では、白滝・十勝・赤井川・豊泉・置戸の北海道産に加えて、秋田県男鹿産と長野県霧ヶ峰産という結果が出た。新潟県糸魚川市・青海町に産するヒスイは玉類製品だけでなく原石や未製品も出土している。ここでは遠隔地産希少材（威信財）としての黒曜石とヒスイの流通を取り上げる。

中期の環状集落

甲信地方

八ヶ岳南西麓では阿久《あきゅう》遺跡のような本格的な集落が前期に入ると現れた。中央に広場をもつ径約一五〇メートルの環状集落（馬蹄《ばてい》形集落）で、後半期には径約一二〇メートルの大環状集石群をもつ墓域が形成されていた。ただし前期の集落はほとんどが尾根の先端部に位置し、石器組成からみると、植物採取活動（加工具である石皿《いしざら》や磨石《すりいし》）より狩猟活動（狩猟具・解体処理具である石鏃《せきぞく》や石匙《いしさじ》）を主体としていた。

前期後葉に起こった冷涼化（5.8 kaイベント）に対応して、八ヶ岳南西麓をはじめ中部高地に居住していた諸磯《もろいそ》c式期の縄文人は、狩猟活動から植物栽培・採取活動へと生業活動の軸足を積極的に移したようである。打製石斧《せきふ》（耕作具）の急増など石器群の顕著な変化からそのように読み解かれる。

山梨県北杜市天神遺跡でみてみよう。遺跡は中央広場に墓域をもつ環状集落である。三か所の調査区のうちC地区から、竪穴《たてあな》住居跡六一軒（前期諸磯b式期二九軒、c式期一〇軒、b式ない

山梨県天神遺跡の環状集落

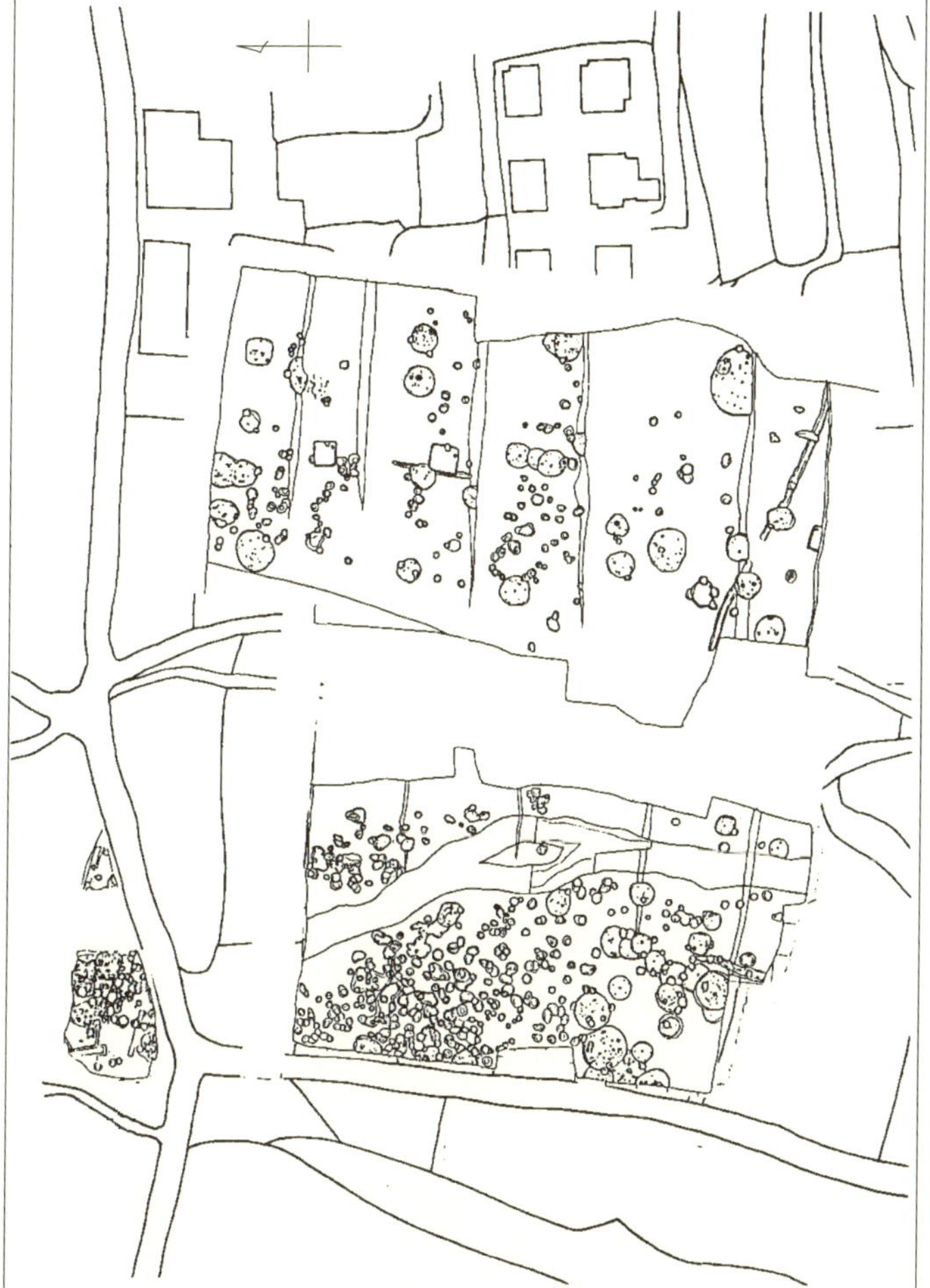

環状集落は、関東甲信地方の中期の特徴的な集落形態である。一時期には10軒程度であるが、出自集団ごとに環状となるような配置規制があったようである。

しc式期一〇軒、中期五領ヶ台《ごりょうがだい》式期九軒、平安時代三軒)、および土坑四八八基、集石遺構一〇基が検出された(前ページの図)。出土土器からみると、諸磯b式期後半からc式期まで五段階(I段階三軒、II段階七軒、III段階八軒、II〜III段階一一軒、IV段階1類一軒・2類三軒、V段階六軒)にわたり営まれていた。前期終末には住居がつくられていないが、五領ヶ台式期にはまばらながらふたたび集落が営まれていた。

石器は石鏃《せきぞく》二八九点、石匙九八点、石錐《せきすい》一三二点、磨製石斧二二点、打製石斧二六七点、磨石二八八点、石皿一二点で、長軸七メートルを超える大型住居からの出土が多い。19号住居では石鏃一二点、磨石一四点、石匙五点、50号住居では石鏃八点、打製石斧七点である。六メートル以上の47号住居からも石鏃二七点、石錐一二点、打製石斧九点が出ている。

とくに注目されるのは大工原豊さんが「天神原《てんじんばら》型石匙」と呼ぶ石匙で、大きな特徴がある。長野県諏訪の星ヶ塔《ほしがとう》系の透明度の高い縞入り黒曜石が用いられ、両面を押圧剥離により二等辺三角形の形状に丁寧に加工されている。一種の過剰デザイン品である。

なお、第421号土壙から五・五×三センチ、厚さ二・二センチのヒスイ製大珠が底面からやや浮いた状態で出ている。この種の遺物の最古の出土例である。壁寄りには諸磯c式新段階の深鉢形土器が倒立していた。甕被《かめかぶ》り葬で、重要人物の墓と思われる。ここにも社会の不安定期に活躍した

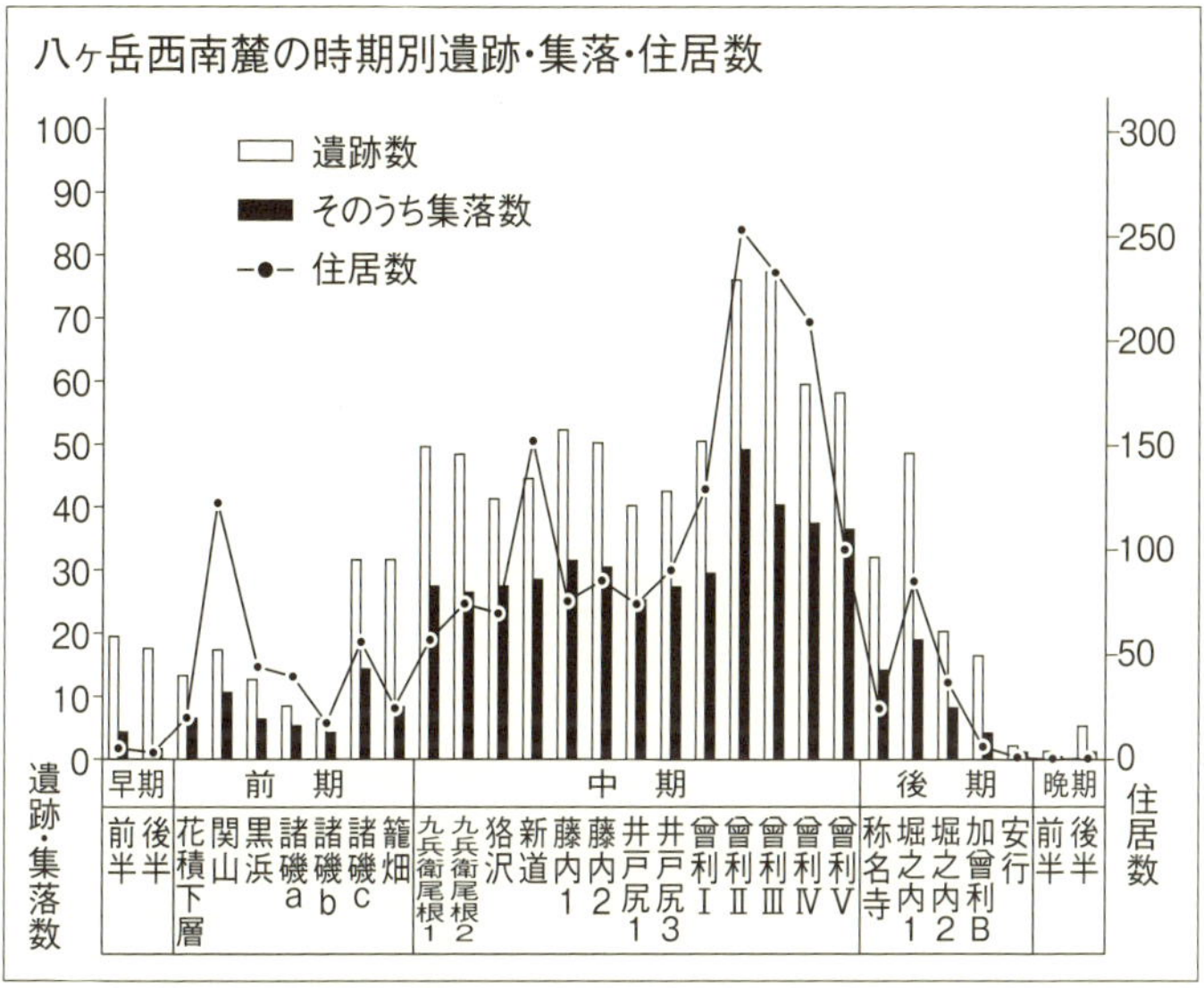

早期後半、諸磯b、称名寺、晩期後半にボンド・イベント（気候の冷涼化）のピークがあった。縄文人の対応やその結果は地域生態・社会ごとに異なった。

「退役狩猟者」（エリート）の存在が見られる。

勅使河原彰さんによれば、中期初頭の九兵衛尾根期以降、集落分布が八ヶ岳南西麓の各尾根にいっせいに拡大する。石器組成に占める打製石斧の位置は安定し、石皿・磨石・凹石など植物性食料の加工具セットが確立するという（『原始集落を掘る』）。

甲信地方では集落が中期後半に隆盛のピークを迎え、中期末に衰退するのが典型的パターンで（上図）、塩尻市俎原《まないたはら》遺跡で見ると、五領ヶ台式期六軒、狢沢《むじなさわ》式期四軒、新道《しんみち》式期一二軒、藤内《とうない》１式期一一軒、藤内２式期七軒、井戸尻1式期四軒、井戸尻3式期四軒、曽利Ⅰ式期一四軒、曽利Ⅱ式期二三軒、曽利Ⅲ式期二七軒、曽利Ⅳ式期六軒、曽利Ⅴ式期二軒という変遷である。

長野県茅野市棚畑遺跡

八ヶ岳南西麓には、四つの拠点となる地域に中期の集落遺跡が三〇〇か所以上知られている。北から順に尖石《とがりいし》遺跡を中心とする地域、阿久遺跡を中心とする地域、井戸尻《いどじり》遺跡を中心とする地域(以上長野県)、山梨県北杜市七里ヶ岩台地の地域である。

棚畑《たなばたけ》遺跡は霧ヶ峰南麓から上川の沖積地に突き出した標高八八〇メートルの台地上にあり、前面に八ヶ岳連峰を望む。竪穴住居跡一四九軒(前期三、中期一四六)、掘立柱遺構一四基、土坑六五二基(早期一、前期四八、中期一一六、後期九一、晩期二ほか)が検出された。土偶四五点、土器はほぼ完形のもの二三四点、半完形のもの一六三点で、焼町《やけまち》土器・唐草文土器・加曽利E式土器など異系統土器の出土が目立つ。

石器類は総数二万三五九四点で、打製石斧が約二五パーセント(一一四二点)、凹石・磨石類が約一八パーセント(五五三点)、石鏃が約一二パーセント(三五四点)という構成で、植物性食料に関係する石器が多い。黒曜石原産地を控えているので、黒曜石製石器八九二点とその砕

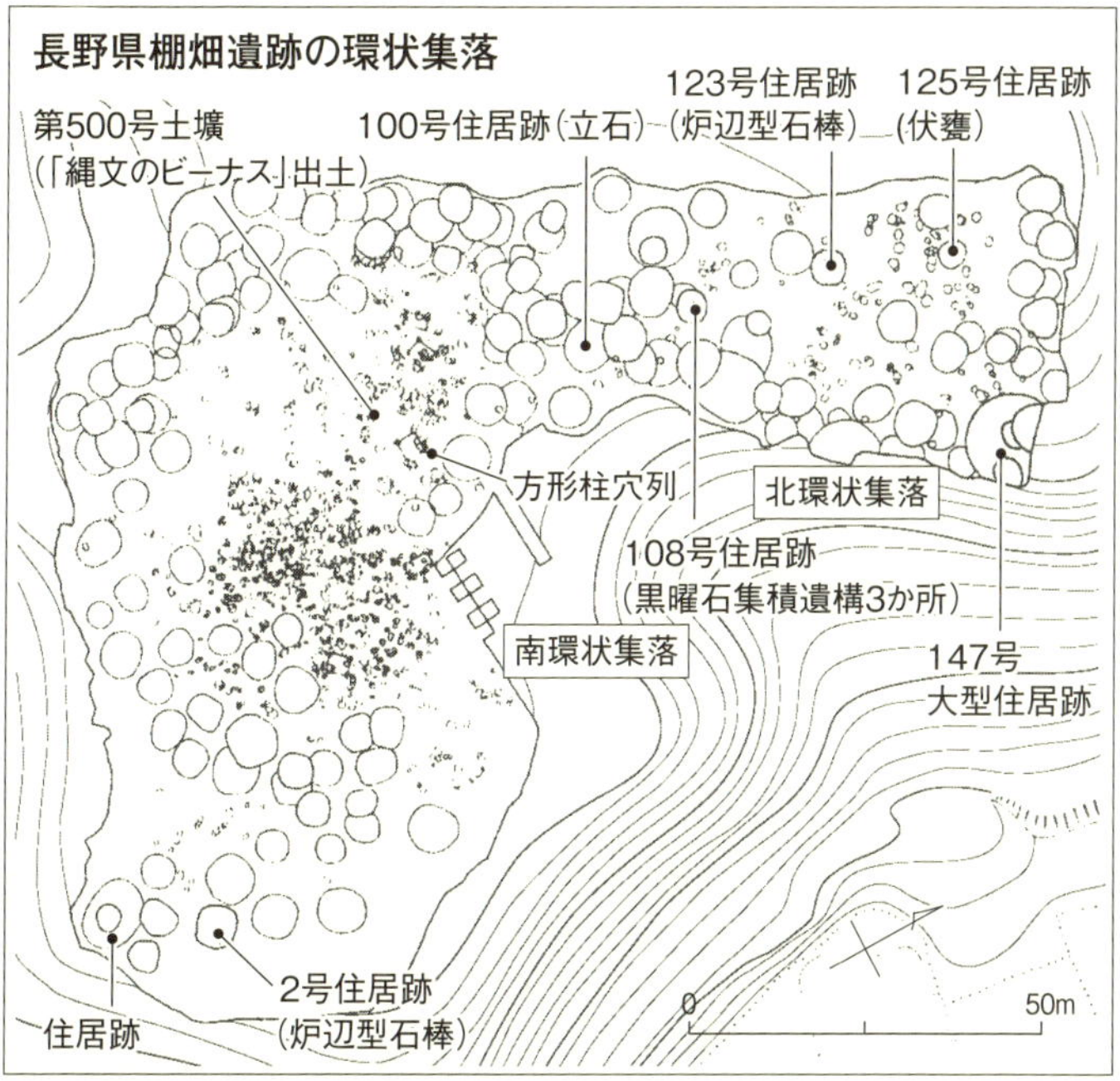

国宝指定第1号土偶「縄文のビーナス」の出土で知られる遺跡である。立石・石棒(性的シンボリズム)や特異な埋葬など祭祀的性格の遺物を出す住居が見られる。

片・剥片類が一万九〇七三点も出ている。

中期の集落跡は小さな谷を挟んだ北側台地の北環状集落(約七〇×四〇メートル)と、舌状に張り出した南側台地の南環状集落(約一二〇×八〇メートル)から成る双環状の形態をなす(上図)。

発掘調査者の鵜飼幸雄さんは、中期初頭(Ⅰ・Ⅱ期)、中期中葉(Ⅰ〜Ⅵ期)、中期後葉(Ⅰ〜Ⅴ期)に時期区分していて、中期中葉(狢沢式〜井戸尻3式期)の北環状集落が五つの住居群で、東群と西群に二大別される南環状集落も五つの住居群で構成され、中期後葉（曽利Ⅰ式～Ⅴ式期）になると北環状集落は五群であるが、南環状集落は一一群となる。中期後葉にいたって群構成が変化するのは住居数が増えたためだが、その背景に在地の集団とは異なる他地域の集団が八ヶ岳山麓に入り、ともに集落を営むようになったからだと解釈している（『国宝土偶「縄文ビーナス」の誕生　棚畑遺跡』）。

南環の西群の墓域から希少な威信財のコハク玉製垂飾が一点、ヒスイ製大珠《たいしゅ》が二点、東群の墓域からヒスイ製大珠が一点出土している。これらの玉類は東西に分かれて位置しているが、広場を中心に同心円的な分割構成をとる墓域の中では同じような空間の中に位置する。

中期中葉と後葉では住居の形態や住居内の施設に違いがあり、縄文人のライフスタイルが少なからず変わったことを示している。中葉の100号住居（井戸尻3式期）では炉の東側の間仕切溝と壁の間に立石が、長軸線をはさんでその対象の位置に石皿が設置されていた（左図）。男女の性シンボルと見られる。

他方、後葉の123号住居（曽利Ⅱ式期）では石囲炉の北側中央に樹立した石棒が、出入口部に石蓋埋甕《うめがめ》とその周囲の敷石が、南西隅に丸石と長方形の柱状礫が遺存していて、祭祀的性格の強い住居跡である。２号住居（曽利Ⅳ式期）でも石囲炉南側炉石の中央に接して樹立した石棒が、出入口部の壁に近い床に設置された埋甕が、奥壁側の西隅に伏甕《ふせがめ》が検出されていて、これも祭祀的性格の強い住居跡である。

さらに曽利式土器分布圏とその周辺部に見られる石柱・石壇をもつ住居跡の出現など、約五〇〇〇年前のこの変化の要因が気候変化であったという証拠は今のところ見られない。しかし井戸尻3式土器期の考古資料の変化は、縄文人の生活世界に影響した気候変動があったことを示唆する重要な検討課題である（192ページの図参照）。

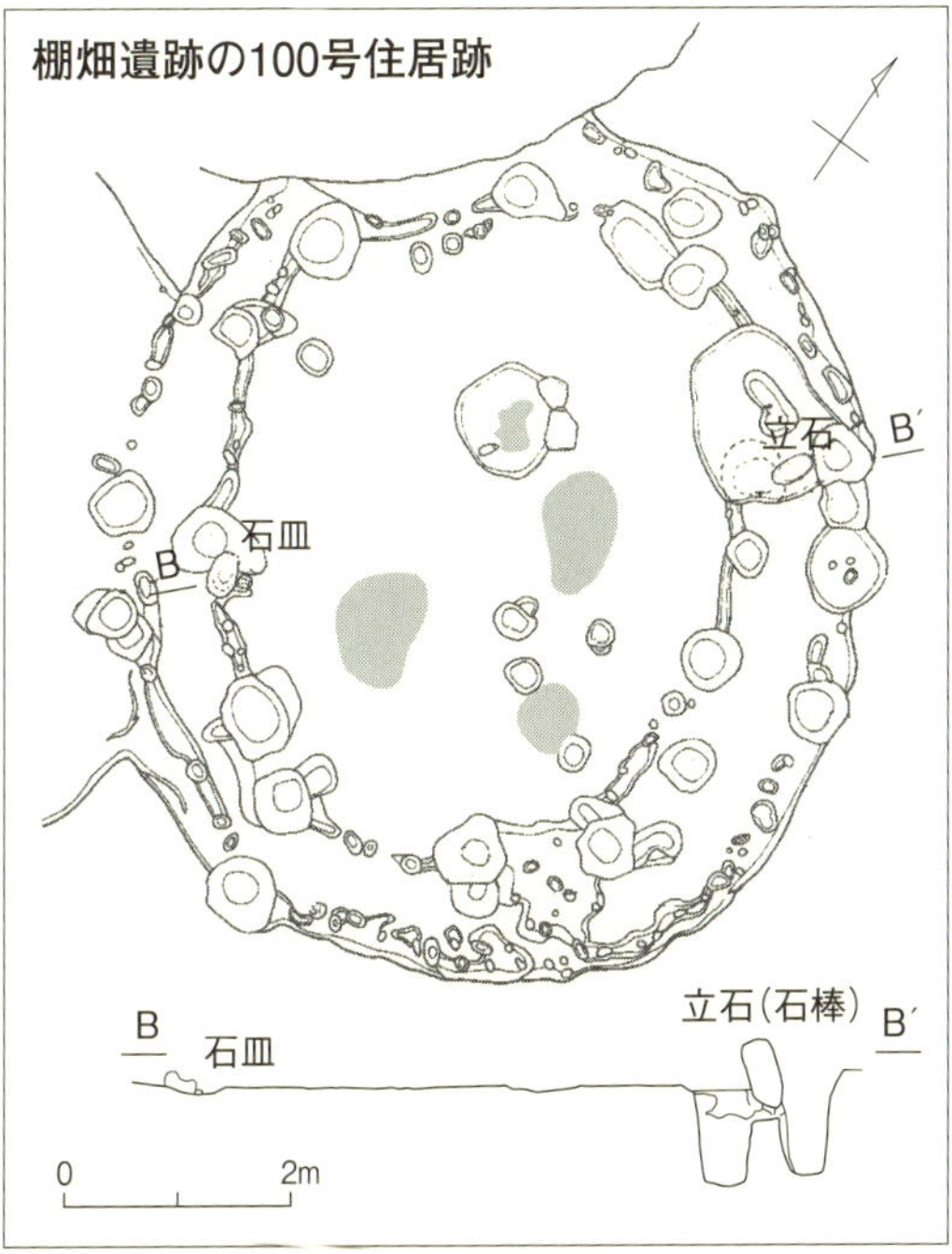

縄文人が残した男女の性的シンボルはいくつもあって、石棒（立石）と石皿もその一例である。石皿に石棒を載せて交合を示唆する事例もある。

中期中葉1期〜3期に規模が際立って大型の住

居跡が六軒出ているが、そのうち四軒が「縄文のビーナス」がつくられた時期と同じ1期である。最大の規模をもつ第147号住居跡は径約一二メートルの円形で、相当数の人や物資を収容する広い空間を確保するため、通常は住居中央に設けられる炉が東側によって設けられていた。そして炉の西側の広い床に設けられた浅いピットに黒曜石が集積されていた。

中期後葉1期（曽利Ⅰ式）に二三軒、2期（曽利Ⅱ式）に三五軒あった住居は、3期（曽利Ⅲ式）に一〇軒、4期（曽利Ⅳ式）に一一軒に減少し、中期終末の5期（曽利Ⅴ式）には四軒だけとなってしまう。住居数が急減した3期・4期の年代が約四七〇〇～四八〇〇年前である。4.3 ka イベントに関連する冷涼化の影響が、植物性食料に依存して人口を極大化していた当地ではこの時期に始まっていたのかもしれない。

植物性食料の生産量が減ったため人口が維持できなくなり、人口希薄地域へ移住したものと思われる。山梨県北部の茅ヶ岳西麓では、曽利Ⅳ式・曽利Ⅴ式期に住居数の増加現象が認められる。

関東地方南西部

多摩川の南に広がる多摩丘陵と下末吉台地には、東京都多摩ニュータウンと神奈川県港北ニュータウンという二つの開発事業に関連して発掘調査された遺跡群がある。

勝坂式・加曽利E式期の集落跡を見てみると、内陸丘陵地帯の前者には住居数二七五軒の環状集落である多摩ニュータウンNo.72・796遺跡が突出して大きい。他にも環状集落は七～八遺跡あるが、いずれもNo.72・796遺跡に比肩する規模・継続性がない。勝坂1式～2式期に台地先端部に集落が形成され、勝坂3式～加曽利E式初頭期にもっとも住居数が多くなる。同時に一六～一七軒営まれていた。全体規模も東西約一九〇メートル、南北約九〇メートルとなる。

勝坂式～加曽利E式への変換期に一時的に住居数が減少する。加曽利E2式～E3式に住居数がふたたび増加し、一四～一五軒となる。この時期の終末前後に柄鏡《えかがみ》形敷石住居が構築されるようになる。加曽利E4式～称名寺式期に集落は終焉を迎えた。三沢川流域での集落変遷では、勝坂2式の後半期に、先行集落（「勝坂的集落」）が終焉を迎える一方で、あらたな集落（「加曽利的集落」）形成の開始が見られた。

他方、海岸台地に位置する港北ニュータウン地区には継続的で大規模な環状集落が密集しており、三の丸遺跡・大熊仲町遺跡・二の丸遺跡・月出松《つきでまつ》遺跡・神隠丸山《かみかくしまるやま》遺跡など一〇〇軒以上の住居跡をもつ拠点的な環状集落がいくつも存在する。

神奈川県岡田遺跡

遺跡は相模野台地南西端の目久尻川と小出川とにはさまれた、南に向かって突出する平坦な台地上に位置する。勝坂2式土器期から加曽利E3式土器期までの五一一軒の竪穴住居跡が存在した。最大級の中期の環状集落である。三五八軒検出されたうち、約三分の一程度に二回から四回の建て替え・拡張がみられる。また調査区の東側と南側に集落が広がることが確認されており、住居跡数は一〇〇〇軒を超えると予想されている。

鈴木保彦さんによれば、勝坂式期には三つの環状集落（「鼎立状環状集落」）が同時に営まれ、加曽利E式期には二つの環状集落（「双環状集落」）が同時に営まれていた。勝坂式期から加曽利式期へ移る際に大きな変動があったようで、加曽利式期に限られた埋甕の検出が社会の構造的変化を象徴している。この変動は一六三ページで述べた八ヶ岳西南麓地域と同調している。住居の分布は勝坂式期→加曽利E1・E2式（曽利Ⅰ・Ⅱ式）期→加曽利E3式（曽利Ⅲ・Ⅳ式）期と時間の経過とともに内側に寄り、集落が小型化していったことが見て取れる（『縄文時代集落の研究』）。

住居数の時期的な変遷を見てみると、勝坂2〜3式期三一八軒（内訳は2式五六軒、3式一三四軒、2・3式期一二八軒）、勝坂3式〜加曽利E1式期一二軒、加曽利E1式（曽利Ⅰ式）期二六軒、加曽利E1〜E2式（曽利Ⅰ〜Ⅱ式）期一三軒、加曽利E2式（曽利Ⅱ式）期六九軒、加曽利

E2～E3式（曽利Ⅱ～Ⅲ式）期一六軒、加曽利E3式（曽利Ⅲ～Ⅳ式）期五六軒（加曽利E3式古〈曽利Ⅲ式〉期二五軒、加曽利E3式新〈曽利Ⅳ式〉期一軒、加曽利E3・曽利Ⅲ～Ⅳ式期三〇軒）、不明一軒である。

集落の前半期では勝坂3式期に、後半期では加曽利E2式(曽利Ⅱ式)期に住居数のピークがあって、加曽利E3式新（曽利Ⅳ式）期に集落は突然終焉を迎えている。

同時期の大規模な環状集落が三か所で営まれる鼎立状環状集落というありかたは、埼玉県本庄市の古井戸遺跡、将監塚《しょうげんづか》遺跡、新宮遺跡においてもみられる。古井戸遺跡の一五四軒の住居跡は、勝坂式末期段階の一軒と時期不明の一七軒を除き、加曽利式期の集落を構成し、加曽利E3式期八四軒をピークとし、加曽利E4式後半が一軒と終焉を迎えている。

将監塚遺跡も検出された一一四軒の中期の竪穴住居跡は勝坂式末期の六軒に始まり、加曽利E3式期六八軒をピークに、加曽利E4式前半の一九軒で終わっている。

関東地方北西部

石坂茂さんによると、利根川中流域とそれに隣接した群馬県西部の碓氷川流域に比較的集中して、群馬県赤城村三原田遺跡を代表例として一七遺跡が五～七キロの間隔をおいて散在している。

群馬県三原田遺跡

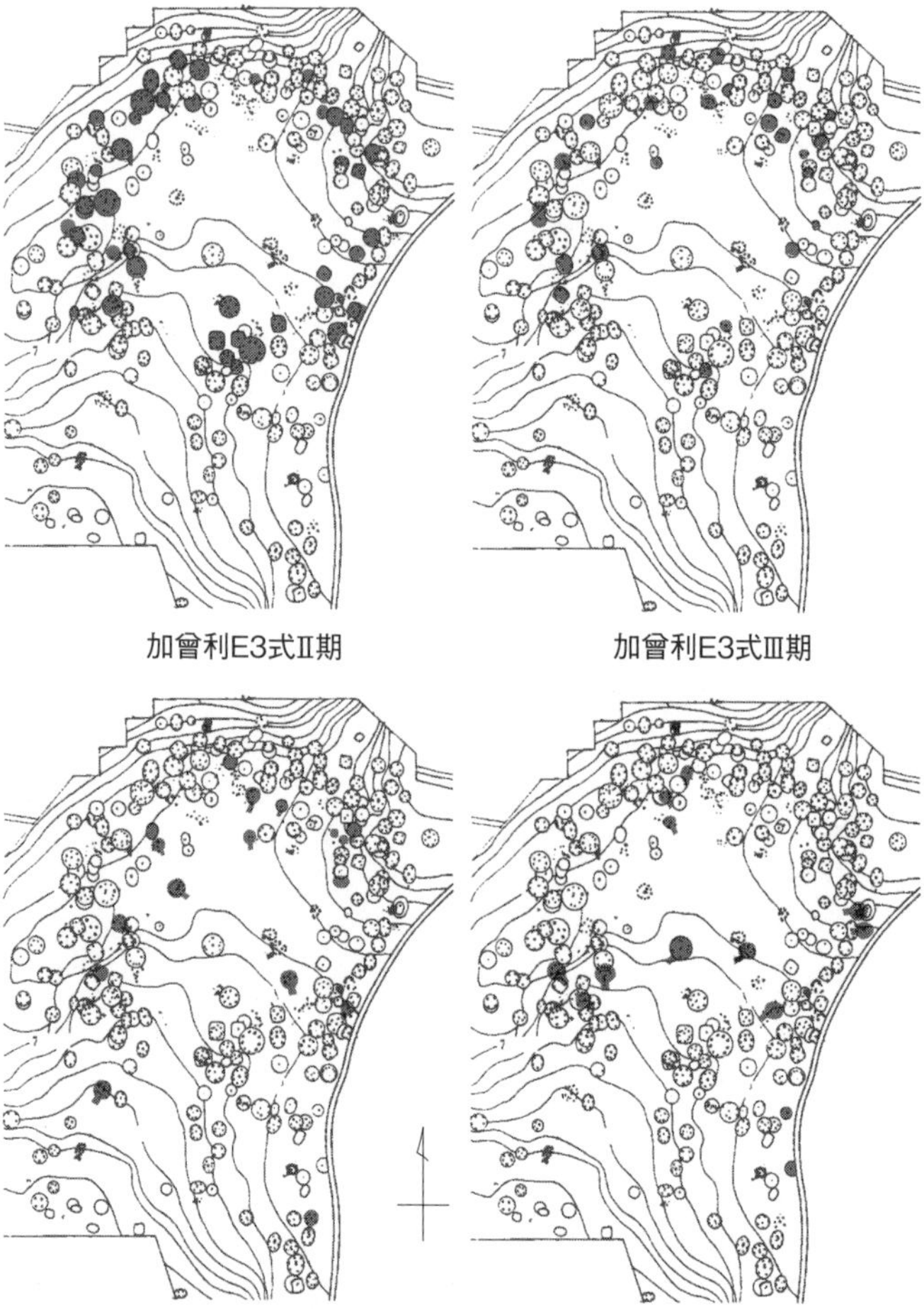

利根川を眼下に望む赤城山麓の高台にある中期の大集落。友人の赤山容造さんの発掘現場を佐藤達夫先生と見学した思い出深い遺跡である。

三三三軒の竪穴住居が検出された三原田遺跡では勝坂2式期（一七軒）に集落形成が始まり、勝坂3式期（二三軒）に直径一四〇メートルの環状の集落形態が出現した。加曽利E3式Ⅱ期（五〇軒）にピークを迎えて加曽利E3式Ⅲ期（三〇軒）まで環状形態が継続したが、規模は同心円状に徐々に八〇メートルまで縮小した（右図）。その後は加曽利E3式Ⅳ期一九軒、加曽利E4式一四軒と減少しつつも、称名寺1式期一三軒、称名寺2式期四軒と後期に入っても集落は維持された。

だがこの時点で住民らの生活力が尽きたかのように、気候の冷涼化（4.3 kaイベント）から回復して他の地域では集落形成が見られる堀之内1式期（一軒）に集落は消滅した。なお、三原田遺跡と同時期の竪穴住居跡一五五軒が検出された安中市新堀東源ヶ原《にいぼりひがしげんがはら》遺跡は後期に継続されることはなかった。

この地域の環状集落遺跡において、加曽利E3式Ⅳ期に環状原理が崩壊すると同時に、柄鏡形敷石住居の出現が注目される。さらには中期終末の一時期に限って、山地部の小集落を中心に弧状・環状列石が見られる。列石内あるいは列石下に土壙墓はみられない。分散した集団の結束を維持するための祭祀・儀礼に関連する遺構と考えられる（『研究紀要』二〇、群馬県埋蔵文化財調査事業団）。

集団間ネットワーク

ストーン・ロード

流紋岩質マグマが地表近くで急激に冷やされて生成された黒曜石《こくようせき》は、ガラスによく似た性質をもつ岩石で、割ると非常に鋭い破断面（貝殻状断口）を示す。後期旧石器時代（約三万五〇〇〇年前〜）から石器の材料として広域に流通していた。

列島各地に産出地が知られているが、利用された良質な黒曜石産地は限られている（左図）。黒曜石に含まれる元素の種類とその量を測定する蛍光X線分析法で、遺跡から出土した黒曜石の全点を測定することによって、その遺跡を残した人びとの活動域・物流ネットワークとその経年変化を明らかにできる。

縄文時代前期になると、黒浜式土器・有尾《ありお》式土器など地域の土器分布圏を超えて、定住的な集落間の交流が活発になった。とくに諸磯式期において、たとえば、石鏃の主要石材となった信州産黒曜石の流通ルートが形成され出現した。和田峠・霧ヶ峰産地付近の山麓部集団によって採集された黒曜石は、山麓部の大型集落で集中的に管理され、おそらく各地域集団のエリート（退役

中野谷松原遺跡に搬入された黒曜石

北海道の白滝と長野県の和田峠・霧ケ峰は良質の黒曜石産地として名高い。伊豆七島神津島産黒曜石は旧石器時代の初めころから海を渡って関東地方各地から出ている。

中野谷松原遺跡　前期の環状集落で、土壙墓の長軸線の延長先に浅間山を望むという。小林達雄さんの謂う「縄文ランドスケープ」の一例として言及されている。

狩猟者）層をつなぐネットワークを通して、関東北西部や甲府盆地方面の拠点集落に供給され、そこから周辺地域に再分配されたようである。

群馬県安中市中野《なかの》谷《や》松原《まつばら》遺跡（上の写真）の発掘調査を担当した大工原豊さんが、この「ストーンロード」を通じて群馬にもたらされた黒曜石の流通を体系的に研究している。産地、遺跡での出土状態、原石の形状、製作石器の型式などを丹念に調べ、三段階の変化を突きとめた。第一段階（関山式～有尾式期）ではさまざまな形状の亜円礫《あえんれき》が多い。和田峠系のものが多数を占め、星ヶ塔系がこれに次ぐ。男女倉《おめくら》系が少量含まれているのがこの段階の特徴である。

中野谷松原遺跡の有尾式期の住居跡三九軒から出土した黒曜石は一一七〇グラムである。また群馬西部地域に限られ、単純な連鎖型交換によると想定されている。第二段階（諸磯b式古段階～中段階・古）も同様に和田峠系が大多数を占めているが、男女倉系は含まれない。超大形原石が遠隔地にまで運ばれている。その最大のものは長さ一二センチ、幅一九・八センチ、厚さ一四・二センチ、重量三五六七グラムもあり、集落（中野谷松原遺跡）の入口（南側）にあった浅い土坑に保管されていて、品質を確かめるために二回試し割が施されていた（175ページの写真）。諸磯b式期の住居跡三九軒で一万一〇四〇グラムに上る。群馬全域に供給され、拠点集落に居住する仲介者の存在が想定されている。

第三段階（諸磯b式中段階・新～十三菩提式期）で産地が大きく変わり、和田峠産から諏訪産（星ヶ塔産）になる。粒ぞろいの小形原石が多い。群馬全域からさらに遠方の埼玉北部や栃木地域まで拡大し、多くの遺跡で小形・中形原石が集積・貯蔵されるようになる。諸磯c式期の過剰デザイン土器（142ページの写真参照）を製作した中心地域に位置する群馬県昭和村糸井宮前《いといみやまえ》遺跡からは、群馬県第二位の大きさの超大形原石（一八九八グラム）が出土している。

群馬ルートだけでなく北信ルートもこの段階から活発化し、長野市松原遺跡・新潟県三十稲場《さんじゅういなば》遺跡などに流通拠点が出現する。三内丸山遺跡でも星ヶ塔系黒曜石が出ているので、山形県吹浦《ふくら》遺跡などを経由して到達した可能性が指摘されている。また、霧ヶ峰山塊の南斜面には上川に面して約一キロ間隔で大規模遺跡が立地する。小河川に沿った道を黒曜石産地からの搬出ルートとして多量の黒曜石を蓄え、屋内外にピット状の集積遺構をもつ。西端の棚畑遺跡108号住居からは三基検出され、それぞれに四二個、三一個、六〇個の原石が入っていた（165ページの図参照）。諏訪地方から甲府盆地を経由して相模野方面に延びる山梨ルートは大動脈としてもっとも往来が活発であった。山梨県天神遺跡や山梨県御坂町・八代町花鳥山遺跡はその拠点遺跡である。こうした遠隔地拠点集落には交易従事者が存在しており、彼らをネットワーク化して広域的な流通を統御する主体的な役割を果たしていたのは、山梨地域を本拠とした「交易集団」であったと、大工原さんは考えている。

ところで第三段階は5.8 kaイベントの冷涼期に当たり、地域集団は対応に苦慮するきびしい環境下にあった。各地の黒曜石の流通量が大幅に増加し、流通圏も拡大したということは、石鏃など狩猟具の需要が高まったことを意味する。第二段階の集住的居住から遊動性の高い分散居住へと移った時期で、この黒曜石流通の変化にもそうした居住形態の変化が反映していると思われる。つまりネットワーク化した広域的な流通を統御する主体的な役割を果たしていたのは、交易集団というより社会的危機状況下に表出する経験豊富なエリート（退役狩猟者）層であった。先に言及した「天神型石匙」（　頁）も草創期の神子柴型尖頭器や円筒下層c・d1式土器期の過剰デザイン尖頭器・異形デザイン尖頭器と同様の象徴財であったと考えられる。

なお、南関東においては前期末から中期初頭にかけて、それまでの信州系・箱根系黒曜石に替わって、伊豆七島の新島・利島・式根島・神津島を遠望することができる静岡県河津町見高段間《みたかだんま》遺跡を供給基地とする神津島産黒曜石が分布するようになる。

ヒスイ製大珠の流通と分布

鉱物学的なヒスイ輝石岩の産出地は何か所か認められているが、遺跡から出土するヒスイ製玉類の原石産地は新潟県南西部の姫川支流の小滝川と青海川上流域の蛇紋岩帯に限られる（上の写真）。下流域から河口・周辺の海岸では流出した転石が採集できる。

ヒスイの原産地　姫川の支流、小滝川に明星山の大岩壁が落ち込む。この一帯はヒスイ産地として、昭和31年に国の天然記念物に指定された。

糸魚川市長者ヶ原遺跡、富山県朝日町境A遺跡、青海町寺地遺跡など、ヒスイ製大珠生産遺跡の多くは海岸部に立地している。またすべての遺跡で蛇紋岩製石斧の生産も認められ、石斧製作の伝統下でヒスイ製大珠の製作技術が発達を遂げたようである。

市街地南側の長者ヶ原遺跡は海岸から約二・五キロ、標高九〇～一一〇メートル前後の段丘に位置する。富山・石川両県に分布する中期前葉の新崎《にんざき》式土器、中葉の上山田・天神山式土器や古《こ》府《ぶ》式土器、後葉の串田新式土器の時期に営まれた環状集落遺跡で、この地域の拠点集落であった。中部高地系の土器、馬高《うまたか》式土器を特徴づける火焔型土器の完形品一個体と破片資料、東北地方南部の大木8a・8b式の強い影響下において成立した馬高式塔ヶ崎類型群、中部高地の唐草文土器、関東地方の加曽利E3式土器、大木9式土器などがわずかだが出土していて、先に言及したネットワークの範囲を示唆している。

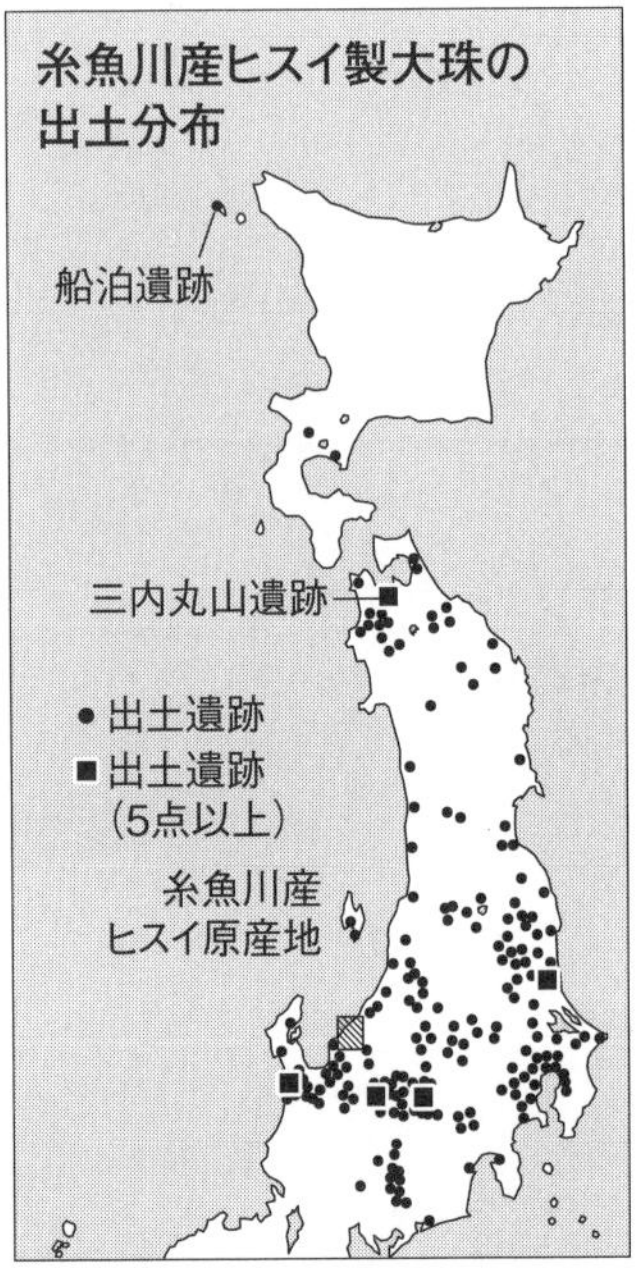

原産地を中心として、東日本一帯に分布する。北端は礼文島船泊遺跡(後期)。分布の濃淡が流通ルートを示唆している。

ヒスイ加工の盛期は中期中葉・後葉で、後期になるとその痕跡は著しく希薄となる。カツオブシ形など形態によるタイプ分けがされている。生産地に近い北陸中・東部を中心としながら、列島の中部以

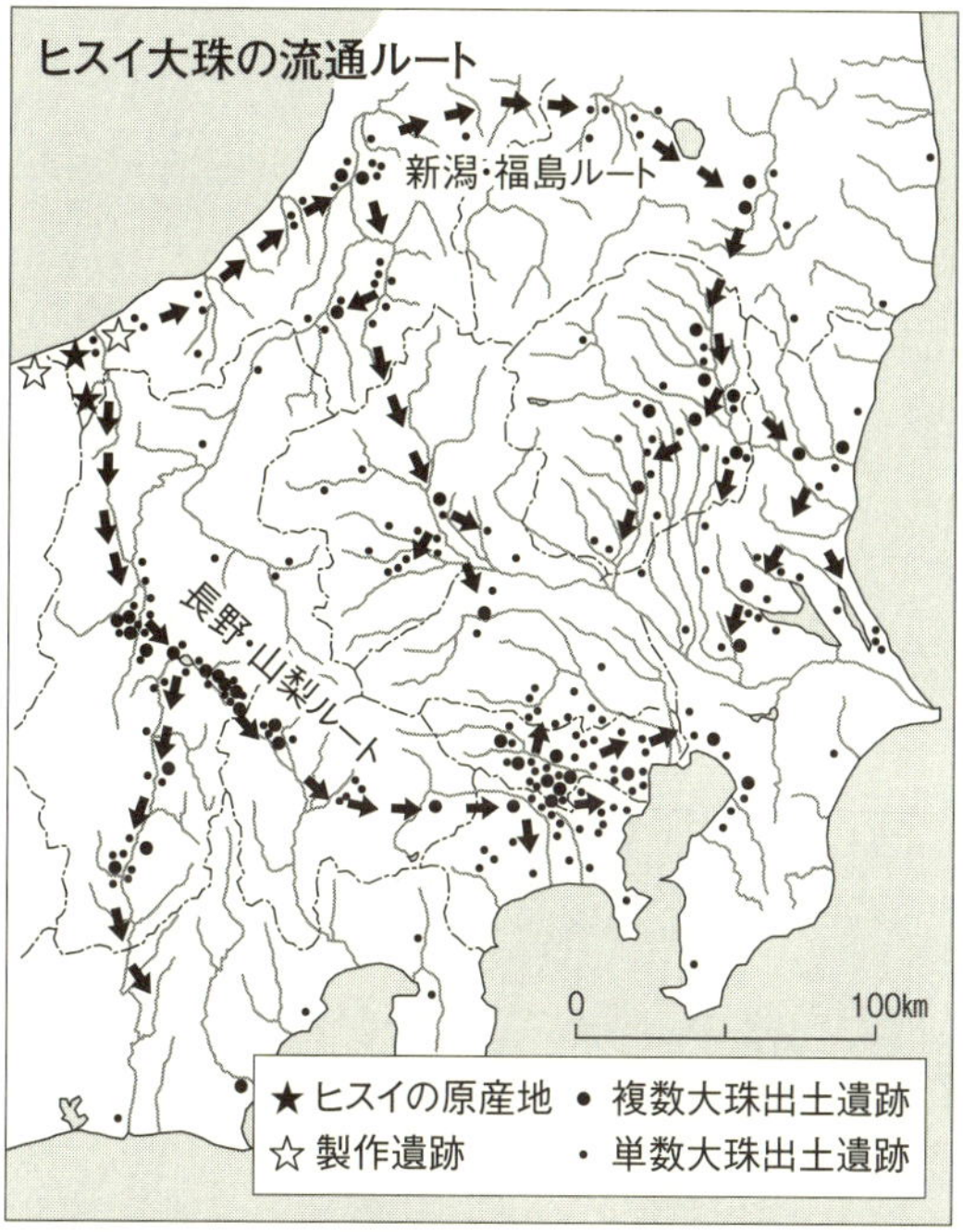

ヒスイの流通ルートは黒曜石の流通ルートに重なる。これは拠点集落に居住するエリート層を要とするネットワークの存在を意味する。

北に広く偏在した分布を見せる（右ページの図）。ヒスイ製大珠は「威信財」と見なされ、その広がりは各地の拠点集落に居住するエリート層を「要《かなめ》」とするネットワークの存在を示唆している。

　以下は、近年の栗島義明さんの研究に依存している。原産地に近接する上越平野・長野盆地・松本盆地北部などでは出土例が少なく、一〇〇〜一五〇キロ離れた新潟県長岡市周辺、松本盆地南部、伊那谷、諏訪・茅野、八ヶ岳南西麓などの地域に集中する。阿賀野川を遡り、郡山を経て北関東東部へといたる「新潟・福島ルート」や、信濃川中流域や魚野川を経由して北関東西部へといたるルート、甲府盆地を経由して関東へといたる「長野・山梨ルート」などの「ジェイド・ロード」は、先の黒曜石の「ストーン・ロード」に重複する（前ページの図）。

威信財としてのありかた

山梨県北杜市天神遺跡における前期末諸磯c式期の土坑出土品が最古の事例で、ヒスイ製大珠は環状集落の中央部空間に配置された土壙墓出土品が多い。

栗島さんによる二〇〇五年の時点での集成では、大珠の遺構（土壙）内出土例は、茨城県（四五例中九例）、栃木県（三九例中九例）、群馬県（七例中二例）、埼玉県（一六例中六例）、東京都（三八例中一〇例）、神奈川県（一三例中五例）、山梨県（一三例中八例）、長野県（七一例中四三例）で、総数二五二点のうちじつに九二点、三六・五％が副葬品として出土している。

甲信越地方での出土状況は分節化した土壙墓群、あるいは放射状に群構成された土壙墓群の特定の群内に偏在する。注目されるのは複数のヒスイ製大珠が出土した遺跡が多いこと、および一土壙墓から複数の大珠が出土したことである。長野県山形村淀ノ内遺跡、岡谷市梨久保遺跡、茅野市中ッ原遺跡などからは五〜一〇点も出土している。さらに塩尻市上木戸遺跡9号土壙墓から五点のヒスイ製垂飾が出ている。

「縄文のビーナス」が出土した棚畑遺跡に隣接して聖石《ひじりいし》遺跡と長峰遺跡がある。両遺跡は密接な関係をもちながら中期から後期へ継続した集落である。聖石遺跡は後期には一部が台地の縁辺部に移り、大規模な列状を呈する配石遺構・柄鏡形敷石住居をともなう集落へと変貌したが、中期段階ではともに中央広場に多数の土坑群が構築され、中央部は空白域となっている。

とくに聖石遺跡の環状土坑群は明らかに墓壙であり、重複を繰り返しつつも、二大群四小群に分節される。土壙墓中にはSK404、SK587、SK885などからヒスイ製大珠が検出された。長峰遺跡でもSK2617、SK2025、SK2370のように切り合ったり、隣接したりする墓壙で特徴的にヒスイ製大珠の副葬が見られる。SK1481からも二個出土している。ヒスイ産地に相対的に近い甲信越地方でのこうした出方は、ヒスイ製大珠が特定世帯に帰属しつつそれを継承・表象するという社会的機能を負っていたと考えられる。

他方、生産地からより遠隔地にある関東地方の遺跡では、環状集落の中央部に環状にちかい構成をとる墓域にあっても、その中心部に構築された土壙墓内から検出される例が圧倒的に多い。埼玉県北塚屋遺跡・宿東《しゆくひがし》遺跡、群馬県三原田遺跡・高崎情報団地遺跡、栃木県八剣《やつるぎ》遺跡・御城田遺跡、茨城県坪井上遺跡（最多の八点）・堀米A遺跡、東京都滑川遺跡・恋ケ窪遺跡・忠生《ただお》A遺跡、神奈川県上中丸遺跡・下大槻東開戸遺跡などである。威信財としての価値が高まり、ヒスイ製大珠は集落の始祖なり長などといった唯一無二の人物と不可分に結びついたという解釈である。

さらに大型品を見てみると、富山県朝日貝塚（一五・九センチ）、岩手県和井内《わいない》遺跡（一五・二センチ）、長野県梨木遺跡（一四・四センチ）、山形県今宿遺跡（一四・三センチ）、栃木県岡平遺跡（一四・一センチ）など分布域の外縁部に、また翠《みどり》色の濃淡や白色部の透明感など質的優品も山梨県三光遺跡、神奈川県石川山田遺跡、群馬県下室田遺跡、栃木県岡平遺跡、福島県大町遺跡、同我満平遺跡、岩手県和井内遺跡など、分布の外縁部域で見つかっている。産地を離れるのに比例して希少感が増すからであろう。

黒曜石とヒスイ（希少財・威信財）のありかたをとおして、エリート層の存在を仮定してみた。この繁栄期のエリート層が5.8 kaイベント時の円筒下層式社会に想定した退役狩猟者層と同類の社会的機能を有した人びととは考えられない。「縄文式階層化社会」論の重要な課題である。

過剰デザインに関しても、中期の土器・土偶と前期の尖頭器類とは込められた社会的意味は違っていよう。次章でくわしく見てみよう。

第六章

過剰デザインの土器・土偶

東京帝国大学人類学教室の画工として活躍した大野雲外が、教室所蔵の縄文時代後・晩期土器の図案化を試み、図案集を刊行して以降、縄文土器に対する造形的関心は立体から平面へ、器形よりも文様へと移っていった。こうして昭和初期には、文様と器形全体の均整のとれた関係を重視する工芸的な造形観が形成された。山内清男が案出した晩期大洞《おおぼら》式土器の文様帯系統論はこの流れにあり、今にいたるまで土器型式分類のモデルとなっている。

一九五二年二月発行の『みづゑ』、および一九五六年九月発行の『日本の伝統』において、岡本太郎が縄文土器のもっとも大きな特徴として挙げたのは、「はげしく、するどく、縦横に奔放に躍動し、くりひろげられる」中期土器の隆線文《りゅうせんもん》のモチーフであった。以来、中期土器の造形性を評価する縄文土器観が日本美術史に定着することとなった。

美術史家の辻惟雄さんも「縄文人の『かざり』への熱中は頂点に達する。粘土を貼り付けて凹凸に富んだ大形の鉢が、土器とも彫刻ともつかぬ力強い空間表現をつくり出す。実用性をはるかに超える芸術的表現のさまざまが生み出された」と記述している（『日本美術の歴史』）。

縄文土器は六つの時期に大別されているが、前項でみてきたように、生活世界がもっとも安定した中期において、煮炊き用道具としての機能を阻害してまで装飾が発達した。寺内隆夫さんによれば、もっとも目立つ形で世界観を表現しているのが土器装飾であり、自家製土器の独自性・優秀さを競ったからだというのである（『長野県考古学会誌』一四三・一四四合併号）。これは、私の言葉でいえば、「過剰デザイン」ということである。安定した生態系を背景に豊かさを謳歌した地域集団の自己顕示で、絢爛豪華な土器の造形を競い合ったのである。

旧石器時代から縄文時代への移行を顕著に表わしている遺物で、もっとも重視されてきたのが土器である。縄文時代とは縄文土器の時代の謂いである。土器以外にも、可塑性があり、焼くと耐久性の生じる粘土を素材にして作る土製品は、縄文時代の遺跡から多数出ている。土偶と呼ばれる粘土製の小（女性）像もその一つである。

じつは、昔から知られていて、『津軽藩帳日記』の一つである『永禄日記』で、元和九年（一六二三）の頃に、青森県亀ヶ岡より土器が発見されたことを記述し、そのうしろに「青森近在の三内村に小川あり、この川より出でし候瀬戸物、大小共、皆人形に御座候」と記されている。言うまでもなく、三内丸山遺跡などから出土する十字形板状土偶に関連する古い記録である。

過剰デザインの土器

土器の型式・様式・形式

考古学の近代的学問としての礎となったのが型式学である。縄文土器の型式研究を牽引した山内清男は、型式を「地方差・年代差を示す年代学的の単位」と定義した。六期に大別された各期を一〇型式程度の細別型式に分ける編年網で全国を覆う目的があった。

草創期には列島全域に同じような土器が分布していて、明確な地域性を指摘しにくい。早期から前期になると各地に地域特有の土器型式が現れて、地域的文化の形成期と見なせる。中期は地域的な土器型式の分布範囲が明確になり、地域性がもっとも顕著になった時期である。後期はふたたび地域性が薄れ、同じような土器文様が広くみられた。晩期には東日本と西日本とで大きく異なる二大分布圏が形成された。

この土器型式の大きな流れは縄文社会の動態を反映したものであり、その背景には気候変動にともなうエコ・システムの変化と、変化に対応するソーシャル・システムの形成があった（13ページの図参照）。

土器の新資料がふえて細別型式数がふえてくると、共通性をもつ型式群を一括総称する必要が生じる。関東地方の編年で見てみると、早期の井草式・夏島式・稲荷台式・花輪台式・大浦山式などを「撚糸文系土器《よりいともん》」と呼ぶ。小林達雄さんはこれを「様式」とした。

関東地方南西部における草創期には、隆起線文系以前、隆起線文系、爪形文系・多縄文系の三期の土器群があって、先にみたように更新世末の寒・暖・寒の気候変動におおよそ対応している。早期には前葉が撚糸文系、中葉が貝殻沈線文系、後葉が条痕文系で、8.2 kaイベントは貝殻沈線文系から条痕文系への変化に関連している。

前期は前葉が羽状縄文系、中葉が竹管文系、後葉が諸磯c式・十三菩提《ぼだい》式で、5.8 kaイベントの寒気のピークは諸磯b式新段階ころである。中期は前葉が五領ヶ台《ごりようがだい》式、中葉が勝坂式、後葉が加曽利E式で、約四九五〇年前の中葉と後葉の間に大きな変化が見られる。当該期のグローバルな気候変動は知られていないが、私は、縄文人の生活世界に影響を及ぼした冷涼化があったと考えている。後期初頭の称名寺1式が4.3 kaイベントの寒気のピークで、この冷涼化現象が中期・後期の画期を生じされたことは定説である。

後期から晩期までは冷涼だが安定した気候だったようで、後・晩期の安行《あんぎよう》式土器の変化はスムーズである。2.8 kaイベントの寒気のピークは安行3c・3d式期ころである。こうして見ると、ボンド・イベントは土器の大別型式というより、様式変化と関連しているようである。

ところで、様式の枠をこえて相互に形態的特徴の共通する器種がある。小林達雄さんはこれを「形式」と呼ぶ。形式にはそれぞれの文化を特徴づける社会的機能や役割が込められているという（『総覧縄文土器』）。ここに過剰デザインが表出する背景がある。

中期の土器

前期後葉に起こった5.8 kaイベントから気候が回復し生態系が安定したとき、縄文人の生活世界がそれまでにない繁栄期を迎えた。東北地方では、北部に円筒系土器（前期の下層式に続く上層式土器）が、そして南部に大木系土器（前期の1〜6式に続く中期の7a〜10式土器）が、対峙《たいじ》するかのように分布した。

中期前葉の五領ヶ台式土器が分布した地域では、中葉には東関東の阿玉台《おたまだい》式土器、西南関東・甲信地方の勝坂式土器、長野県東信地域の後沖《うしろおき》式土器がそれぞれ異なった方向に展開した。この時期に新潟県内では火焔《かえん》型土器が成立し、土器装飾の過剰化に拍車がかかった。勝坂2式期（新道式）に東信地域で焼町土器が成立して、土器装飾の差異がさらに顕著になる。

多様な土器装飾がもっとも発達するのが勝坂式後半期（藤内《とうない》式・井戸尻式）から曽利式前半期

にかけてで、環状集落が安定性を増した時期に相当する。ところがこの間、約四九五〇年前に土器の分布に大きな変化が見られ、中期後葉には勝坂式土器分布圏が消失して、加曽利E式土器（関東南西部を中心に関東全域）、曽利式土器（八ヶ岳南西麓・甲府盆地から伊豆地方）、唐草文《からくさもん》土器（中・南信州地域）、郷土《ごうど》式土器・大木系土器（東信地域）を製作した各集団が分立・競合した。

勝坂式土器

神奈川県相模原市勝坂遺跡出土土器を標準とする。西関東の武蔵野台地から多摩丘陵・相模川流域、そして山梨県・静岡県東部、長野県では南半の諏訪・松本盆地南部、伊那谷を中心に分布する。

勝坂式期の呼称は中部地方では藤森栄一らによる一九六五年の『井戸尻』での編年、勝坂式土器の細別を基本にして、狢沢《むじなざわ》式期、新道式期、藤内式期、井戸尻式期が一般に用いられる。今福利恵さんは、山梨県地域の勝坂式土器を狢沢式期（三段階）、新道式期（二段階）、藤内式期（四段階）、井戸尻式期（三段階）の四期一二段階に編年している（『総覧縄文土器』）。

狢沢式期は五領ヶ台式土器から勝坂式土器へつなぐ段階で、貼付文により口縁部を四単位に区画し、胴部を楕円区画文・懸垂文で構成する土器を基本とする。新道式期は「重三角区画文」が

勝坂式土器の編年模式図

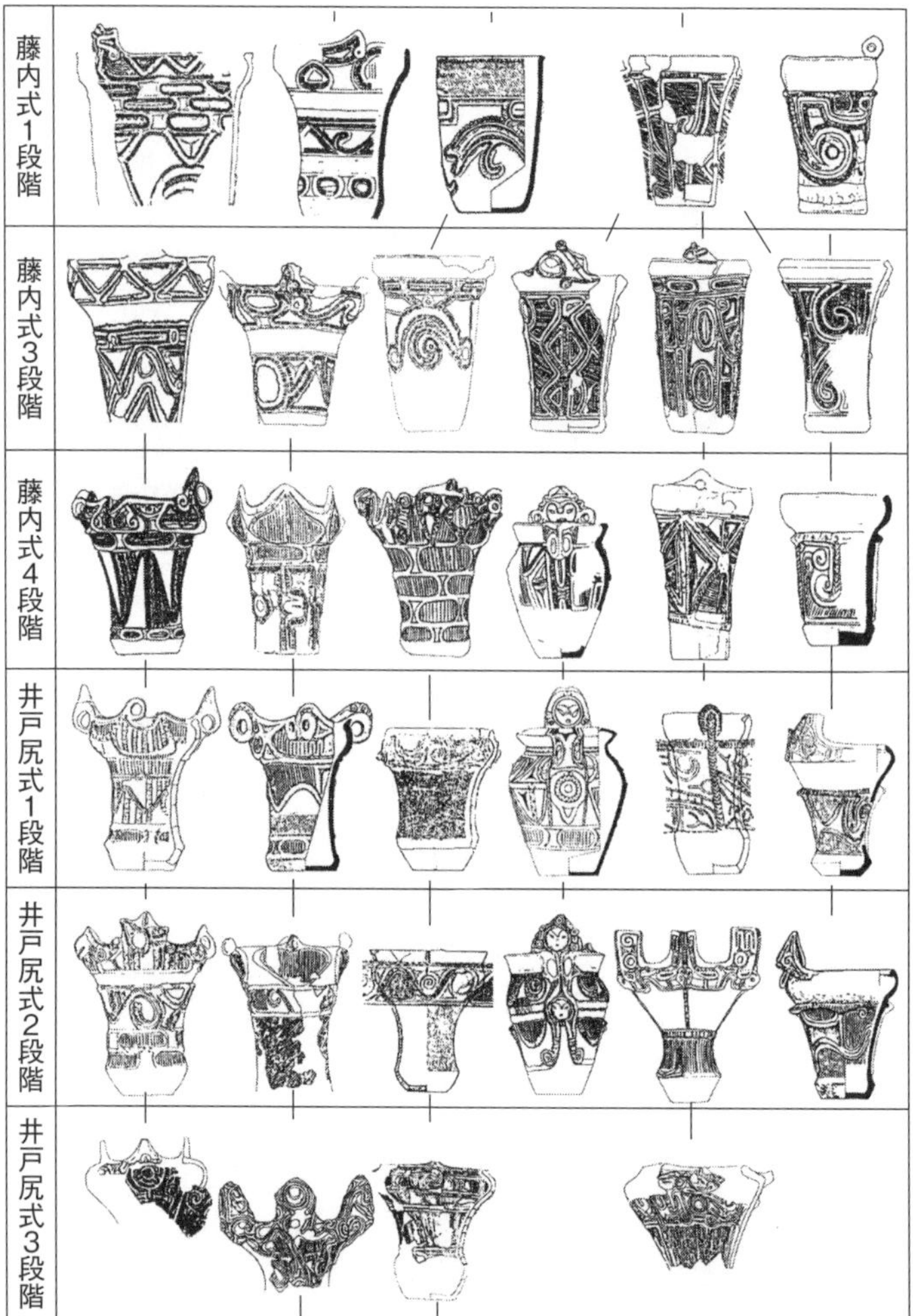

甲信地方の勝坂式土器は、狢沢式→新道式→藤内式→井戸尻式と変遷する。とくに藤内式・井戸尻式土器に「物語性文様」が発達する。

多くなり、パネル文や抽象文の土器が現れる。藤内式期になると、パネル文土器やサンショウオ状の抽象文土器が盛行する。井戸尻式期は半肉彫的な文様表出技法が多く、人体やヘビ・カエルなどが文様の一部として表現される。隆帯が幅広となる傾向にあり、突起・把手《とって》類が大形化する。底部がソロバン玉状に大きく屈折するものが一般化する。

勝坂式期の釣手土器・顔面把手付土器・双環把手（ミミズク把手）付土器・有孔鍔付《ゆうこうつばつき》土器・深鉢形土器に付けられた人面・ヘビ・カエル・抽象文などを物語性文様と見なして解釈を図る研究がある（右図）。

　藤内式の第四段階ころから装飾の過剰化が進展するが、井戸尻式の第二段階がもっとも顕著になる。屈折底の張り出しが強く高い位置になる。文様は半肉彫的な三叉文・同心円文・渦巻文などがある。重三角区画文土器は四単位に眼鏡状突起が強調され、波状隆帯と縁文《えんもん》の組み合わせとなってくる。

多喜窪型土器　井戸尻２式に装飾の過剰化がもっとも顕著化した。

この一群から四単位の塔状把手をもつ「多喜窪型土器」（前ページの写真）が派生する。次の第三段階になると多喜窪型土器は急速に退化し、把手部分も小さくなっていく。曽利式土器が伴ったり、梨久保B式土器の様相を帯びたり、加曽利E式土器に関係するものや大木8a式土器が伴ったりしてくる（図44）。

異系統土器の共伴は一四三ページでみたように（第四章）、伝統社会が崩壊して社会が不安定化し、集団の往来が頻繁になった兆しである。そのように見ると、多喜窪型土器の過剰デザイン化は地域社会が不安定化する前兆であって、隠れた気候変動が予測される。

焼町土器

長野県塩尻市焼町遺跡出土土器を標準とする。長野・群馬両県境をはさむ地域、浅間山南麓から八ヶ岳北麓にかけての地域と赤城山南西麓に集中的に分布する。

主幹文様は隆線による渦巻文や反転する隆帯懸垂文が多く当てられ、曲隆線文土器ともいわれ、圧倒的な存在感を示している。平縁《へいえん》と波状口縁の深鉢形を主とし、口縁部と胴部が一体化した文様構成である。

平縁深鉢の口縁部には眼鏡状突起や大形の環状突起が付され、胴部の各所にも同様の突起がつ

焼町土器　浅間縄文ミュージアムでは、展示された18点の焼町土器(重要文化財)を見ることができる。

けられる。突起間を隆線がつなぎ、空白部は沈線で充填される。胴部に小突起が縦位に連接し懸垂状の文様構成を示す例や、円形の小区画文が設けられ区画内を刺突文で充填する例も多い。橋状把手を胴部に付す例もあり、懸垂文と一体化した構成を示す。

勝坂１式（新道式）併行期に東信地域で成立し、勝坂３式併行期の土器に過剰性が顕著にみられた後に姿を消した（上の写真）。堤隆さんから出土した、焼町《やけまち》土器一八点を含む三一点が発掘調査を行った川原田遺跡（長野県御代田町）の土器が国重要文化財に指定されている。

火焔型土器

中期前葉の新潟県域には、北陸地方の新保《しんぼ》式・新崎《にんざき》式系土器を主体に、東北地方の大木7b式土器、中部高地の後沖式土器、北関東の阿玉台式土器などの系譜を引く土器などが見られる。こ

火焔土器　その愛称は馬高遺跡において昭和11年に発掘された1点の土器につけられたもので、その後に発見されたものは「火焔型土器」と呼ばれている。

うした異系統土器の並立を背景にして、中期中葉を代表する「火焔土器様式」が成立し、約五三〇〇～四八〇〇年前に信濃川上・中流域を中心に、ほぼ新潟県全域とその隣接地に分布した。

火焔土器様式は基本的に三つの土器群で構成される。

①キャリパー形深鉢を主体に縄文地の上に粘土紐・隆帯・沈線などで剣先文や渦巻文を施す東北地方南部の大木式土器に近似する一群、

②口縁部が外傾あるいは外反する平口縁ないしは波状口縁の深鉢に蕨手《わらびて》状の渦巻文や縦位剣先文などを施した後にそれらの空白部に綾杉《あやすぎ》状の細沈線などを充填し、縄文をもたない在地化した一群、

③火焔型土器（口縁部に四単位の鶏頭冠把手と口唇部を巡る鋸歯状小突起が特徴の土器）・王冠型土器（四単位の短冊状把手と大波状口縁が特徴の土器）の一群である。

いずれも頸部はトンボ眼鏡状突起と袋状突起で分割されて、分割された文様帯内にC字（S字）状のモチーフが配置される。胴部も縦位の逆U字状の懸垂文により四分割され、その上半部にも傾斜するC字状モチーフが二つ配され、その下は逆U字状の半隆線で充填される（右写真）。

新潟県笹山遺跡出土の国宝指定番号1の火焔型土器は、器高四六・五センチ、最大径四三・八センチである。

火焔型土器は複雑な造形美をもつが、厳格な流儀のもとに製作されているので、文様パターンとその共通性を抽出することで遺跡間関係が求められる。今福利恵さんによると、十日町周辺の笹山遺跡、長岡周辺の俣沢遺跡・岩野原遺跡、魚野川流域の清水上遺跡、阿賀野川下流域のツベタ遺跡、下越の高平遺跡、奥三面の前田遺跡、会津の石生前《いしゅうまえ》遺跡など、他地域の遺跡と多くの関係をもつ拠点集落が抽出できる。

笹山遺跡で見ると、長岡周辺とかかわりがとくに深いが、清水上遺跡・ツベタ遺跡・高平遺跡・石生前遺跡など十日町寄りの北側の地域との関わりが広く見て取れる。今福さんは、この広域ネットワークに婚姻等による人の移動と定着を想定している（新潟県立博物館編『火炎土器の研究』）。

このことは前章で述べたとおり、拠点集落間ネットワークで繋がるエリート層の存在と役割に関連している。

過剰デザインの土偶

土偶の出現

更新世末期の四〇〇〇〜五〇〇〇〇年間、寒暖がはげしく変化する気候の不安定な時期が続いた。旧石器時代から縄文時代への移行期で草創期と呼んでいる。愛媛県上高原町上黒岩洞窟から隆起線文土器にともない、女性を線刻した一三点の扁平礫が出ている。一万四五〇〇年前頃のものである。髪、乳房、性的三角形（従来、腰蓑《こしみの》または腰巻と見なされていた）を表現した女性像だと、国立歴史民俗博物館名誉教授の春成秀爾さんは言っている。類例は今のところ見つかっていない。

三重県粥見井尻《かゆみいじり》遺跡の竪穴住居跡から出土した、肩が張った胴部に突起状の頭部をもち乳房を表現した最古期の土偶は、六・八センチの大きさで、草創期中葉の多縄文系土器の直前に位置づけられている。滋賀県東近江市の相谷熊原《あいだにくまはら》遺跡で一万三〇〇〇年前頃の竪穴住居跡から見つかった土偶も三・一センチのたいへん小さなものだが、乳房と腰のくびれが明瞭である。底が平で立たせるように作られている。首の部分に小穴があいており、粘土か石か木の頭をはめ込んでいたのかもしれない。頭部をあとで付ける土偶は、関東地方の早期の遺跡からも出ている。

発生・出現期の土偶　頭部や手足を欠き、胴のくびれと乳房の表現で女性像だとわかる程度の造形である。

文化庁の原田昌幸さん（『土偶研究の地平』）によると、草創期から前期までの「発生期の土偶」「出現期の土偶」は高さ二〜三センチ程度の大きさの逆三角形で、頭や四肢の表現を欠き、乳房表現のあるものとないもの、「バイオリン形」と通称される土偶のように胴のくびれが表現され、豊満な乳房がつけられているものが出ている。

早期の土偶は近畿から東海地方の西部、また関東地方の東部に限られ、その類例も五〇例程度にすぎない。これらの頭部や手足の表現を略して、女性の豊満な胴部のみを表現した土偶は、竪穴住居を単位とした家族集団の個々が、家族祭祀（子孫繁栄や安産祈願）の目的で個々に作り、また用いた呪術具と、原田さんは見ている（上の写真）。

前期の土偶

東北地方中・南部の大木5式期に、原田さんが縄文時代で最初に顔面表現を獲得した土偶と認識した、単純な刺突ながら両眼・口をもつ土偶（宮城県迫町糠塚《ぬかづか》遺跡出土）が出現する。

この時期以降には、頭部の外形が次第に台形状に張り出し、胴部に正中線（妊娠線という解釈がある）を描くもの、表裏に弧線文や竹管状工具による押引文、鋸歯状沈線文を幾何学的に組み合わせたものなど、変化に富んだ装飾の施される例が多くなる。

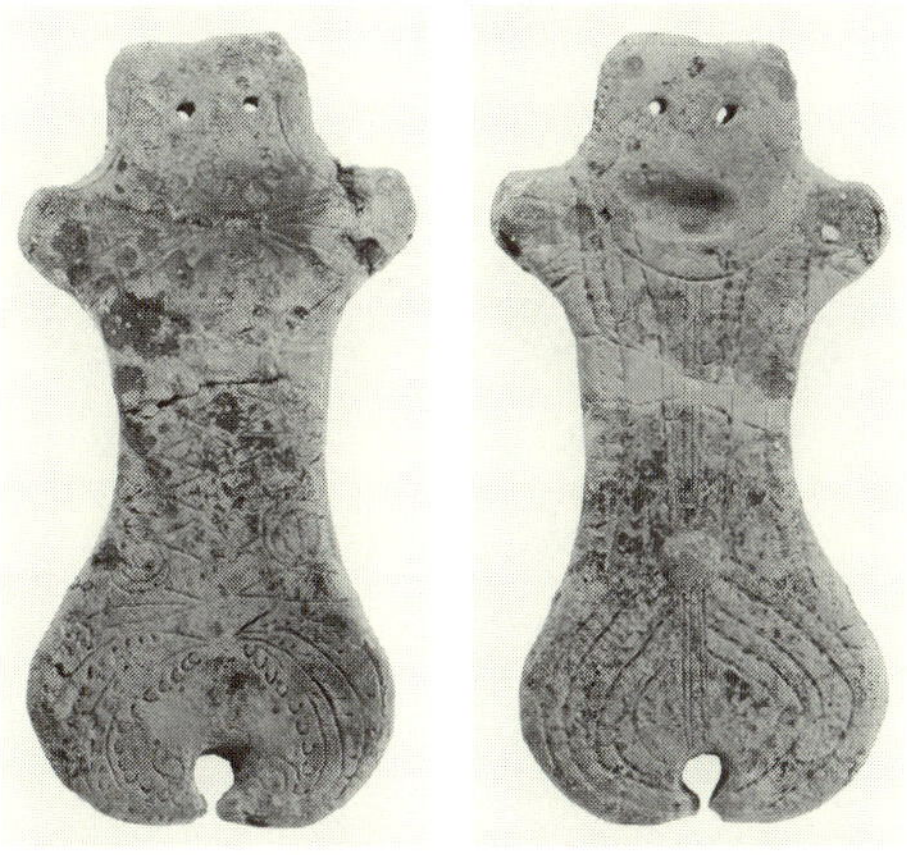

前期の土偶　顔面表現や手足をもつ土偶は、集落生活の安定する前期後葉になって出現した。

そして前期の末葉、大木6式期には、五六点の土偶が出土した岩手県塩ケ森遺跡の土偶を典型とするような、下膨れの胴部に内湾した短い脚が表現された土偶が出現する（上の写真）。

私見であるが、四肢表現が比較的明確になり、眼・口あるいは眉・鼻の表現をもつ土偶を作るという行為のうちに、縄文人のイメージを具象化する女性像の認識に変化が生じたようである。

中期の土偶

東北地方南部より南の地域の中期を特徴づける土偶は「有脚立像土偶」と呼ばれている。次のような特徴をもつ。

①頭部・頸部・体部が明確に表現される。　②両手は短く幅広で左右に大きく開く。

③胸に小さな突起状の乳房がつく。　④胴部は厚みのない板状である。

⑤胴部中央に縦に正中線が表現される。　⑥腰は左右にふくらみ、尻が後方に張り出す。

⑦脚は太く短く、長大な足がつく。

有脚立像土偶は腰以下を肥厚させて重心が低くなるようにし、合わせて太い脚と大きな足によって、直立安置できるようになった。中期の全期間を通して、甲信越地方を中心に、青森県を除く東北各県、富山県を除く北陸各県、関東地方西部などに分布する。

中期になると土偶が急増する。縄文人の精神史における画期である。一遺跡の出土例としては列島最多である青森県三内丸山遺跡では二〇〇〇点余も出ている。土偶は東北地方北部のこの時期の特徴である板状・十字形を呈し、乳房・臍《へそ》の表現がある。

完形品で出土する場合もあるが、大部分が破片で出土する。土偶の文様は土器の文様と基本的に同様な変化をする。中期初頭から前葉は顔の表現が胸部につけられるものが多い。中葉の土偶は十字形で、顔の表現は頭部につき、一段高く表現される。大きさは三二・五〜三・八センチで、形態もバラエティーに富んでいる。

完形品のなかで最大の土偶は首のところで意図的に折られているようで、頭部が北盛土から円筒上層d式の土器片にともなって出土し、胴部は住居跡の堆積土最上層から出土した。この頭部と胴部は直線距離で約九〇メートル離れた場所から出土し、接合した例である（上の写真）。

土偶は竪穴住居跡堆積土層、谷に形成された遺物廃棄ブロックからも出土するが、数量的に多いのが盛土からの出土で、全体の約八

板状・十字形土偶　三内丸山遺跡からは2000点以上の土偶が出土している。そのうち最大の例で、ムンクの絵「叫び」に擬されている。

割を占めており、装飾品を主体とする土製品・石製品の多さとともに、盛土の性格を暗示している。中期後葉の榎林《えのきばやし》式・最花《さいばな》式期になると土偶は激減する。この時期は在地の円筒土器の伝統が薄れ、南の大木式土器圏からの影響をこうむった時期であり、クリに代わってトチ利用がふえてくるといわれる。

後期・晩期の土偶

約四三〇〇年前をピークとする冷涼化（4.3 kaイベント）が、中期から後期への文化的・社会的変化に関連し、約二八〇〇年前をピークとする冷涼化（2.8 kaイベント）が縄文時代から弥生時代への移行と関係していたと思われる。この二つのイベント間の約一五〇〇年間が、後期と晩期に当たる。

気候は冷涼であったが、それなりに気候の安定を反映して、後期末の土器型式から晩期初頭の土器型式への変化はスムーズである。冷涼な気候下でそれまでの植物性食料の生産量が減ったため、食料獲得形態の変化が図られた（クリからトチへ）。そして社会の安定化を図って、より複雑な文化的・社会的装置を創り出した。多種多様ないわゆる「第二の道具」が顕著になった。その結果、後期と晩期の文化や社会のありかたは中期とは対照的である。土偶も形態（ポーズ）や

山形土偶（茨城県椎塚貝塚出土）

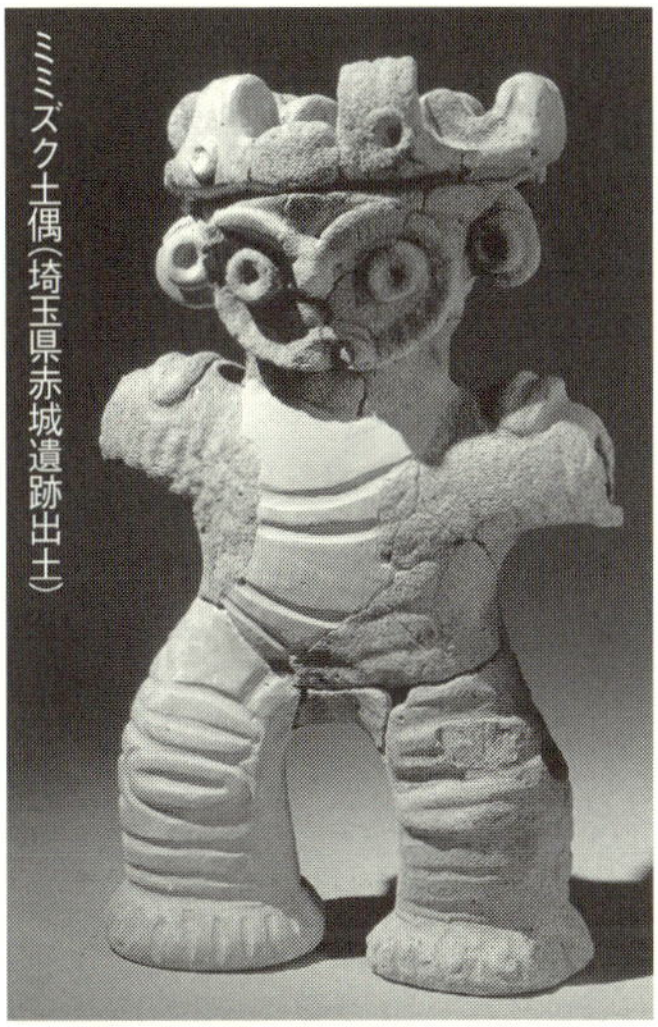

ミミズク土偶（埼玉県赤城遺跡出土）

ハート形土偶（福島県荒小路遺跡出土）

しゃがむ土偶（福島県上岡遺跡出土）

後・晩期の土偶　おおらかな造形であった中期の土偶と対照的に、ある種おどろおどろしい異貌の作りとなっている。形態、とくに顔面の表現に地域の集団は力を入れたようで、時期と地域を限定したいろいろな土偶がある。

とくに頭部・顔面の表情表現が多彩になって、地域性がいっそう顕著となった（ページの写真）。

東北北部の円筒式土器圏や北上川上・中流域で例外的に土偶がつくられつづけたほかは、中部高地から東北地方南半にいたる広い地域で、後期初頭の称名寺式併行期には土偶の製作が中断した。土偶は一般に定住的な集落・住居と関連した遺物であって、中期末から後期初頭は気候が不安定になったことにともない、集団が頻繁に移動を繰り返していたためである。

後期前葉の堀之内式期になると、顔面の作りから「ハート形土偶」と呼び習わされた土偶が現れた。宮城県南部、福島県、そして栃木県と茨城県のとくに那珂川流域に分布し、しだいに関東地方北部から中部高地方面にまで分布を広げている。そして甲信地方で「仮面土偶」に変容したと考えられている。

同時期の南関東には「筒形土偶」と通称される土偶が分布する。筒形土偶は手足を表現しない円筒形の中空の胴体の上端に皿状の顔をのせる特異な形態である。ハート型土偶と類似の眼・鼻・口が付けられている。群馬県荒砥《あらと》上川久保《かみかわくぼ》遺跡出土の筒型土偶は裏からみると男性器の形態で、両性表現になっている。筒形土偶は両性具有を表現している、と能登健さんは言う（『縄文時代』）。

後期中葉の加曽利B式期は比較的安定した土器型式が広範囲に影響を及ぼした時期である。明治時代以来、「山形土偶」と呼ばれてきた土偶が東北地方南部から関東地方を中心とした東日本に多数出土している。南東北からの影響の下に、霞ヶ浦沿岸や印旛沼・手賀沼周辺といった、古鬼怒川流域の集団がその成立に関与したといわれている。名称は三角形状の頭部形態に基づくものである。後頭部の円形状の突起を特徴とする。両眉と鼻・口が小さな粘土紐か粘土粒の貼り付けで表され、突出した乳房と大きく膨らむ腹部、そして正中線（妊娠線）が強調されている。

後期後葉の安行式期になると、「ミミズク土偶」が登場する。ミミズク（フクロウ科）を思わせる顔面からの愛称である。上野修一さんによれば、山形土偶の時系列的な変化にともない、印旛沼・手賀沼周辺の地域でミミズク土偶への変化が顕著になった。それまでは口の表現法であった円盤状の粘土の貼付で目まで表現されるようになる。

さいたま市真福寺貝塚出土の優品は顔面が隆帯でハート形に縁取られ、耳には大きな丸い耳飾りを着け、頭頂部のたくさんの突起は結った髪型や櫛《くし》をさした状態を表現していると推測されている。大宮台地から古東京湾沿岸地域が分布の中心になる。この時期以降の土偶には、赤彩の痕跡が認められる個体が多く、全身が真っ赤に塗られている場合もある（『栃木県立博物館研究紀要』六、八号）。

なお、上野さんは東北地方の晩期中葉の「結髪土偶」に関してだが、「モデル無しに新たな造形を製作するのは極めて困難なことですので、頭髪の表現などはある程度、当時の姿を反映している可能性が高いのではないでしょうか。土偶というものの性格をふまえるなら、そこに表現された結髪の姿は日常生活のものではなく、呪術者（シャーマン）などの姿を写したものだと考えられます」、と述べている。

晩期の土偶を代表するのが「亀ヶ岡文化」の代表的な遺物である「遮光器土偶」である。この土偶の特徴は顔面いっぱいを占める眼鏡状の輪郭に一本の横線が引かれた眼の部分にある。愛称の由来は、東京大学人類学教室開設者の坪井正五郎が英国留学中に大英博物館を訪問し、そこで実見した、極北民族が使っている「雪中遮光器」に対比したことに始まる。

しかし、顔面の表現がしだいにデフォルメされて目が強調された結果として、私たちが見るような眼の表現になったことが明らかになっており、現在は土偶に当時の風俗の写実的表現を読み取る人はいない。「王冠土偶」とも呼ばれるように、頭部の装飾は王冠をつけたようである。しかし頭部も簡略化し、王冠も消えてしまう。遮光器土偶は明治時代以来、もっとも親しまれてきた土偶で、人気アニメ映画『ドラえもん　のび太の日本誕生』にも登場している。

縄文時代の土偶は、弥生時代になって土偶形容器に変容してその終焉を迎えた。土偶形容器は縄文時代終末の「黥面《げいめん》土偶」「有髯《ゆうぜん》土偶」の系譜をひく、男女一対の偶像である。設楽博己さんによれば、男女一対の観念は農耕文化複合の一環として日本列島にもたらされ、木偶や石偶など弥生時代の西日本の偶像に表現された。その社会的意味が東海地方西部において縄文土偶に取り込まれ、縄文土偶に男性像が加わって、一対の男女像が成立して土偶形容器になったのである。

土偶形容器の古い段階では女性像が大きく、乳房を表現しているのに対して、新しくなると男性像が大きく作られ、女性像の乳房が欠落していく。これは当初、縄文時代の女性原理が勝っていたのが、弥生時代の男性原理が台頭してきたことを示唆している、というのである。

五点の国宝

縄文時代の研究は土器を中心に行われてきた。だが近年は、土偶に関する関心が高まってきている。いずれも粗製の日用のものが圧倒的に多いなか、美術史家に高く評価される「芸術品」も製作された。そこには私が「過剰デザイン」と概念化した社会的な背景があった。縄文土器では火焔《かえん》型土器が国宝に指定されているだけであるが、土偶では以下の五点が指定されている。

「縄文のビーナス」

中部高地周辺地域の中期の土偶には故意破損の形跡が認められる。頭部・胴部・腰部・四肢を

国宝の土偶

中空土偶
（函館市著保内野遺跡出土）
縄文の女神
（山形県西ノ前遺跡出土）
合掌土偶
（八戸市風張1遺跡出土）
縄文のビーナス
（茅野市棚畑遺跡出土）
仮面の女神
（茅野市中ッ原遺跡出土）

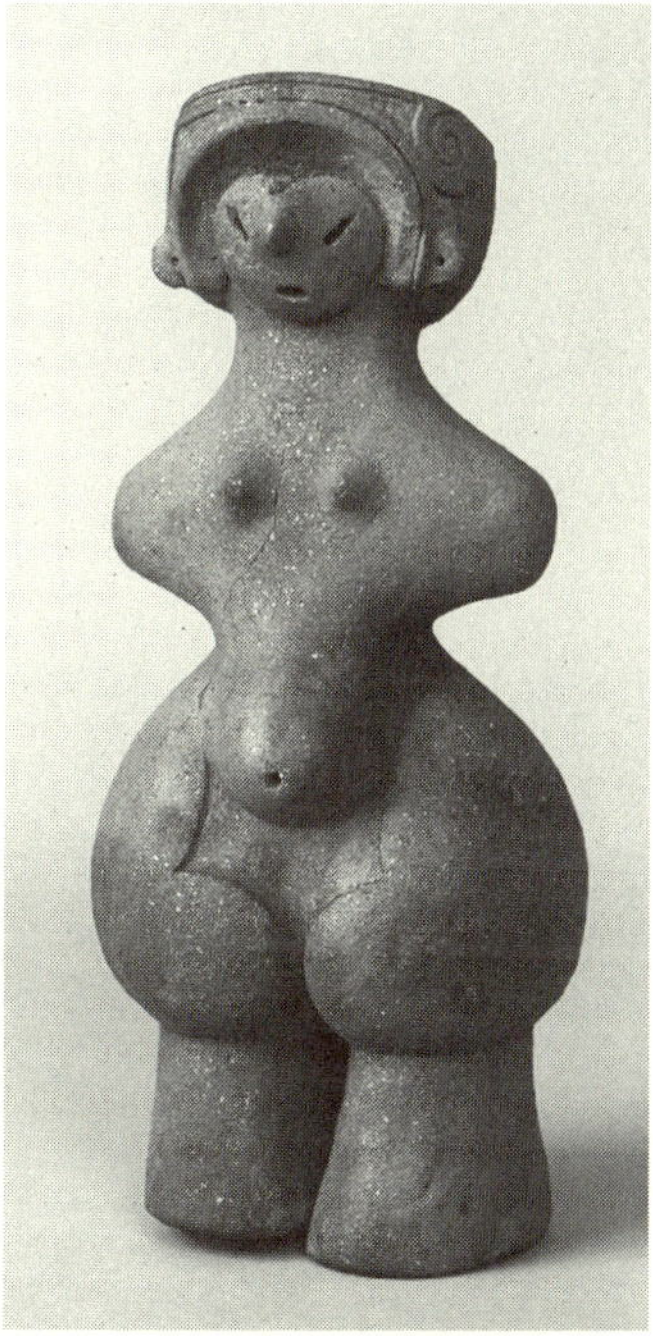

縄文のビーナス　中期の「有脚立像土偶」の典型例で、最初に国宝に指定された。繰り返し土偶祭祀が行われたのちに、手厚く埋納されたと見られている。

それぞれ別の粘土塊で製作し、それを接合してよりこわしやすい構造で全身像を形成している（「分割塊製作法」）。この「こわされるモノ」としての一般の土偶に対して、わずかであるがこわされない土偶がある。これらの土偶は他にくらべて格段に大きく、かつていねいにつくられており、土坑に埋納されるなど、祭祀行為の一端をうかがわせる。

長野県棚畑遺跡出土「縄文のビーナス」は双環状集落の南環状集落の中央広場、浅い小さな第500号土壙から、顔を西側に向けて横たわった状態で見つかった（165ページの図参照）。頭部の文様などから、中期中葉の初めころに作られ、長らく伝世されて、南環状集落が居住域の主体となる中期中葉以降に、手厚く埋納されたと見られている。

土偶はほぼ完形に近く、高さ二七センチ、幅一二センチ、厚さ九・二センチの大型の立像で、土偶の一般的なイメージを超越したその造形美は国宝にふさわしい。棚畑遺跡からは在地の土器だけでなく、松本平や伊那谷、関東地方などの異系統土器が多数出ており、霧ヶ峰の良質な黒曜石の交換を基盤とした活発な地域間交流があったことを示唆している。鵜飼幸雄さんはそうした地域間交流のシンボルとして、特別仕立ての「縄文のビーナス」が生まれたと考えている（『国宝土偶「縄文ビーナス」の誕生』）。

「中空土偶」

二〇〇七年に土偶で二点目の国宝に指定された北海道函館市著保内野《ちょぼないの》遺跡出土の「中空土偶」は、バレイショの収穫時に偶然に発見されたものである。その後の緊急発掘調査の際に土偶の出土した真下に、長軸一七〇センチ、短軸六〇センチ、深さ二五センチの土壙墓と推定された遺構が見つかった。考古学的な諸観察から、土偶は海岸方向に頭位をもつ伏臥姿勢で存在したのではないかと推察された。

土偶と一緒に採取された土器片は縄文時代後期の手稲《ていね》式土器である。二〇〇六年に出土地周辺の学術調査が行われた際、後期後葉を中心とした集団墓地と複数の配石遺構が築かれていたことが判明した。土偶はほぼ完形に近く、高さ四一・五センチ、幅二〇・二センチの大型の立像で、内

中空土偶　北海道の後期の土偶で、特異な造形。農作業中に偶然見つかった。土壙墓への副葬品だった可能性が指摘されている。

部は中空である。乳房は直径七・五ミリの小さなもので、乳頭とみれば男子像とも見える。その場合、顎から喉にかけてと臍の周りの無数の小円形刺突文は、ひげと体毛の表現ともみなせる。脚部縄文、腹部、顎部の円形刺突文などにわずかに黒色漆が残存しており、わずかに赤色漆の痕跡も残るようである。

「合掌土偶」

二〇〇九年に三例目の国宝に指定された「合掌土偶」は、縄文時代後期後葉の集落跡、青森県八戸市風張1遺跡の第15号竪穴住居跡から出土した。

報告書によれば、この土偶は高さ一九・八センチ、幅一四・二センチ、頭部の大きさは長さ七・

合掌土偶　後期のポーズをとる土偶の一種である。手を合わせて祈る姿を髣髴とさせるが、「座産」を模した像という説に与する。

五センチ、幅六センチである。座った状態で両膝を立て、両腕の肘と手の中間を膝に付け、正面で手を合わせている。

両足とも腿《もも》の付け根及び膝と腕の接合部分から破損しており、破損部には多量のアスファルトを付着し補修した痕跡がみられる。眉毛から鼻は隆起帯で作られ、目と口は横楕円形の粘土紐を貼り付け、口の部分には細かい刺突文を施している。沈線紋と縄文により頭部の束ね髪や体部の衣服などが表現されているものとみられる。

土偶は住居跡の出入口から向かって北壁の壁柱穴の間から出土した。体部の右側面を下に住居中央部を向き、床面から七センチほど浮いた状態で出土したが、土偶に付属するような施設は確認されなかった。出土時に欠けていた左足部は二・五メートル離れて西側の床面から出土している。この住居跡からはほかに、深鉢・鉢・注口・壺・浅鉢・単孔台付浅鉢などの土器類、スタンプ形土製品、鐸《たく》形土製品、円盤状土製品と、削器・磨製石斧・磨石・軽石製品などの石器類が出ている。

この遺跡では第144号竪穴住居跡から出た「頬杖土偶」（右腕を曲げて左の頬に当てて、左手は右手の肘を支える。縄文版の「考える人」と表現される）を含めて遺構内から九点、遺構外から三二点の土偶が出ている。ほとんどが破損品で、破損部分をアスファルトで補修したものが見られる。体部が残るものは下腹部が膨らみ、妊婦を表現しているようである。

栃木県藤岡神社出土の「屈折像土偶」の股間に赤ん坊の顔が表現されていることを根拠に、名古屋大学名誉教授の渡辺誠さんは出産のポーズ（座産土偶）だと主張している。

「縄文の女神」

四例目の国宝となった山形県西ノ前遺跡出土「縄文の女神」を典型とする中期大木式期の出尻形有脚立像は、山形県の内陸と宮城県南部域を中心に分布している。一九九二年に発掘調査が行われたこの遺跡は、小国川左岸に舌状に張り出した河岸段丘上にある縄文時代中期、大木8a式土器期を主体にその前後に形成された集落跡である。この土偶は捨て場として利用された調査区南端に近い自然地形と考えられる沢状の落ち込みから、各部バラバラに見つかった。

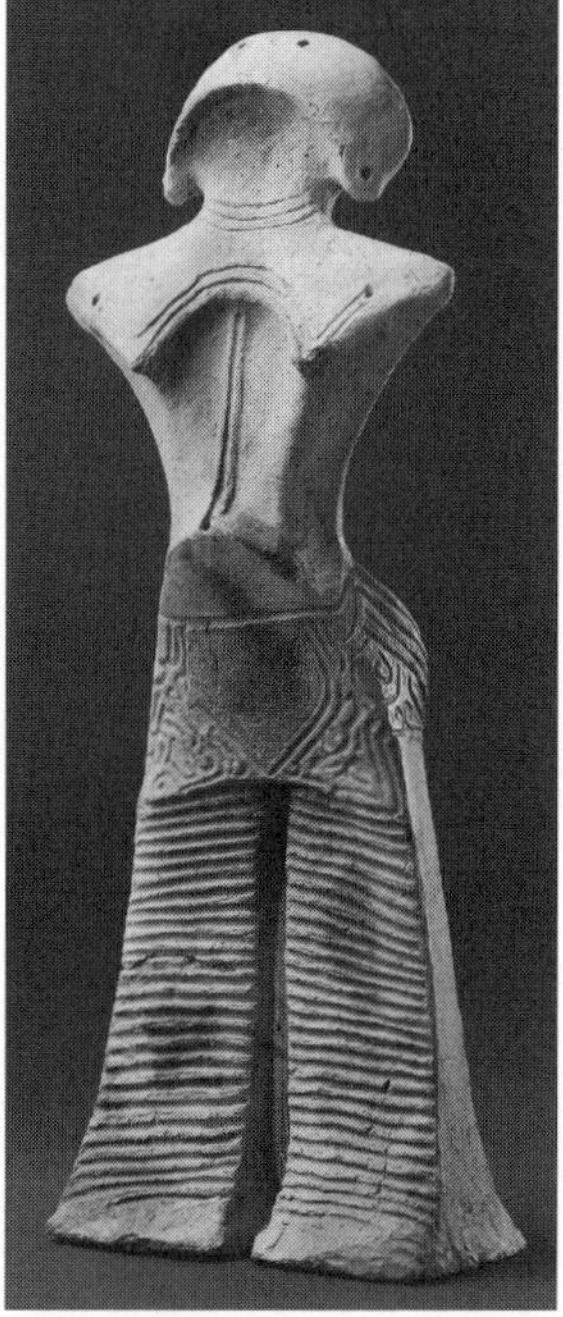

縄文の女神　国宝指定は山形県民を活気づけ、長い期間、大きな複製像が山形駅構内に立てられていた。

本例は四五センチの大きさをもつ優品である。縄文人が抱く超自然の力を具象化した土偶の顔の表現は、一般に人の顔を映すことをタブー視して異貌である。目・鼻・口などを表現しないという方法もその一環である。

同時に出土したほかの四五点はすべて破損した状態で、それらは三〇センチを超える大型、一五～二〇センチの中型、一五センチ未満の小型土偶に分けられるが、西ノ前タイプの土偶の多くは二〇～二五センチに集中するようである。山形県で十数遺跡一〇〇個体以上、宮城県で一〇遺跡前後約七〇個体前後、福島県で一五遺跡約五〇個体前後が知られている。

「仮面の女神」

二〇一四年に五例目の国宝に指定された仮面土偶（愛称「仮面の女神」）は北八ヶ岳西麓に発

仮面の女神　南東北と北関東に分布するハート形土偶の系譜を引く。中部高地に分布を広げて、甲信地方で仮面土偶に変容したと考えられている。

達した典型的な丘陵状台地にある中ッ原遺跡から出土した。

遺跡は中期前半の狢沢《むじなざわ》式期から後期前半の堀之内２式期まで継続した拠点的環状集落跡で、中期を主体とする一三六軒の竪穴住居跡、後期の方形柱穴列一四基、中央に密集する二八〇〇余の土坑などが検出された。

後期の住居跡が二三か所で検出されていて、ほとんどが重複関係を有していた。調査区の東側中央部で検出された長楕円形（長軸二・〇一メートル、短軸一・〇五メートル）の第70号土坑の南西隅、径五〇センチの円形の土坑内に、ちょうど仮面部が土坑の内側を向く形に側臥の状態で埋置されていた（次ページの図）。

複数の甕被葬《かめかぶりそう》土壙墓との重複関係から堀之内２式期新段階とされ、また遺体とともにこの土

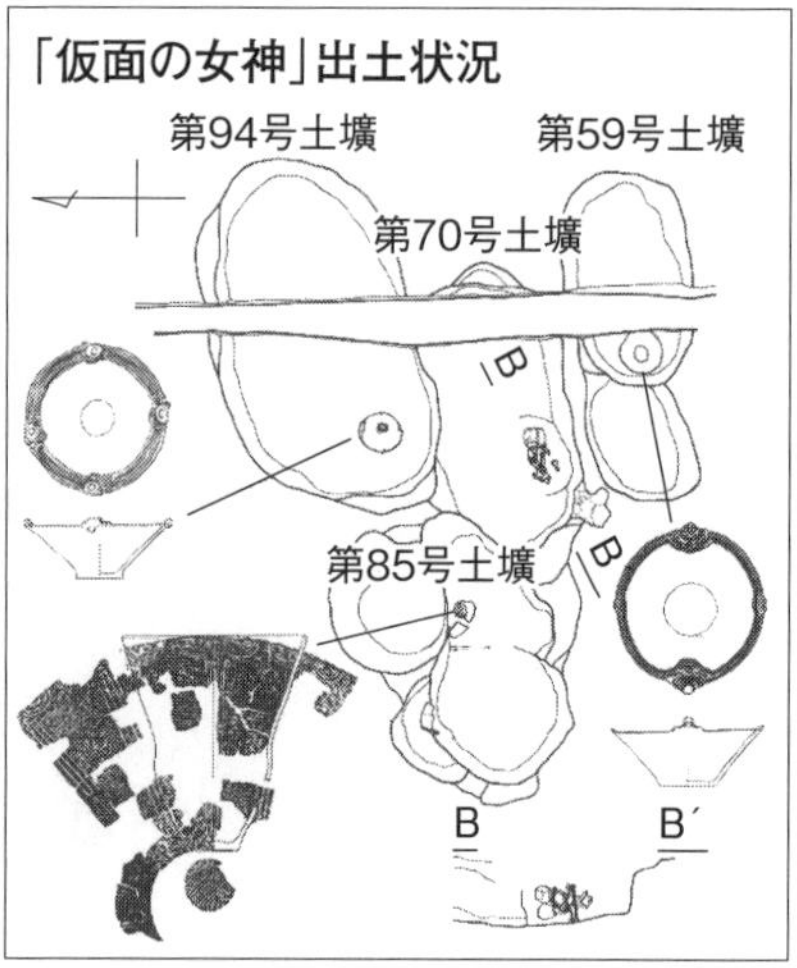

第70号土坑を囲み、堀之内式の甕形土器・鉢形土器を副葬した土壙墓が切り合いながら存在する。

偶が埋納された可能性が指摘された。高さ三四センチ、腕を広げた幅二四センチ、腰幅一八・二センチ、重量は二・七キロで、腕を十文字に広げた、やや腹部を突き出し大きく足を広げ踏ん張った形の立像形の土偶である。大きく張り出した腹部中央には、臍《へそ》と思われる突起が貼りつけられ、下腹部は8字形突起の簡略化されたものが貼付されて女性器が表現されている。

後期には土製の仮面も出現している。また目・鼻・口などを造形した土製品も出ている。これらは木製の面に取り付けたものかもしれない。いずれも仮面をつける儀礼の存在を示唆している。

第七章

生活世界の大転換

はじめに

前・中期の生活世界と後・晩期の生活世界にみられる構造的な違いは、気候の冷涼化に起因すると以前から言われてきた。それが4.3 kaイベントで、中期後葉の後半には冷涼化が始まったことが示唆されてきた。中期の大型環状集落の多くが加曽利E3式（曽利Ⅳ式）期末（約四七〇〇年前）にいたって終焉《しゅうえん》を迎えていた。この社会の変換期には環状列石・柄鏡《えかがみ》形敷石住居が登場し、屋内埋甕《うめがめ》や石棒祭祀の活発化など、呪術・儀礼的要素が顕著になった。

関東地方の後期は、加曽利E式土器の伝統をもつ地域への、異系統土器としての「中津式」系統の土器群の移入と、その受容の過程で始まった。鈴木徳雄さんによれば、西日本方面の中津式土器の伝統を知り尽くした一定数の製作者がもたらした土器群（関東では「初期称名寺式」）の出現をもって後期とする。

当然この時期には、関東一円に「加曽利E4式」につづく系統の土器群（加曽利E5式土器）をもつ集落が展開していた。当初は両系統の土器を出土する居住域が排他的であったが、同一遺跡内で共伴するようになり、移住者の系統が土器づくりの伝習を主導して、称名寺式系統の土器が拡散していった（左図）。移住者側が土器づくりの主導権を握るということは珍しい現象で、おそ

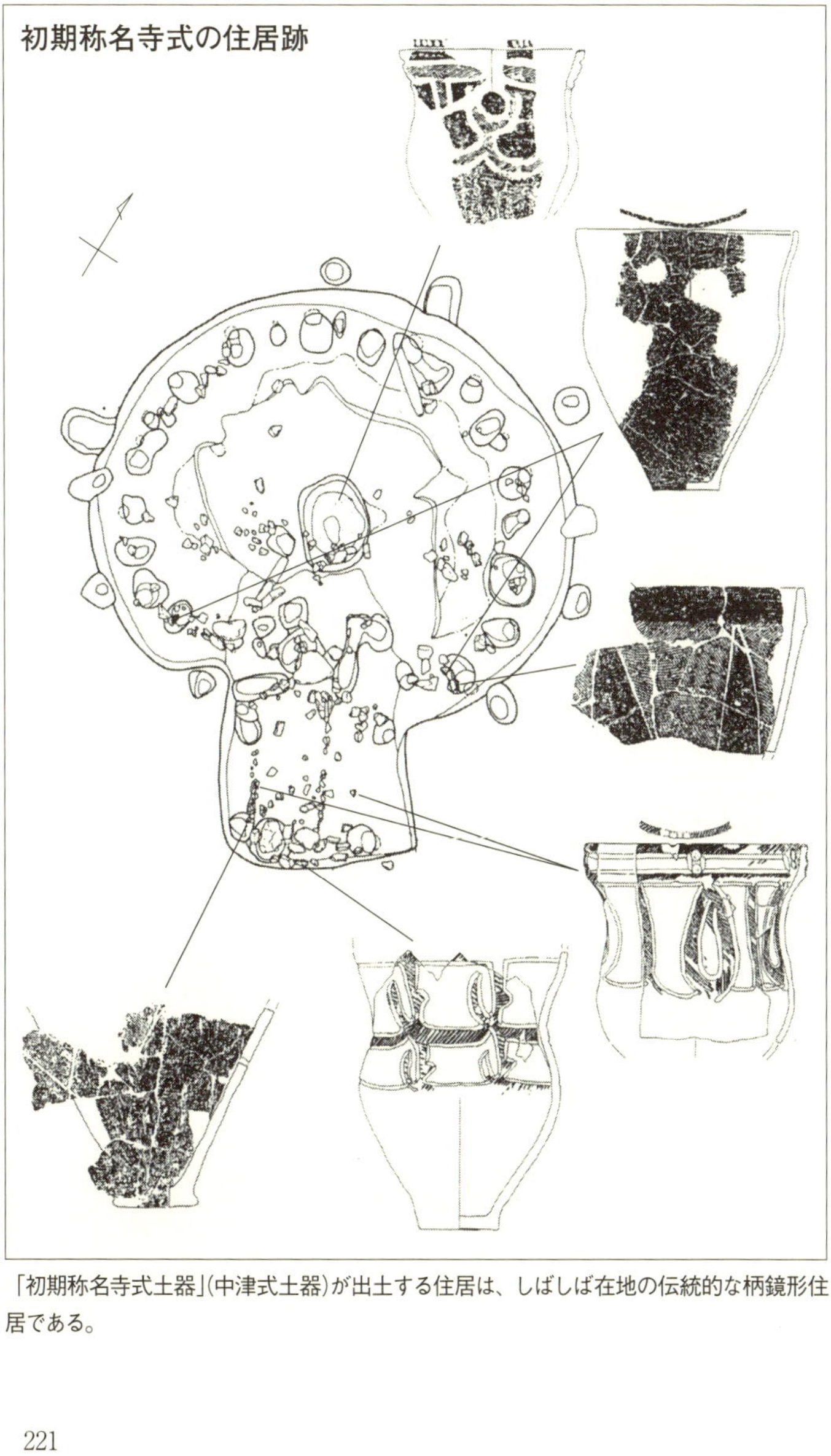

「初期称名寺式土器」(中津式土器)が出土する住居は、しばしば在地の伝統的な柄鏡形住居である。

らく、環境悪化にともなう人口減少によって社会的伝統が衰退しつつあった在地集団にとって、新来の「中津式」土器は伝習に値するものであったろう（『異系統土器の出会い』）。

加曽利E4式から称名寺1式期には小規模な集落が形成され、堀之内1式期前後に、それらが集まって大型集落があらたに形成された。称名寺1式期が寒気のピークで、称名寺2式～堀之内1式期が気候回復期だと考えられる。

中期末に環状集落は解体したが、後期の堀之内1式～2式期に気候が安定してふたたび環状集落が形成された。しかし後期の環状集落の構造には、冷涼で不安定な環境に対応するソーシャル・システム（階層化）が反映されている。堀之内2式期から加曽利B1式期の集落の中心的な位置に、大規模でほかの一般の住居とは構造が異なる「核家屋」が配置される。石井寛さんは「集落の長」あるいは集落内で祭祀など特別な役割をになった「祭祀を司る人物」の家と推定する（『縄文時代』第五号）。

二〇一三年四月二七・二八日に早稲田大学で「関東甲信越地方における中期／後期変動期」をテーマとするシンポジウムが開催された。水沢教子さんの次のような趣旨の発表が注目された。「長らく続いた大木式の系譜の中でも大木8b式期には、器種の多様化、文様帯の複雑化方向からの脱却、ポジティブ表現からネガティブ表現への転換という明らかに観察可能な要素によって、

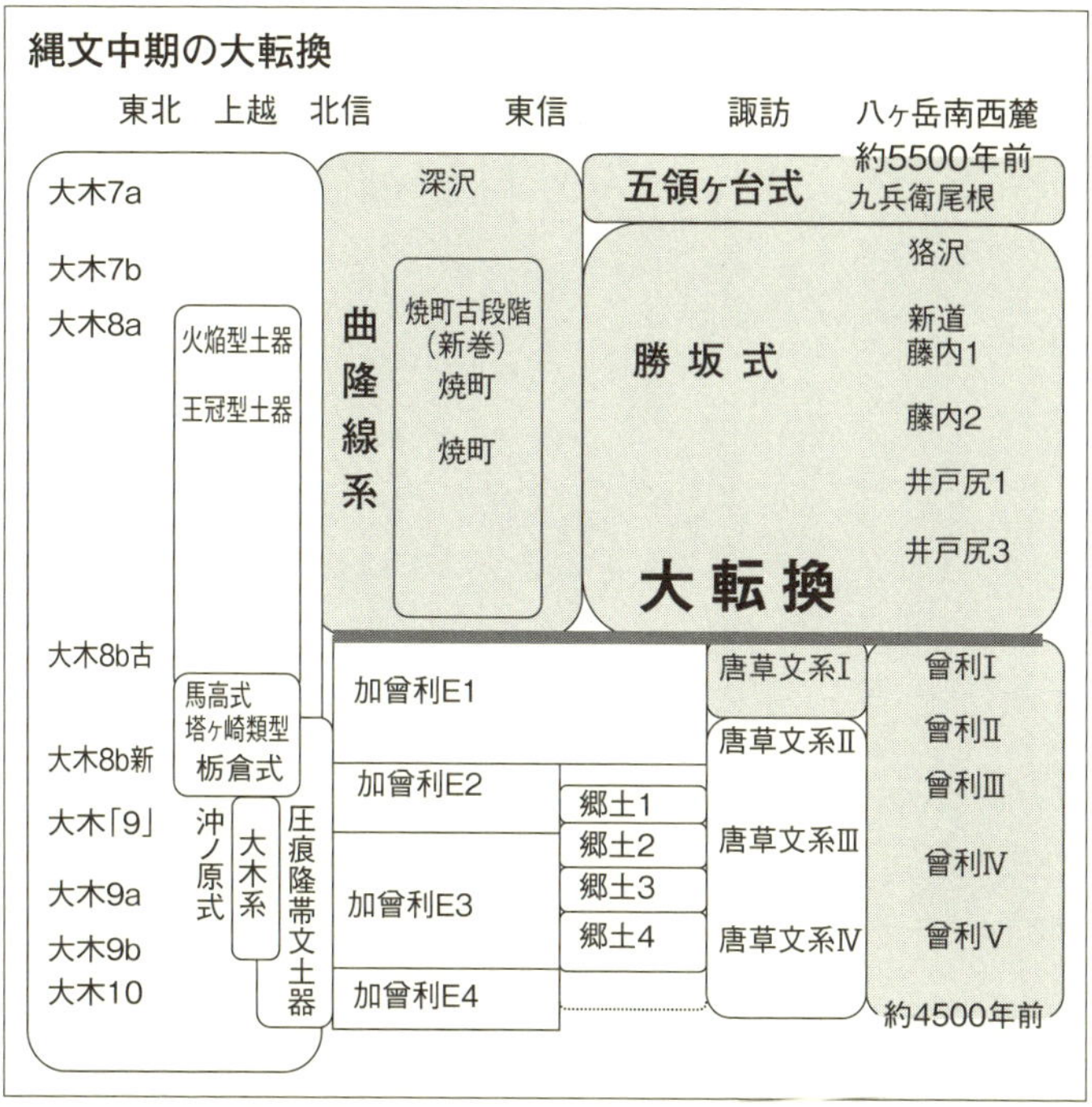

大きな土器型式（勝坂式）がある一定の地域に分布する状況から、いくつもの小さな土器型式に分かれて分布する状況への変化の背景には、生態・社会的変化がある。

なんらかの内的な変化が惹起されていたと推測される。これは中葉世界の過剰装飾の土器同士の対峙《たいじ》が崩れ、大木《だいぎ》8a式が関東へ向けて拡散していった直後の時期に当たる。大木8a式、大木8b式は本来の分布圏をはるかに超えた東日本一帯にその影響力が拡大し、まずは大木式と親縁関係にある加曽利E式を生み出し、さらに中部高地の勝坂式の伝統を受け継いだ唐草文系土器をそのII段階で変容させ、関東甲信越に類似した文様構成の多数の類型を生み出すと同時に、北上して前期から連綿と一貫した特徴を保持してきた円筒土器をついに大木系の榎林式に変化させた」。

この「中期後葉の大転換」（前ページの図）直後の、大木9式土器が多量に出土した千曲市屋代遺跡群のXⅡ－2層集落跡から五七五点のサケ・マス類の椎骨破片と歯が検出された。サケ・マス類の南下、千曲川への遡上、捕獲行為の背景に、水沢さんは気候の冷涼化の可能性を示唆している。千曲川流域における柄鏡《えかがみ》形敷石住居の出現期でもある。

中期の環状集落にみるような複数の出自集団で構成される集住形態が崩壊し、出自集団ごとの分散居住が一般となった後・晩期には、墓域を同じくし、あらたに礫石製構築物を共同で創出することによって、擬制的血縁集団としての紐帯《ちゅうたい》強化が図られた。

変化の前兆

複式炉

一九五〇年前後からこの特異な形態の炉がみつかっていたが、一九五七年に発掘調査が行われた福島市（旧飯野町）白山遺跡の報告書の中で「複式炉」の名称が使われた。

中期末の大木9式～10式期（約四八〇〇～四四〇〇年前）、4.3 kaイベントの冷涼化が始まるころに東北地方南部を中心に、その北部、新潟県中・下越地方、栃木県北部に分布し、寒気のピーク頃に姿を消した。ここでは近年精力的に研究を進めている阿部昭典さんの説に従っておく（『縄文時代の社会変動』）。

阿部さんによれば、複式炉とは「土器埋設部、石組部、前庭部のいずれか複数の要素を併せ持つ炉形態、もしくは複式炉の系統上で捉えられる炉形態」である。大木8b式新段階～大木9式古段階にかけて東北地方北部・中部で出現した「前庭部付石組炉」と、信濃川流域と東北地方南西部に出現した炉体土器を有する「複式構造炉」とが、大木9式古段階に融合して複式炉の原型が形成され、大木9式新段階に東北地方南部・中部を中心に分布する典型的複式炉（上原型）の出

複式炉は東北地方南部を中心に東北地方一帯に分布し、トチの木との関連(その実の灰汁抜き作業)を指摘する研究者がいる。

現にいたった（右図）。

冷涼化に対するこの技術的対応の結果、住居跡や炉跡の規模が大形化し、集落遺跡と住居跡数も増加した。中部地方や関東地方の柄鏡形敷石住居からの影響で、複式炉最終段階には新潟県や福島県・宮城県で敷石を敷設する住居例が出てきて、以後、敷石住居に交替していく。

福島市和台遺跡

福島市（旧飯野町）和台遺跡は福島盆地の南東部の中山間地で、阿武隈川が「レ」の字状に屈曲する地点、標高一九五メートルの舌状台地の先端部にあり、福島県内最大の環状（馬蹄《ばてい》形）集落遺跡である。竪穴《たてあな》住居跡二三八軒、掘立柱《ほったてばしら》建物跡二四棟、埋甕《うめがめ》一二一基、土坑《どこう》約二六五〇基などが検出された。遺跡全体の面積のうち調査されたのは三分の一程度である。

細別時期ごとの竪穴数は、大木8b式一軒、大木9式前半三軒、大木9式後半二八軒、大木10式前半Ⅰ期三三軒、大木10式前半Ⅱ期二八軒、大木10式後半Ⅰ期二九軒、大木10式後半Ⅱ期三軒、後期初頭三軒で、複式炉の出現期・盛行期・衰退期を通して営まれた拠点集落である。阿武隈川流域一般に見られる遺跡数・竪穴住居数の変遷であるが、先にみた関東甲信地方とは大きく異なり、大木9式・10式期の人口増を示唆している。

その背景には、クリやオニグルミにトチの実の利用が加わったことが考えられる。複式炉の埋設土器はトチの灰汁《あく》抜き用の木灰を溜める機能をもつ、という研究者もいる。

阿武隈川流域には、和台遺跡の北に宮畑遺跡、南に高木遺跡と上納豆内《かみなつとううち》遺跡の拠点集落を中心にして、中規模集落と小規模集落の分布がみられ、「複式炉文化」期のネットワークが形成されていた。大木10式期の39号住居には、人体文土器が複式炉の埋設土器として設置されていた。また同じく大木10式の193号住居跡から東北地方北部の後期前葉に盛行した狩猟文土器が出ていて、最古かつ南限の例となっている（新井達哉『縄文人を描いた土器　和台遺跡』）。

柄鏡形敷石住居

縄文人の生活世界の様相がそれ以前と大きく変化して行く過程は、まず関東甲信地方の内陸地帯で中期末に柄鏡《えかがみ》形敷石住居が出現し、各種配石施設が構築されたことなどに始まった。

柄鏡形住居は一九六七年の横浜市洋光台猿田遺跡の発掘で発見された。山本暉久さんが発掘にあたった。中期の竪穴住居跡には屋内に石柱・石壇を構築したものや、炉の周辺と出入口の埋甕に付随して部分的な敷石をもつものがある。こうした施設が基になって、一方で住居内の敷石部分が広がったり、他方で張出部も発達したりして、柄鏡形敷石住居が出現した、というのが山本説である。

関東山地よりの地域や群馬県・長野県域では、敷石が全面ないしそれにちかい状態で施されるのに対し、南関東の低位な台地域や東部関東地域では敷石が部分的もしくは敷石をもたない事例が多い（『敷石住居の研究』、『柄鏡形（敷石）住居と縄文社会』）。

すでに何度も言及してきたように、気候の冷涼化などで生態系が不安定になると、縄文人の遊動性が高くなった。中期後葉も例外ではなく、まず曽利Ⅲ～Ⅳ式期に曽利式土器の拡散現象がみられた。中部中山間地域での屋内敷石風習が曽利式土器集団の関東地域への流入にともない、当地域で張出部がつくられるようになる。

張出部の生成は埋甕と深く関係していた。その後の曽利式土器系譜の終焉を契機に、加曽利E3～E4式期に相模川上流域で柄鏡形敷石住居が出現する（次ページの写真）。こんどは加曽利E式土器集団の拡散で柄鏡形敷石住居の分布が広がり、後期初頭から前葉の称名寺式～堀之内１式期に列島中央部に分布域が拡大した。

典型的な柄鏡形敷石住居が完成された中期終末期に事例が多く、後期初頭の称名寺式期の事例は少ない。後期前葉の堀之内式期にふたたび構築が活発化し、後期中葉に事例数が激減して柄鏡形敷石住居構築の伝統が衰退化した。4.3 kaイベントとの密接な関連がみてとれる。冷涼化の開始

柄鏡形敷石住居　その特殊な形態から祭祀・儀礼に関連する家屋と見る向きもあるが、柄鏡形敷石住居で構成される集落もあることから、山本暉久さんは通常の家屋と見る。

にともなって構築が始まったものの、寒気のピークである称名寺式期の人口を反映して竪穴住居数そのものも減少しており、気候回復期に集落形成が再開されて柄鏡形敷石住居がふえている。

ただし、後期の柄鏡形敷石住居では全面的な敷石敷設は見られなくなる。炉跡から張出部にかけての主軸空間に敷石する傾向にあって、壁際に礫《れき》を巡らす環礫方形配石、および壁外に周堤礫を巡らす住居が出現する。同時に、住居内埋甕の風習も終焉を迎えている。

また、柄鏡形敷石住居とかかわりのある弧状の配石もみられる。長野県茅野市岩下遺跡では長さ二〇メートルの配石が住居を中心にその左右に弧を描いて延び、配石下部からは石棺墓や土壙墓《どこうぼ》と見られる施設も確認されている。

神奈川県秦野市曽谷吹上遺跡七四〇三地点では柄鏡形敷石住居が一二軒出ていて、1・2号住居（堀之内2式～加曽利B1式期）の張出部を起点に約三〇メートルの西側列石、および環礫方形配石である10号住居（加曽利B1式期）の張出部を起点として約二二メートル東に延びる列石と、6号住居（堀之内2式）張出部基部を起点として西に延びるものが合わさって一本となる列石がみられる。

群馬県安中市行田梅木平《おくなだうめきだいら》遺跡でも、堀之内2式期の14号住居の張出部から列石が両側に延び、配石墓群を結んでおり、この「核家屋」は祭祀関連の特別な住居とみなされている。

石棒と埋甕

柄鏡形敷石住居と結びつきのつよい石棒も、南関東から中部山地域にかけて、加曽利E式終末に多く出土する。

床面出土例が圧倒的に多く、奥壁部から炉辺部・出入口部・張出部という主軸空間で、祭祀的空間としての色彩がつよい区域に出土する傾向がつよい。その他、周壁を巡る小礫沿いで検出される焼土と関連して、過熱を受けた破砕状態で出土することもある。住居廃絶にともなう火入れ行為という廃屋儀礼とのかかわりが言われている。炉石材に転用された事例も炉ないし火とのかかわりを示唆している。

埋甕が設置される張出部から出土する場合、男性原理の石棒と女性原理の埋甕との結合をつよめるという石棒祭祀の一端として理解可能だが、石棒が出土するそれぞれの位置にどんな意味があったかは判然としない。

破損していた事例が多いことから、本来屋外で執行された石棒祭祀のあと、なんらかの理由で柄鏡形敷石住居内に持ち込まれたのであろう、と山本さんは推測している。石囲炉《いしがこいろ》や敷石材あるいは埋甕の縁石に転用例などは、住居の使用中の持ち込みであるが、住居廃絶時を示唆する事例もある。床面上に横位で出土した事例の場合、使用時であるのか、廃絶時であるのか判断がむずかしい。

二〇一二年に東京都国立市緑川東遺跡で異例の発見があった。「北白川C式4段階」の土器・中津系土器と「加曽利E5式」土器が伴出する後期初頭の敷石遺構SV1から、ほぼ無傷の一メートルを超える大型石棒四本が、遺構の主軸に合わせて頭部を南西方向に向けて、並んで横たえられて出土した（左の写真）。特殊な祭祀遺構とみられている。

埋甕は中期後葉期に、南西関東から中部地域で住居の出入口を中心とする位置に爆発的に設置

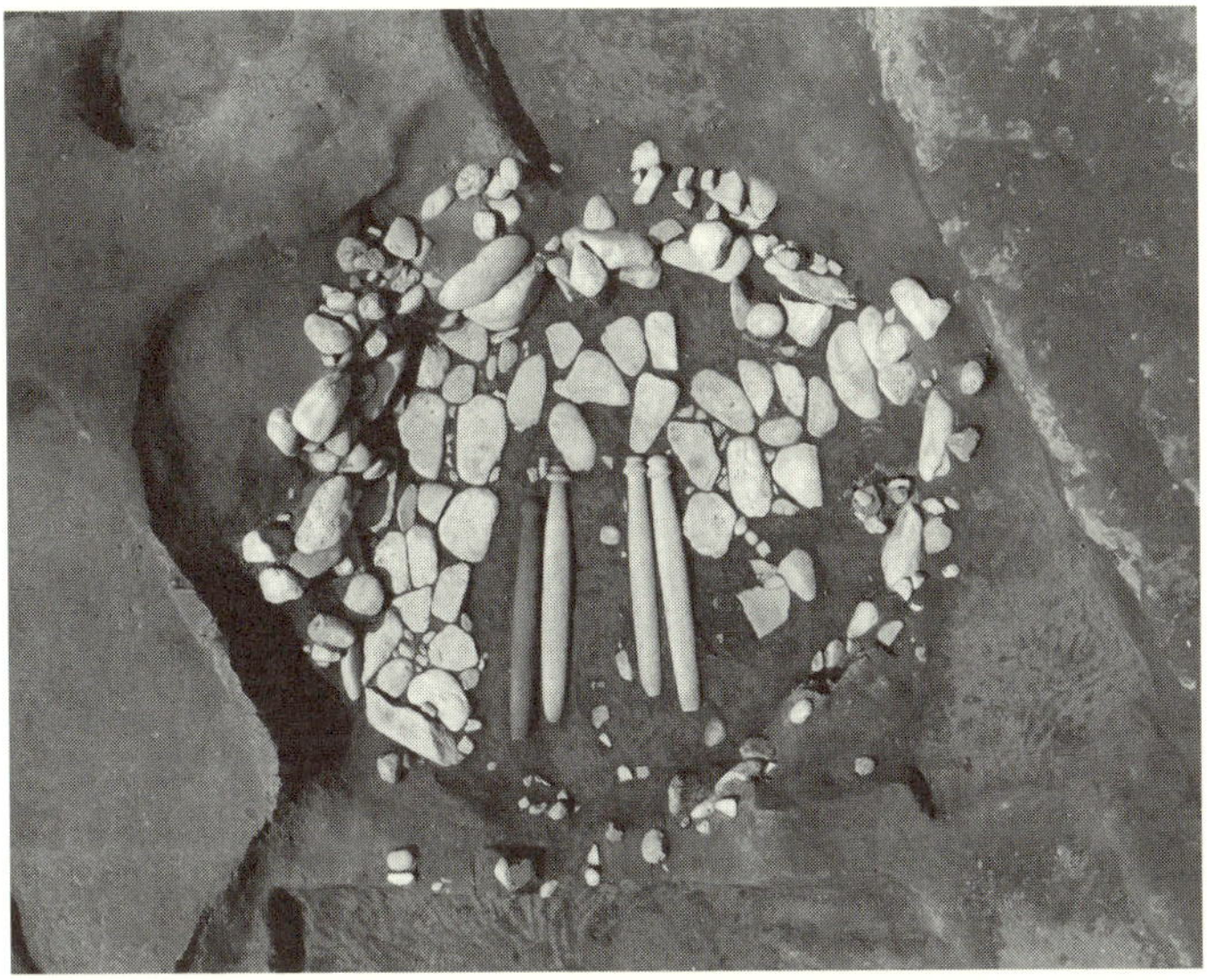

石棒祭祀　男性シンボルとされる石棒をめぐる祭祀形態は不明のままである。無傷で４本が同一方向に横位で出土した、きわめて珍しい事例である。

されるようになる。その伝統を受け継ぐように柄鏡形態が完成を遂げた中期終末から後期初頭にきわめて効率的に、とくに住居主体部と張出部の接続部および張出先端部に設置されるようになる。胎盤収納あるいは幼児埋葬とする説が有力である。

中期終末に圧倒的に多く、時期が新しくなるにつれ急激に減少する。埋甕内から検出される遺物はわずかであるが、石鏃《せきぞく》・掻器《そうき》・黒曜石《こくようせき》や剥片《はくへん》類が出土する。

埼玉県東遺跡例では、石錘《せきすい》と丹《に》塗り亜円礫《あえんれき》が、西大宮バイパス№５遺跡１号住居では石鏃三点と黒曜石・チャート・安山岩の剝片が出ている。千葉県西広貝塚七次605号住居では、幼児骨とタカラガイ装身具、赤彩アワビが検出された。長野県宮崎遺跡では、埋甕内から定角式磨製石斧《せきふ》四点、付近から耳栓《じせん》（耳飾り）と小型磨製石斧が検出された。

いずれも土壙墓内の副葬品と共通する遺物である点が注目される。

墓制の発達

多数合葬

後期になると、千葉県房総地方を中心に、ひとつの土坑に多数の人骨を埋葬した墓が出現した。多くの集落でその形成が始まった時期もしくはその直後である。現在までのところ、八遺跡から一二例が検出されている。単なる墓ではなく、集落景観を構成する特別な構築物であって、集団への帰属意識を高める装置として機能していたと考えられる。

市川市権現原遺跡は加曽利E4式から堀之内式期にかけて形成された環状集落である。その広場に位置する65号土坑は長径一・四九メートル、短径一・三三メートル、確認面からの深さ四〇センチで、成人男性六、成人女性四、未成人男性三、未成人女性三、性別不明の成人、未成人各一の一八体の人骨が四組、四肢骨を方形に組み合わせ、各隅に頭蓋骨を置いて時計回りに盤状に集積されていた。

遺跡内で検出された1号土坑群と2号土坑群に埋葬された人骨を掘り返し、再埋葬されたものと見られている。底面中央寄りに直径二五センチ、深さ四〇センチの小ピットが北西方向に傾けて掘られており、柱穴による上屋構造が想定される。土壙墓内から出土した土器から称名寺1式土器の時期とされている。

近接して柄鏡形住居跡が一〇軒ほど、堀之内1式期に限って、ひとつの場所に繰り返し構築されており、なんらかの関係があったようである。

船橋市宮本台貝塚は後期前葉の六軒の竪穴住居跡と一七基の小竪穴遺構が検出された遺跡で、長軸二・三七メートル、短軸一・八五メートル、深さ五五センチの隅丸方形の第2号土坑に一五体以上の人骨が順次追葬されていた。

未成人三体（思春期二、青年期一）、成人一二体（壮年期男性四、同女性一、壮年から熟年期女性一、熟年期男性二、同女性一、不明女性三）である。墓壙底面に南北方向や東西方向に向きを変えつつ積み兼ねられ、最終的に頭骨が墓壙沿いに全周している。

複数の柱穴や壁柱穴が巡ることから、追葬可能な構造であったと考えられる。土壙墓内からは時期を特定できる土器は出土していないが、土壙墓に貼られたローム直上に堆積していた純貝層から堀之内2式土器が出土していることから、それ以前に形成されたと考えられる。この土壙墓を取り囲む形で、堀之内2式期の竪穴住居六軒が短期間に繰り返し建てられていた。

この土坑内につぎつぎと追葬して土をかけない状態にあった宮本台方式の多数合葬例は市原市

中妻貝塚の多数合葬墓　一帯が貝殻で覆われた福永寺の墓地の一角に、現在、貝塚跡として保存されている。

祇園原貝塚でも見つかっている。

環状集落の中心と考えられる位置を占める、一辺が二メートルほどの隅丸方形《すみまるほうけい》の三号土壙墓に、壮年男性二体、壮年女性四体、熟年女性二体の八体が繰り返し追葬されていた。堀之内式期である。

一九二八年に貝製腕輪の入った蓋《ふた》付きの壺形土器二点が発見されたことで著名な船橋市古作貝塚でも、同様の土壙墓が検出されている。長径約一・八メートル、短径一・三メートルの隅丸方形を呈する土坑に、成人男性九体、成人女性三体、幼児二体の一四体が埋葬されていた。

千葉市誉田《ほんだ》高田《たかだ》貝塚では、直径三メートルを超える土坑に二八体以上が、改葬されたように解剖学的に不自然な状況で出土した。他にも六体がすべて伸展葬で合葬されていた千葉市矢作貝塚の例がある。一九三七年の調査事例で詳細は不明だが、副葬された土器から堀之内1式から2式期にかけて順次追葬されたものと見られる。

茨城県取手市中妻貝塚は小貝川に臨む台地上に位置する利根川流域最大の環状貝塚で、厚さ一～二メートルの貝層が直径一五〇メートル、二万五〇〇〇平方メートルの範囲に及ぶ。一九九二年の発掘調査の際にみつかった直径一・九メートルの円形の土坑から、合計で一〇一体の人骨が検出された。頭骨を中心に三段から四段にていねいに積み上げられていた（前ページの写真）。

男女が判別できた六〇体では男性四〇体、女性二〇体で、約四〇体は四～一八歳であった。宮本台貝塚にみられた多遺体埋葬を別の土坑に再埋葬した例と考える向きもある。ここでは、歯の計測値による血縁推定や歯根から抽出したＤＮＡによる血縁解析など、親族関係を解明する新しい試みが行われ、一家系に属する母系集団の可能性が指摘されている。

出土した土器から、堀之内1式期から2式期、ないしは加曽利B1式期までのところにおさまると推定されている。

配石墓・石棺墓

八ヶ岳周辺では、中期末以降、敷石住居主体の集落が台地縁辺、沢に面した傾斜面に列状に形成されるようになった。敷石住居の普及と関連して、多量の礫を用いた環状列石・屋外配石などが構築された。加曽利B式期になると、敷石住居と交替するかのように配石遺構群が出現する。

長野県安曇野市北村遺跡は、中央自動車道長野線工事に際して一九八七・八八年に発掘調査が行われた。松本市の北方約一〇キロ、犀川右岸第四段丘全域で、東西四〇〇メートル、南北一二〇〇メートルに及ぶ。遺跡の時期は中期末葉から後期中葉（加曽利E3式・E4式・称名寺式・堀之内1式・2式・加曽利B1式並行）で、称名寺式〜堀之内2式期に居住のピークがあるが、墓の数はその後に漸次増加している。

E区に集中して竪穴住居跡・土壙墓・屋外埋設土器・ピット群が検出された。住居は五〇軒（あるいは建て替えを考慮して五八軒）検出されている。柄鏡形住居が三一軒でそのうち二六軒は敷石住居で、周堤礫をともなう事例がある。

二七九基の土壙墓から三〇〇体（ほぼ全身の骨格を留める人骨は一一七基の土壙墓から一二七個体）に及ぶ人骨の出土が本遺跡の最大の特徴である。埋葬人骨が出土した土壙墓のうち乳幼児の最小値を基準にすると、長径五〇センチ前後、短径二五センチ前後、深さ二〇センチ前後以上の規模をもつ土坑は土壙墓としてよさそうである。

屈葬が一般的で伸展葬は二例に留まる。長径一五〇センチ前後を境にして屈葬と伸展葬の分別もできそうである。甕被《かめかぶ》りが一八例、抱き石が一七例認められる。「配石墓」の一群では上面の周囲に礫を並べ、その囲み石内部を礫で充填《じゅうてん》した墓壙が七基みられる。

この種の墓壙を典型として多くは周囲の礫だけか、あるいは上面を礫でおおっただけである。壙底全面に礫を敷いているものも二例だけで、ほかは壁際に礫が一周するものや片方の壁側に礫を並べただけのものが多い。

用いられた数万個を超える礫は最大一三〇×八〇×二五センチ、一般的には五〇×三五×三〇センチ内外で、遺跡周辺の奥沢や小倉沢に転落していた山砂利の亜円礫と、その付近に露出していた板状砂岩塊を搬入していたようである。

興味ある遺物を見てみると、石鏃は製品・未製品など六八五点を数えるが、素材はチャートがもっぱら用いられ、黒曜石は四一点、頁岩《けつがん》も五点にすぎない。主に掘削などの作業に用いられた打製石斧が六七一点収納されている。

粘板岩を中にいろいろな河原石が利用されている。磨石・凹石・敲石類が五〇七点、台石・石皿類は五九点である。石剣・石棒類は二八点収納されている。

土偶《どぐう》は一〇〇点あって、なんらかの形で住居跡にかかわっていたもの二九点、墓壙一八点、配石四点、土坑一点、遺物集中区（捨て場）四点、遺構外四九点という出土状況である。ただし完形品はない。墓壙が増加する称名寺式併行期に土偶が少ない点からみても葬送に伴う儀礼に土偶が利用された可能性は少ない。

副葬品・供献品とおぼしき遺物はわずかである。遺物だけからは彼らの生業を確定しがたいが、動物遺存体の出土が人骨に比べて少なく、最近の食性分析によって北村縄文人は貝塚出土の縄文人よりもはるかに多くC3タイプ（ドングリ・クリ・クルミなど）の植物性食料に頼っていたことが明らかになった。

栄養失調などのストレスによるエナメル質減形成が高頻度で見られることから、生活状態が厳しかった可能性がある。

環状列石

世界遺産暫定リスト「北海道・北東北を中心とした縄文遺跡群」の一八か所中、秋田県大湯環状列石（鹿角市）・伊勢堂岱《いせどうたい》遺跡（北秋田市）、岩手県御所野遺跡（一戸町）、青森県小牧野遺跡（青森市）・大森勝山遺跡（弘前市）、北海道鷲ノ木遺跡（森町）の六か所に環状列石が見られる。この地域を代表する遺構である。

環状列石は、中心部の配石と外側に大きな石を円形あるいは隅丸方形に並べた遺構で、規模は一〇〜五〇メートルほどであり、列石の下に土壙墓があるタイプとないタイプが存在する。関東地方では、中期末葉（加曽利E3新段階〜E4式期）に墓壙のないタイプが構築され、比較的短期間で消滅した。後期の環状列石・弧状列石や配石墓には直接的な脈絡をもたないと言われる。

東北北部に分布する遺構には環状列石から延びる石列が見られ、出入口を示す。全体構造は石囲炉と出入口を備えた竪穴住居跡を模したかのようである。後期前半（十腰内式土器）の伊勢堂岱遺跡（北秋田市）からは米代川左岸の河岸台地の北端部に集中して、径三〇メートル以上の四つ（A〜D）の環状列石がみつかった。それぞれ形状や大きさが異なる。

やや離れた場所にある数個の日時計状組石があり、その中心からストーンサークルAを見ると、夏至の日に太陽が沈む位置にほぼ一致する。最大のストーンサークルCは直径が四五メートルもあり、三重になっている。周囲にも六本柱の掘立柱建物がある。

馬淵川上流右岸の大規模な集落跡である御所野遺跡（岩手県一戸町）では中央に配石をともなう墓域があり、それを中心に六〇〇軒以上の竪穴住居跡が三つの居住域に分かれて検出された。配石は一八〇×八〇メートルの広大な範囲にあり、立石をともなう径二メートルの組石や径五〇

〜一五〇メートルの方形配石などが見られる。中期末である。

北上市の南約七キロ、北上川西岸の段丘上に縄文中期の樺山遺跡がある。この集落の一段低い場所から、日時計状組石など小型組石三七基が見つかっている。不規則に分布するこの配石遺構は中期末で、大湯環状列石の先駆けと見られる。春分・秋分には遺跡の西方にある前塚見山に太陽が沈む。

後期初頭の門前遺跡（陸前高田市）の矢をつがえた弓を模した配石遺構や、湯舟沢Ⅱ遺跡（岩手県滝沢村）の弧状と直線状の配石遺構などを先駆けとして、北東北の環状列石が発達したようである。

陸奥湾を望む丘陵部に立地する小牧野遺跡（青森市）では、ゆる

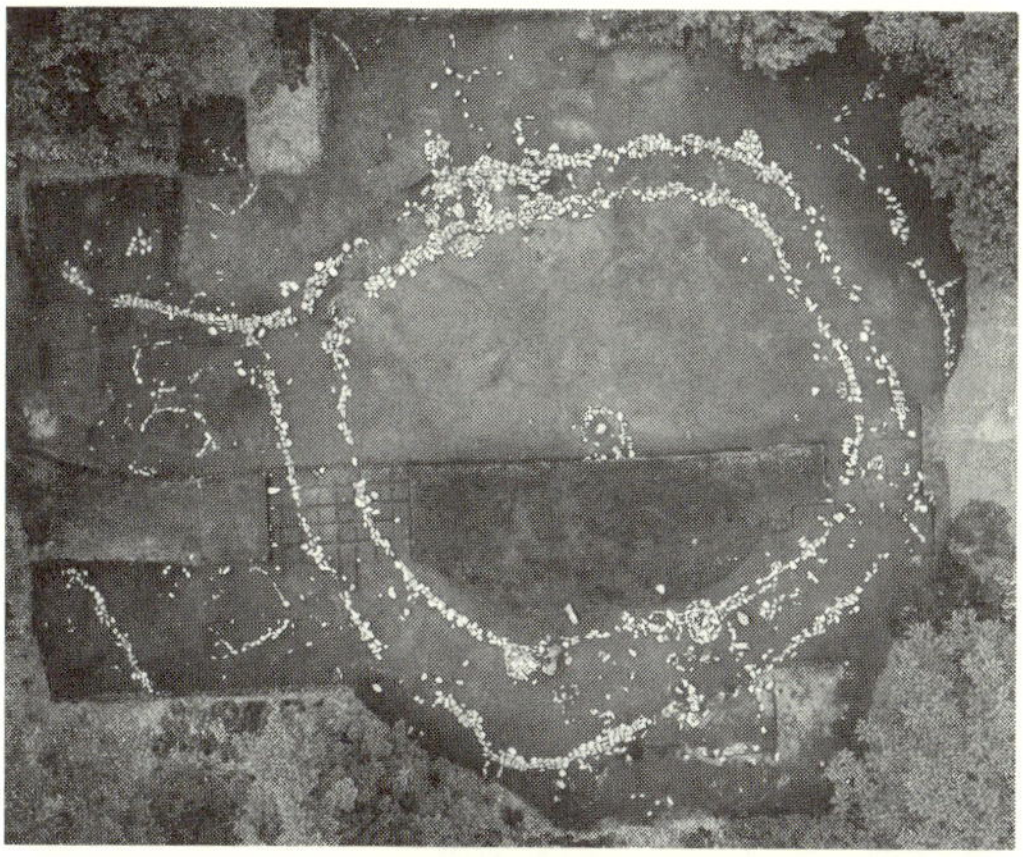

小牧野遺跡の環状列石
三内丸山遺跡の南に位置する。平成27年５月オープンに向けた史跡整備が進行中である。

やかな傾斜面の高い部分を掘削して土を切り、その土を低い部分に盛って中央に広場のような平地を造成している。盛土の土留めをするかのように、梯子形の配石（「小牧野式配列」）が径三五メートルと二九メートルの外帯・内帯の各所に立体的に点在し、そして中央に立石をもつ二・五メートルの組石という三重の環状列石が構築されている。

あたかも円形劇場のような観を呈する（前ページの写真）。約二四〇〇個の石は平均の重さが一二キロで、最大のものは五〇〇キロ近い。

太師森遺跡（平川市）も背後に太師森がそびえる舌状台地に立地する。径五〇メートルで五〇基以上の配石で構成されている。日時計状組石の下に土坑が認められ、墓の可能性がある。周囲から石棺墓や土器棺墓がみつかっている。周囲に分散する集落の共同祭祀場と考えられる。

鹿角市大湯環状列石

遺跡は大湯川と豊真木沢川によってつくられた南西方向に延びる舌状台地上にあり、県道の北西側にあるのが万座環状列石、南東側にあるのが野中堂環状列石と呼ばれている。

いずれも径または辺の長さが一～二メートルの配石遺構が二重の環状に配され、野中堂で外側四四メートル、内側一四メートルに五五基以上、万座で外側五二メートル、内側一六メートルに一〇五基集まってできている。内側の環帯を内帯、外側の環帯を外帯と呼んでいる。

そして内・外帯間の特殊な位置には「日時計状組石」一基が構築されている。それぞれの日時計状組石を結ぶ線は、夏至の日没方向を指している。遺跡から六～七キロメートルの距離にある安久谷川の河床から、なかには一〇〇キロを超える緑色の石英閃緑ひん岩が選ばれて運び込まれている。

一九三一年に耕地整理の際に発見され、一九四二年の神代文化研究所による発掘、一九四六年の秋田県と朝日新聞社の共催による発掘調査、一九五一・五二年の文化財保護委員会による発掘、一九七三～七六年の秋田県教育委員会と鹿角市教育委員会とによる分布調査、一九八四～八六年の一本木後ロ配石遺構群の調査、さらに一九八七年以降の周辺部の調査による諸発見によって、調査面積は遺跡全体の一七パーセントにすぎないが、その形成過程がほぼわかってきた（次ページの図）。

当初は狩りの場、貯蔵の場として利用されていたようで、台地縁辺部や小沢部に第一期のTピット（落とし穴）とフラスコ状土坑（貯蔵穴）が残されている。

第二期には、北東域に一本木後ロ配石遺構群、南に万座配石遺構群がつくられる。環状にならずに弧状に分布しているが、一本木後ロ配石遺構群は弧状列石を挟んで内帯と外帯に分割され、

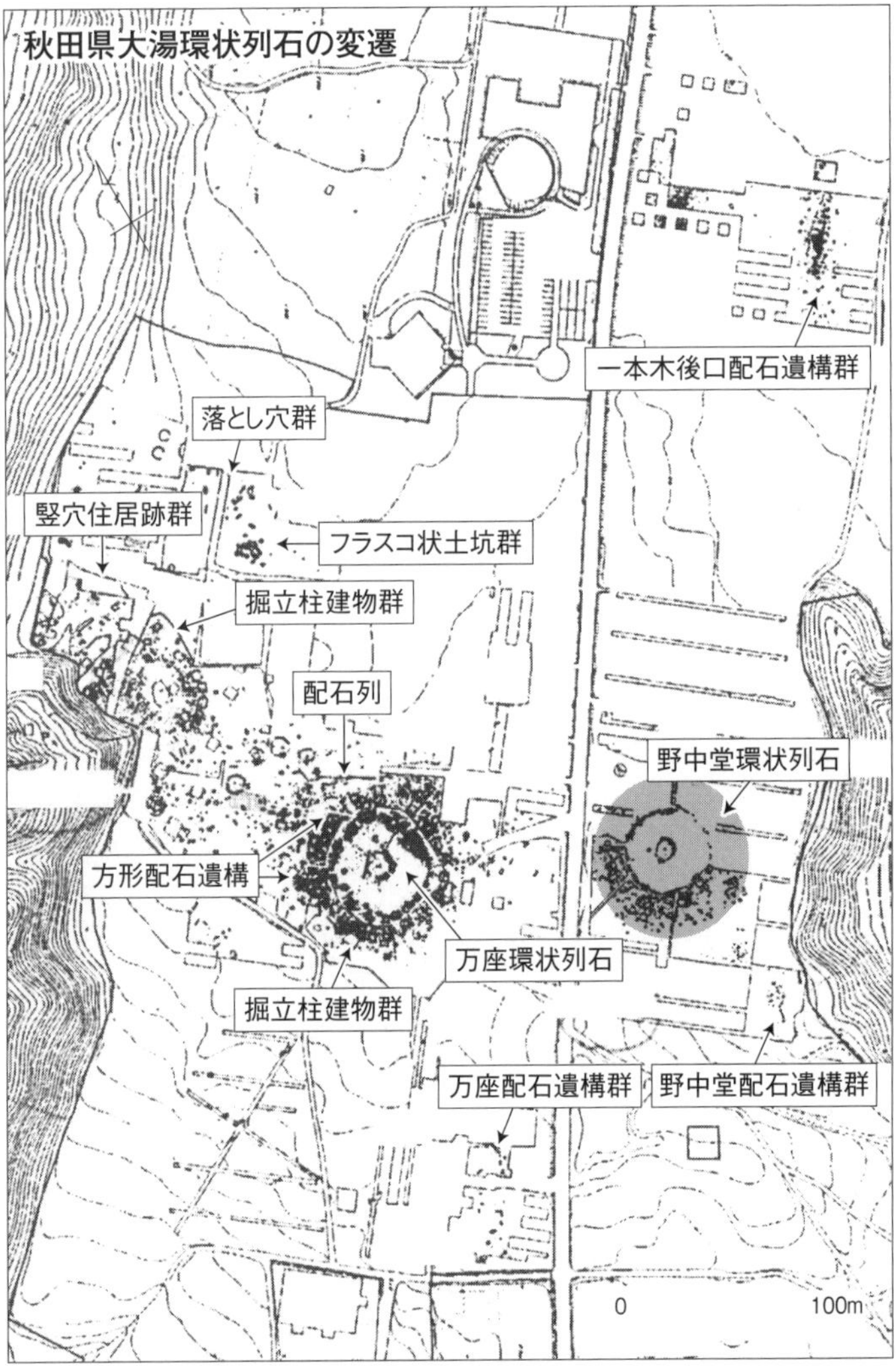

世界遺産登録を目指しているが、中央の舗装道路の扱いなど、登録へのハードルは決して低くなさそうである。

さらに群を構成している。また北地域に径五四メートルの環状に四本柱や六本柱の一二棟の掘立柱建物が建てられる。その周辺からは二二基の土坑が確認された。

第三期になってはじめて、野中堂・万座の環状列石がつくられる。環状列石の周囲には六本柱建物、四本柱建物、フラスコ状土坑が同心状に巡る。また、北西側台地縁辺部に、主柱が五本柱で壁柱が出入口を除き円形に一巡する建物が、北側および西側台地縁辺部には竪穴住居がつくられる。

第四期には万座環状列石から北九〇メートルの地点に、長軸二八メートル、短軸二〇メートルの楕円形で、北側に四×三メートルの張り出し部のある大型環状配石遺構がつくられる。ほぼ中央に石囲炉があり、五〜六対の柱を主柱とする大型建物の可能性が高い。

第五期には規模が小さくなって五〜一四メートルの環状配石遺構が一一基つくられる。これらの多くは万座環状列石の北側に接近してつくられ、径三六〜六二メートルの環状に分布していて、張り出し部はその中心を向く。これらの環状配石遺構の中央には地床炉《じしょうろ》があり、二対四本の柱穴をともなう。敷石住居の形態に似ているが、秋元信夫さんは、この遺跡の性格上、祭祀にかかわる建物と考えている。この第五期を最後に、大湯環状列石での遺構の造営は終わる（『石にこめた縄文人の祈り　大湯環状列石』）。

後・晩期縄文人の生活

冷涼な気候下にあって植物性食料が減産した後期と晩期に、縄文人は大きな集落を構成するだけの人口を維持できなかった。合掌土偶を出土した風張1遺跡（八戸市）は、墓域を中心に東西一四六メートル、南北一五二メートルの環状集落で、中心部に一三〇基の墓が東西二群に分かれ、それを取り囲むように約一二〇〇基の土坑、二二棟の掘立柱建物跡、一八七軒の竪穴住居群が配されていた。このような大きな集落跡は例外的で、一般には、祭祀的遺構が残る台地上を離れて、分散して小河川の流域に小さな集落を形成した。

貝塚でみると、魚貝類とシカ・イノシシなどの陸獣類が主食であったと思われるが、主体はトチの実など植物性食料であった。旧河川跡に多くの水場遺構が残されている。ゆるやかな流れをさえぎるように木材を井桁《いげた》に組んだ施設で、トチの実の灰汁《あく》抜き作業の一環に使われた。近くに廃棄された大量のトチの皮（トチ塚）もみられる。下宅部《しもやけべ》遺跡（東村山市）、是川《これかわ》遺跡（八戸市）、青田遺跡（新潟県加治川村）など低湿地遺跡から、ウルシ製品・木製品・樹皮製品・編組製品など、生活の実態を解明する手がかりが多数出土している。

第八章

北方猟漁民

はじめに

一九八〇年代以降に次々に明らかになった発掘調査の成果は、従来の縄文観を変えるような画期的な発見だと報じられた。マスコミの熱狂と相俟《ま》って、小林達雄さんや佐原眞の階層化論は広く浸透していった。同時期に、あらたに民族誌的情報を援用して縄文社会の階層化問題を縄文研究者に突きつけたのが、渡辺仁の『縄文式階層化社会』である。渡辺は早くから「縄文人の生態」という根本問題を提出していたが、それまであまり顧みられなかった。渡辺の研究から、概略以下のような知見が共有されることとなった。

北緯四〇度以北、北太平洋沿岸食料採集民に階層化・位階化社会がみられる。その発達を促したもっとも基本的な条件のひとつは、世帯間の生業分化あるいは生計様式の分化である。人びとは食料資源を効果的に活用するため、多種多様な技術をもつ必要があり、生業分化は効果的な環境開発のための社会的順応の一部である。

たとえば、アイヌはサケ漁にもとづく余剰食糧の存在により、自活できない者たちを容易に支えることができた。アイヌでは年間をとおして狩猟者群と漁撈者群とに区分された。前者の人びとは計画的・定期的にクマ猟を行い、熟達したクマ猟者は尊敬と賛嘆のまとであった。この人びとの家族は、シカ猟および二種類のサケの漁撈も行った。最高位のヒグマ神の儀礼を父系的に継承した。後者の家族も集落の周囲で多少のシカは獲ったが、その日常的活動は年間をとおして、サケその他の魚の漁撈に集中していた。

これら二群の人びとのほかに、「使用人」「召使い」「居候」「移住労働者」と解されるよそ者群が存在した。狩猟志向型世帯と漁撈志向型世帯の分化は、双方の間の富および儀式的諸特権の差を拡大し、結果としてある種の階層差を生むことになった。しかしこれらの階層は閉鎖的でなく、たとえば父親がその息子に狩猟をする能力がないと判断した場合、息子は父親の職を継がず、漁撈社会層へと転落する。一方、漁撈系家族の子どもも、猟者の指導に対し適正を示せば狩猟者となることができた。

北米北西沿岸諸族の間にも、同様の構図がみられた。そこでは、特殊化した海獣猟が儀礼の特殊化と結びついた。狩猟の特殊化にともなう世帯間生業分化のさまざまなヴァリエーションが存在したが、もっとも複雑化した形態はヌートカの間にみられる。ここでは、狩猟志向型世帯と漁撈志向型世帯の分化は、経済的ならびに儀式的諸権利の双方が狩猟系の首長クラスに集中していることによって特徴づけられる。

狩猟者たちは、生計よりも、威信と関係深い比較的華々しい活動（高度に特殊化されたクジラおよびラッコ猟）において主導的役割を演じた。彼らの真の務めは、管理的性格のもの（彼らの共同体における技術的・儀礼的、そして社会的事柄の経営および監督）であった。いうまでもなく、先に言及してきた縄文社会の退役狩猟者層の原型イメージである。

私自身は『縄文式階層化社会』を批判的に継承する立場である。渡辺のモデルによれば、アイヌ社会とヌートカ社会にみられる構造上の類似点と表現形態上の相違点は、当然、縄文社会との間にも認められなければならない。渡辺は考慮していなかったが、縄文社会においても時代と地域に応じた変遷・変異がみられる。とするならば、渡辺モデルの素材である北方猟漁民社会に対比できる縄文社会の存在を、まず考古資料に探ってみる必要がある。

北海道の縄文時代後期から続縄文時代にかけての墓制について、瀬川拓郎さんは「区画墓の解体から多副葬墓の成立」過程として捉えた。そのような変遷の背景に、青野友哉さんは、墓の社会的機能の移行、すなわち、「被葬者の存在と象徴性を生者に意識させることにより集団内の紐帯意識を維持・強化する機能から、多集団との紐帯を、贈与・交換システムを通して確立・維持するための機能に移行」した、と解釈している（『墓の社会的機能の考古学』）。

縄文式階層化社会

北米北西沿岸文化圏

縄文社会論をめぐる議論は、新しい段階に入っている。北米北西沿岸地域の先史学・考古学の新しい研究成果が、わが国の縄文研究者にも入手しやすい方法で次々に発表され、北西沿岸の民族誌的・考古学的情報を縄文時代研究に直接・間接に適応可能かどうか、具体的に検証できる状況が生じてきている。

北米北西沿岸においても、この一万年間の気候の変化、海水準の変化、地形の形成過程に応じて、動物の数や分布が変化してきた。とくに六〇〇〇年前から三五〇〇年前に起こった気候変動による環境変化を原因とする、その先史文化の進化が明らかにされようとしている。五三〇〇年前から五〇〇〇年前（縄文時代中期の藤内《とうない》式〜井戸尻《いどじり》式期に相当）にかけて急激に生じた海水準の安定化と、それにともなう沿岸地域の生産性の向上、温暖ななかでの降水量の増加と、それによる森林の拡大と陸上での生産性の向上、そして比較的温暖な気候が続いたままでの季節性の縮小、これらが小地域文化の出現にあずかった。

南のミッドコロンビア川下流域や沿岸部でフォレイジャー型の技術伝統が継続する一方で、新しいコレクター型の地域文化が起こってきた。ジョージア海峡とヴァンクーヴァー島のチャールズ文化・オブシディアン文化やブリティッシュコロンビア北海岸のノースコースト文化、ブリティッシュコロンビア中央海岸のナム遺跡中層やクイーンシャルロッテ島のグラハム伝統、そしてミッドコロンビア川上流やスネイク川流域のピットハウスⅠである。

ところが、四二〇〇年前ころ（4.3 kaイベント相当か）にはじまった北米西海岸の「新氷期」によって、これらの地域文化は急激に崩壊した。唯一伝統を維持したのが北部のグラハム伝統で、その影響のもとに南の隣人たちも三五〇〇年前ころにサケ漁に依存した季節的定住生活に移行した。それがロカルノビーチ文化であり、さらに南の隣人たちに広がった生活様式であった（World Archaeology 37(1): 46-65)。

動物遺存体を用いた動物考古学のほうからも新しい報告がある。縄文社会と対比する場合、もはや北米北西沿岸文化圏という大きなレベルでの言及は有効でないこと、今後の比較研究にはソーシャルシステムとエコシステムを両輪とする生活世界の変化をきめ細かく分析する必要があること、この二点を改めて認識した。

炭素・窒素同位体の構成比

古代人の骨コラーゲンの$\delta^{13}C$と$\delta^{15}N$の構成比から、摂取食物を復元する方法が注目されている。

南川雅男さんの分析研究によれば、北海道においては縄文時代前期から近世アイヌまで、一貫して海産物に大きく依存しており、タンパク質の五割は大型海産動物から摂取し、魚介類も合わせると八割のタンパク質を海産物に求めていた（『日本人の食性』）。試料は前期が伊達市北黄金貝塚、中期が函館市臼尻B遺跡、晩期が洞爺湖町高砂貝塚、続縄文時代が伊達市有珠《うす》貝塚、擦文《さつもん》時代が千歳市末広遺跡出土人骨、および近世アイヌ人骨である（次ページの図）。

新美倫子さんによれば、縄文人が獲って食した海獣類は鰭脚《ききやく》類（オットセイ・アシカ・トド・アザラシ類）とイルカ類に分けられる。イルカ類の骨は主に関東の貝塚や石川県能登半島にある真脇《まわき》遺跡から出ており、鰭脚類の骨は対照的に東北地方以北、とくに北海道の貝塚から出ている。鰭脚類が多く出た前期の遺跡は天寧《てがね》1遺跡（トド・オットセイなど）と、内浦湾沿岸の北黄金貝塚・コタン温泉遺跡（オットセイなど）の三遺跡に限られる。

一方、中期以降、とくに後・晩期の遺跡になると、日本海沿岸・津軽海峡沿岸・内浦湾沿岸・オホーツク海沿岸と道内各沿岸地域に分布する。出土個体数で狩猟陸獣を代表するシカと比較しても、内陸部の美沢《みさわ》4遺跡で半分程度である以外、すべての遺跡で七割以上であり、凌駕する遺

本州縄文人と北方先史人の利用食資源

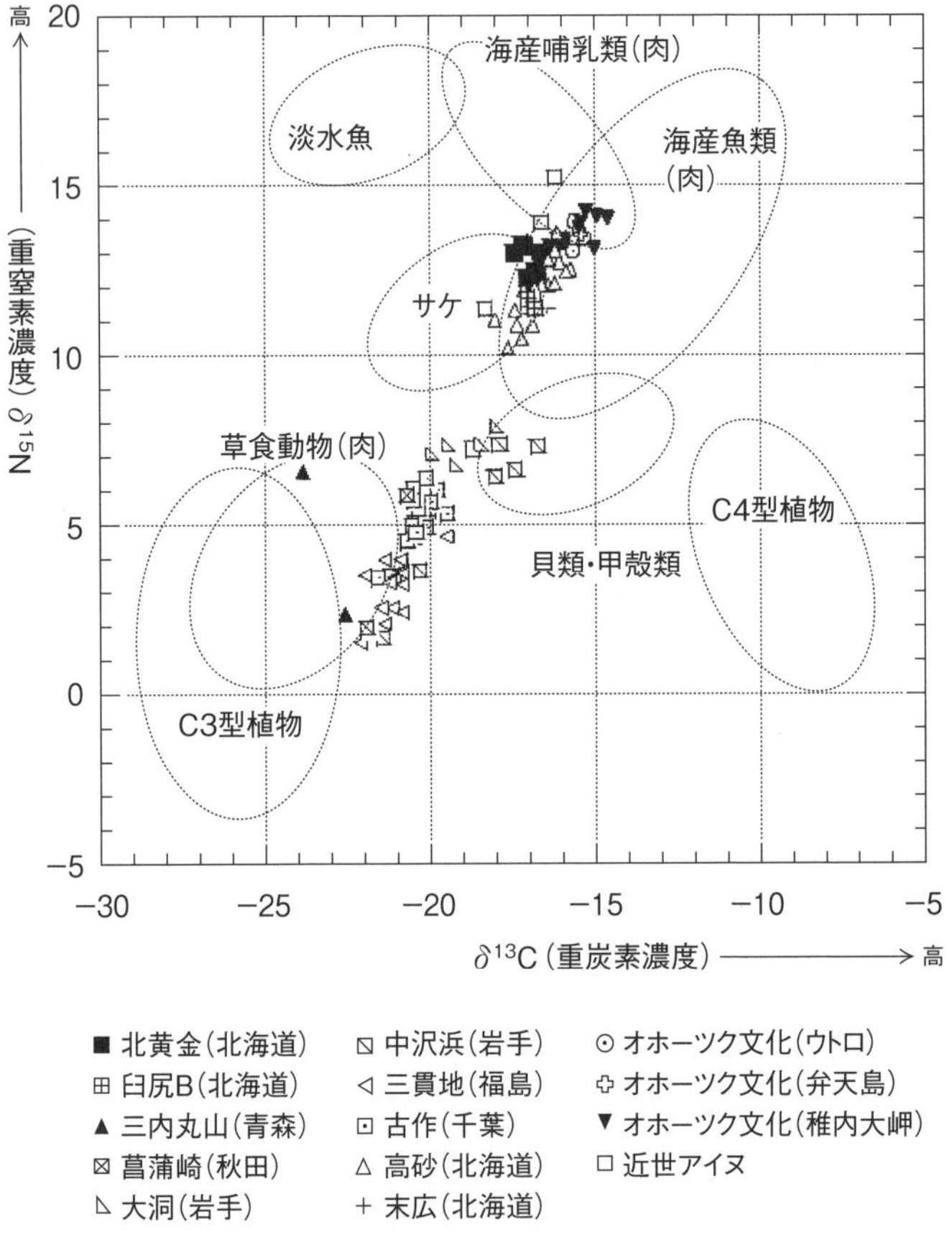

草食動物（シカ・イノシシなど）、C3植物（堅果類など）、貝類を食していた本州の縄文人と対照的に、北海道居住者は時期を問わず海獣・海産魚・サケを食していた。

跡が多い。

新美さんは「狩猟方法の技術レベル」と「主に捕獲対象となる海獣類の捕獲の難しさ」を基準にして、時期・遺跡ごとに海獣狩猟の難易度を推定している。順に、前期の美沢4遺跡・大曲《おおまがり》洞窟など→前期の北黄金貝塚→（以下中期後半～後期初頭の）コタン温泉遺跡・入江貝塚→茶津《ちゃつ》貝塚・寺町貝塚→戸井貝塚→朝日トコロ貝塚で、これは「技術的高度さの順位」に対応するとみている。

また、植物性食料の採集・加工といった要素をになうと仮定された磨石類の出土割合が高い遺跡が、前期には道南部から道東部にまで分布しているが、中期～後期初頭の遺跡では渡島《おしま》半島の南部に限られ、後期に北海道からなくなってしまうという。これは想定される「暖かさの指数70°C」のライン（堅果類の生産力：植生）の変化に一致しているとみなされる。

気候変動にともなう植物性食料の減産を補填《ほてん》するため、中期後半～後期初頭の段階に北海道沿岸部でほぼ全道的に海獣狩猟が重要な生業としての地位を確立した、という結論を導きだしている（『東京大学文学部考古学研究室研究紀要』第九号）。

函館市戸井貝塚

遺跡は渡島半島の南東部、津軽海峡に注ぐ熊別川から約二〇〇メートル、海岸からも約二〇〇メートル離れた標高約四・五～七メートル地点にある。下層から前期円筒下層式期の集落跡が検出され、上層が中期末から後期初頭の貝塚形成期の包含層である。

貝層の直下から、一〇×二〇センチ前後の円礫二〇〇個ほどが二・五×四メートルの範囲に密集する配石遺構が検出されていて、貝などの捨て場として使われる前は特異な場所であった。貝塚形成期の集落は貝塚の北側の未調査地区一帯に形成されていたものと考えられ、想定される集落空間の東側緩斜面に土器や石器の捨て場がある。

そこを下った低地の平坦面から人骨と思われる灰白色の糊状のものが残る土壙墓《どこうぼ》が五基検出されている。発掘区の東端、海岸よりの所で集石遺構三基が出ており、海岸近くで特定の活動が行われたことをうかがわせる。

貝塚は東北地方の大木《だいぎ》10式併行「煉瓦台式」のころに形成されはじめ、東北地方北部で十腰内《とこしない》式に先行する「牛ヶ沢(3)式」に併行する「余市式」系の「天佑寺式」と「涌元《わきもと》Ⅰ式」期に形成された。「涌元Ⅱ式土器」(沖附(2)式・弥栄平《やえいだいら》(2)式併行)も貝層上の黒色包含層から出ている。中期最終末～後期初頭の異系統土器の存在が社会的変動期を示唆している。

狩猟具に限ってみておくと、石鏃《せきぞく》九三三点（四五パーセント）、銛先鏃《もりさきぞく》四四点（三六パーセント）、石槍五一点（四〇パーセント）である。儀礼・祭祀に関連するいわゆる「第二の道具」としては「青竜刀形石器」が四九点出ており、熊別川対岸の浜町A遺跡出土の資料を合わせると、この狭い区域で六三点にもなる。

石器と同様に、あるいはそれ以上に骨角器が特徴的である。回転式銛頭《もりがしら》が三八点ある。北海道に伝統的な開窩《かいか》式で、なかでも銛先に石鏃を装置するタイプ四点は、かつて「船泊《ふなどまり》型」（262ページの写真参照）と呼ばれたもので、入江貝塚出土例とともに最古の例に属する。四四点出ている銛先鏃を装着する。儀礼・祭祀に関連すると考えられる「青竜刀形」「刀形」「剣形」の骨器二〇点と、「人形《ひとがた》」（「角偶《かくぐう》」）一点が出ており、石製品に対応している。

装身具の素材として用いられた貝殻のうち、イモガイ・タカラガイ・ベンケイガイ・イタボガキは付近の海に棲息していないので、本州からの交換品であるらしい。貝類が小さなムラサキインコとタマキビ類を主体として三八種が同定されている。魚類以外ではほかに、厚さ一〜二センチほどのウニ殻の層がかなり多くみられた。

魚類は二二種で、ニシン・イワシ類を筆頭に、カサゴ類・アイナメ類・ヒラメが多い。サメ類も比較的多くみられる。ほかに、カレイ・マグロ類・ブリ・サバ類・マダイも少なくない。サケ・マス類はとくに目立って存在するというわけではない。ムラサキインコと骨製「へら」のように、これらの動物の生態と出土した道具類から、漁法がある程度推定可能である。カサゴは春から秋にかけて行われた釣り漁とヤス漁の対象、アイナメは初夏から秋に、ヒラメは結合式釣針で、カレイは釣り漁とヤス漁で、サメは釣針と銛で、マグロは夏季の釣針漁か銛漁、といった具合である。

秋に産卵のため接岸するホッケが少ないのは、いまより水温が高かったためかもしれないし、冬季が産卵期のマダラが少ないことは、冬季の漁撈活動をあまり行っていなかったためかもしれない。動物考古学の視点から、西本豊弘さんが報告書中でこのような推測をしている。

陸獣ではエゾシカが圧倒的に多く、数をずっと減らしてキタキツネ・エゾヒグマ・イヌ・エゾオオカミ・エゾユキウサギ・ニホンカワウソ・タヌキが出ている。海獣ではオットセイに比重がかかっており、哺乳類全体の三二・二パーセントを占める。そのほか、ニッポンアシカ・アザラシ類・トド・イルカ類・クジラ類であった。

上記の最小個体数は、エゾシカでは上顎骨と下顎骨の出土量からの推計、その他の種はさらに全身の部位も用いて算定されている。関連する遺構・遺物として、Tピット（落とし穴）とV層中から出土した「舟形土製品」が重視される。

礼文島船泊遺跡

礼文《れぶん》島は北緯四五度一五分と三〇分の間、北海道本島の西方五九キロメートルにある東西七・九キロ、南北二九・八キロ、周囲約七二キロの本邦最北の離島である。日本海沿岸を北上した対馬海流が宗谷海峡を回りこんでいるので、冬季に流氷で閉ざされることがない。

船泊遺跡は、島の北部にU字状に開く船泊湾の沿岸に発達した船泊砂丘の西端部に立地している。その西五キロのところには、ほぼ同時期の浜中2遺跡もある。スコトン岬の先には、かつてのトドの繁殖地ないし休息地と伝えられるトド島がある。

発掘調査区から相互に重複し合う貼床《はりゆか》などをともなう生活面二四か所が検出された。そのうち、おおむね大小の二類がある住居跡が八か所で、2a号住居を最大（九×八メートル）として四～五メートルのものが一般的である。海獣類の肉の調理施設、毛皮や脂肪採取などの加工処理場など、作業場跡と解釈されたものが六か所、他が一〇か所である。

二四基検出された墓壙《ぼこう》は大部分が後期前葉のもので、一九基が発掘区西側に群在して墓域を形成していたようである。ほかにも土坑一九基、屋外炉八七基（地床炉《じしょうろ》二九、集石炉五八）、貝塚七か所が検出された。炉とりわけ集石炉の数の多いのが、作業場跡との関連で目を引く。

一九四九年の西側隣接地域の調査や一九八二年の調査の際に、東側約四五メートル離れた地

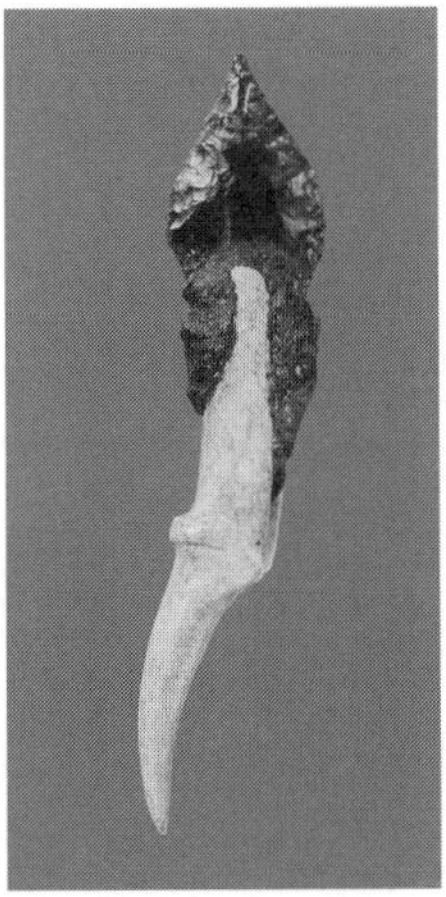

回転式銛頭　北方猟漁民を表象する道具で、石鏃を装塡した本例は海獣用である。

点から配石墓が出ていることから、集落規模ははるかに大きかったと推測される。出土した土器から、中期終末ころ（Ⅴ④層期）にこの土地の利用がはじまり、後期になって北海道本島からの移住民によって集落が形成され（Ⅴ層期）、後期中葉（Ⅲ下層期）にかけて海獣猟が活発化したようであるが、まもなくして（Ⅲ上層期）で集落としての居住は終わったようである。

組み合わせ式道具の系列でもっとも複雑で進歩した道具である銛《もり》、とりわけ回転式銛頭は環極北地域の北方狩猟民を象徴する道具である。環オホーツク海地域に分布したオホーツク文化を特徴づける文化要素でもある。「船泊型」銛頭の先端に鏃《やじり》を装塡する根《ね》挟《ばさ》み形のみが三六点出土し、実際に天然アスファルトで固定された鏃をつけたものも一点出ている（右の写真）。海獣骨・犬歯製で、鹿角を素材としたものはみられない。

船泊遺跡では、動物依存体はもっぱらニッポンアシカを主体として、中型クジラとイルカ・トド・オットセイ・ゴマフアザラシなどの海獣骨とアホウドリなどの海鳥に偏向している。陸獣はキツネとネズミがわずかに混じるだけである。魚類はニシン（八五パーセント）を主体にホッケ・ウグイ・カレイ・カサゴ・サケ・カジカにエイとサメが混じる。船泊の人びとは、海での生業、それも海獣猟に特殊化していた。

注目の遺物がメノウ製のドリルで、三万点ほど出ている。これらは主としてビノスガイ製平玉《ひらだま》の製作に使われた。その平玉も約一万七〇〇〇点を数える。包含層中から約一万七〇〇〇点、墓壙から四五六二点出土していること、周辺地域での分布状況からみて、これらは自家消費だけでなく、島外との交換品として半専業的に製作されようである。

作業場とされた7号跡は長軸八・五メートル、短軸七メートルの長楕円形で、三基の炉と打ち込みピットを持っている。床面から貝製平玉の未製品とともに、ハンマーと砥石《といし》が複数出土している。ビノスガイの集中四か所とメノウの砕片も出ている。

船泊上層式・手稲式土器が床面から出土した。黒潮の影響を受ける暖かい海域に棲息するタカラガイ製の装飾品が二点出ている。貝製装身具素材の宝庫であった房総半島からはるばる運ばれてきたものであろうか。北海道には棲息しないイノシシの犬歯が一点出ている。タカラガイ加工品とイノシシ上顎骨が伴出した千葉県西広貝塚57号住居跡例が参考となる。

同様に、新潟県姫川産のヒスイ製大珠《だいしゅ》二点もネットワークを示唆している。この種の威信財の

屋内の獣骨集積　私の最初の発掘は、北海道常呂でのオホーツク文化の竪穴住居跡であった。住居の一端に積み上げられたヒグマの頭骨が連想される。

遠隔流通には、渡辺仁のいう「退役狩猟者」のような一種のエリート層が関与していたと考えられる。そのほかにサメ歯製垂飾七点が注目される。

さらに注目されるのが、後期中葉の4号住居跡の北側壁際、床面で検出されたアシカ・オットセイ（またはアザラシ）・アホウドリの骨を集積した「配骨址《はいこつし》」である（上の写真）。動物儀礼を連想させる。

なお、前期東釧路Ⅴ式期の釧路市東釧路貝塚から、ネズミイルカの頭骨が放射状に並んで発見された先例がある。船泊遺跡の西五キロの地点にある浜中2遺跡でも同じく「送り場」を連想させる遺構が出ており、次のように報告されている。「注目すべきは、動物骨、一対の整然と置かれたトドの肩甲骨、アザラシの数体分の肩甲骨、数対のアホウドリのほぼ全身の骨格、サカナの全身骨格などから成り、スクレーパー、石鏃などが出土し、南海産のタカラガイ製品が発見された」(『筑波大学先史学・考古学研究』第九号)。

浜中2遺跡からは、エゾヒグマ・エゾオオカミ・キタキツネ・イヌの陸獣四種、キタオットセイ・ニッポンアシカ・トド・ゴマフアザラシの海獣四種の骨が検出されている。総破片数の九割が海獣類で、とりわけ絶滅種であるニッポンアシカが大量に出土し、三〇基を越す炉跡の周りで剥片とともに散乱状態で出ている。

幼獣・若獣・成獣(雄・雌)の構成比は、繁殖地の構成を反映しているといわれている。銛と銛先鏃がでていないので、陸上での大量捕殺が考えられる。この遺跡はおそらく狩猟キャンプと解体作業を兼ねた場所であったと思われる。

社会構造の変化

中期から後期にかけてみられた4.3 kaイベントにからむ冷涼化の影響は、北海道では決定的であったと考えられる。北海道においても温暖な時期に盛んに利用された堅果類など植物性食料の利用地域が南に後退し、少なくとも石狩低地帯以北では、ついには植物性食料に依存する生活の維持が困難になった。

　エゾシカなど陸棲の動物資源だけでは不足であったから、先の縄文海進期以来、生業の一部に組み込んできた漁撈、とくに沿岸での海獣類と内陸でのサケ漁の本格的な開発に乗りだすざるをえなくなった。沿岸部の住民は獲物が季節的に回遊してくるのを待つのではなく、積極的にその生息地域に打って出る姿勢に転換した。

　礼文島に渡って海獣類の狩猟を手がけた集団はしだいにそこに定住化し、海獣猟を生業とする北方猟漁民型生活世界を形成していった。この過程で海獣猟に高い能力をもつ男とそうでない男の間、および彼らの世帯間に、渡辺仁のいう「貴卑・富貧の差」が生じた。また、海獣猟に際してリーダーシップを発揮する男の威信はいやがうえにも高まった。

　階層化の契機を生態学的危機状況に求めるこの解釈は、J・E・アーノルドのモデル（American Antiquity 57(1):60-84）に啓発されたものである。北米カリフォルニアの先史狩猟採集漁撈民社会における階層化社会の出現は、海水温度の上昇にともなう海産資源の減少によって生じた、人口と資源の急激なアンバランスを契機とし、エリートの台頭と彼らによる労働管理を基盤としていたと言われる。

　船泊遺跡で二四基の墓壙が検出されている。埋葬姿勢が完全に判明した事例ではそのほとんど

礼文島船泊遺跡出土の墓壙と副葬品

墓壙	人骨	貝製平玉	ヒスイ	ベンガラ	配石・立石	その他副葬品
5号墓	熟年男性	741				
6号墓	熟年女性	616				鳥骨製管玉10
7号墓	熟年男性		大珠1			
8号墓	新生児	108				
9号墓	8歳前後	330				
10号墓	熟年女性	365		+	配石(11個)	貝製装飾品(タカラガイ2)
11号墓	壮年女性	539		+		石製管玉7
12号墓	熟年男性	318				
13号墓	熟年女性	144				鳥骨製管玉142
14号墓	新生児	29				
15号墓	壮年女性	375		+	人頭大石1個	貝製装飾品(マクラガイ7)、土器2?
16号墓	壮年女性	242				
17号墓	熟年男性					
18号墓	14歳前後					鳥骨製管玉23、貝製装飾品(ヒツスガイ2)
19号墓	熟年女性	261		+		鳥骨製管玉114
20号墓	新生児	2				
21号墓	3歳前後					
22号墓	新生児					
23号墓	老年女性	419	(蛇紋岩1)			
24号墓	熟年女性				立石+配石	完形土器2
25号墓	新生児	1				
26号墓	新生児	24				
27号墓	新生児		垂飾1			
28号墓	新生児	41	小玉1			

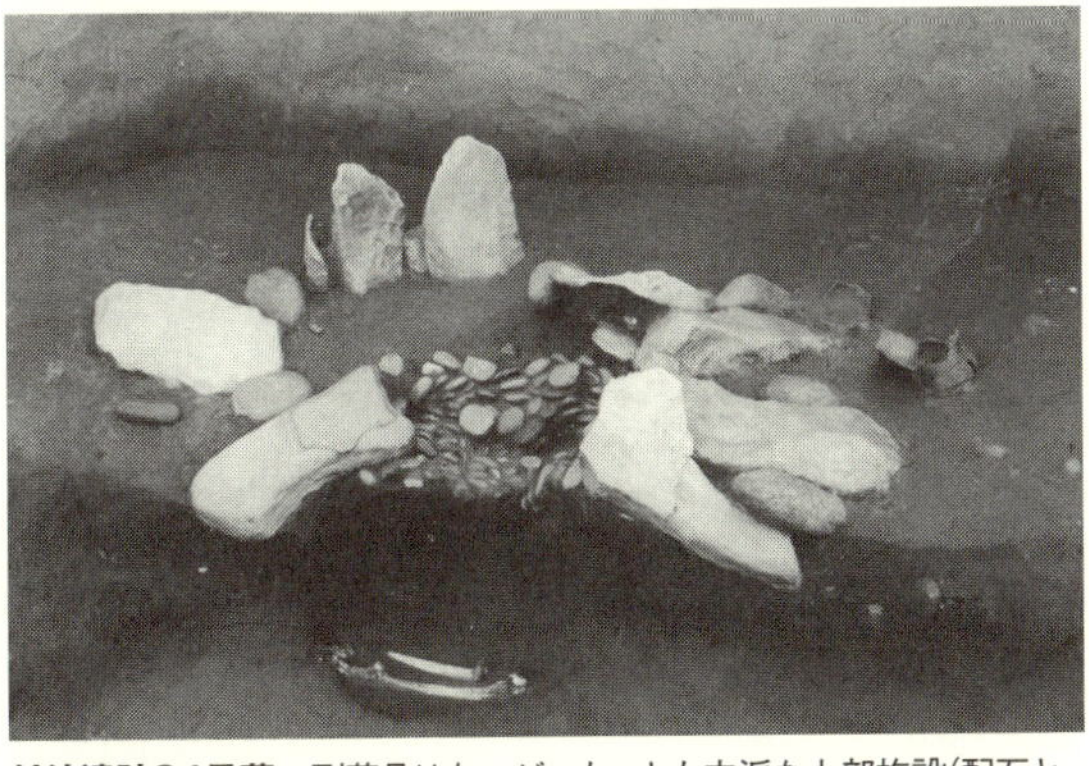

船泊遺跡24号墓　副葬品はないが、もっとも立派な上部施設(配石と立石)である。被葬者の熟年女性はどのような人なのか。

が左下側臥《そくが》で腰と膝を体部近くにつよく折った屈葬で、なんらかの規制があったことをうかがわせる。前ページの表は、墓壙の考古学的属性を報告書から抽出して作製したものである。埋葬に老若男女の社会的有意の差異は見いだされない。集落全体の公共の墓地だと思われる。

船泊遺跡7号墓　ヒスイの大珠を胸に飾る熟年男性は、リーダー的存在であったと考えられる。

10号と24号が配石土壙墓である。10号は上位に一一個の礫を集合させていて、ビノスガイ製平玉三六五個をともなう。24号は上位に大きな板石を立てめぐらし、内側に多数の小礫を集積している（前ページの写真）。

もっとも手の込んだ構築であるが、副葬品がともなわない。ビノスガイ製平玉にも老若男女の社会的有意の差異は見いだされず、差はその数の有無あるいは多少にある。5号墓の熟年男性にともなう七四一個がもっとも多い。6号墓の熟年女性も多くて六一六個を数え、さらに鳥骨製管玉一〇個もともなう。

13号墓と19号墓の熟年女性はそれぞれビノスガイ製平玉が一四四個と二六一個であるが、鳥骨製管玉《くだたま》を一四二

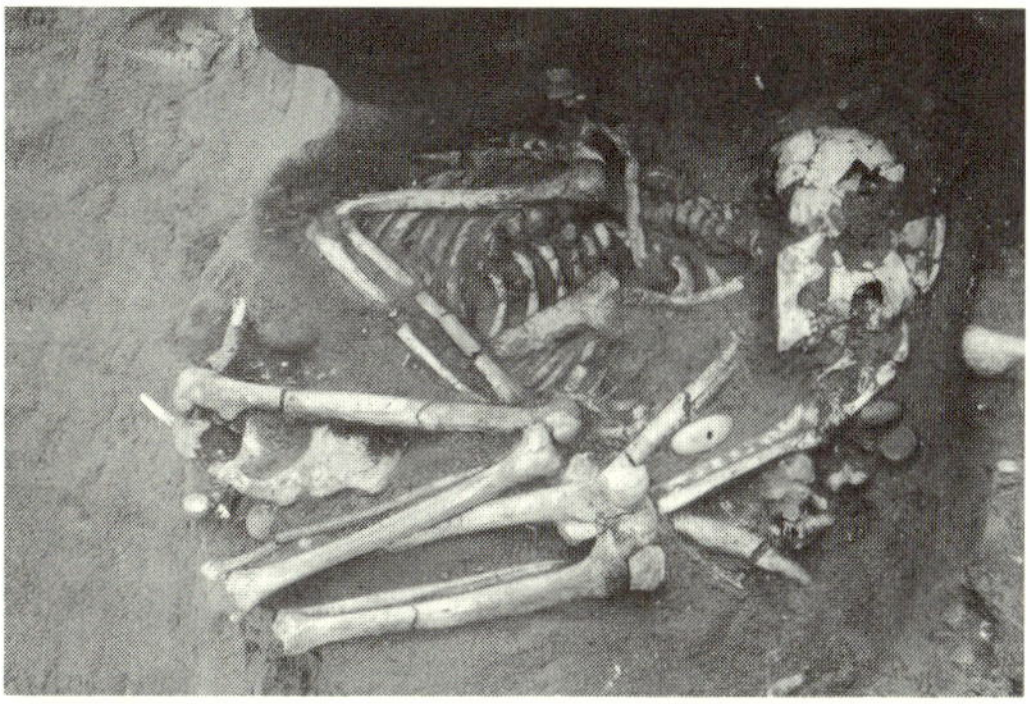

船泊遺跡23号墓　ヒスイ製大珠を模した蛇紋岩の大珠を有する老年女性は、シャーマンのような職掌であったと考えられる。

個と一一四個ともなっている。ビノスガイ製平玉（とその他の装飾品）は、富裕世帯と貧困世帯の指標とみることができる。他方、ヒスイは異なる社会的象徴、すなわち権威のシンボルとみることができる。7号墓の熟年男性はビノスガイ製平玉をともなってはいないが、ヒスイの大珠が副葬されている（右ページの写真）。先に述べてきたコンテクストにおいてみると、傑出した個人を思わせる。

四一九個のビノスガイ製平玉とともにヒスイの代替品である蛇紋岩《じやもんがん》製大珠を有する23号墓の老年女性も注目される（上の写真）。シャーマン的存在であったことが暗示されている。27号、28号墓の新生児にヒスイの垂飾と小玉が副葬されている点が、世襲に関係づけられるかどうかは確言できない。267ページの表には五つの属性を挙げているが、それらがすべてひとりに収斂することがない。階層化の傾向が認められるものの、世襲的首長制とは異なる社会構成である。

恩師の渡辺仁の「縄文式階層化社会」論は、北緯四〇度以北の環太平洋岸に居住した北方猟漁民をモデルとしたものである。縄文時代一般、とくに前・中期の社会に直接に適用はできない。そこで縄文時代の考古資料のなかに、北方猟漁民型生活世界を示唆するデータを探ってみた。結果は先に説明したとおりである。

多副葬墓

環状列石

環状列石形成の直前段階、中期終末の事例が北海道で見つかっていないので、津軽海峡を越えて北東北、岩手県花巻市（旧東和町）の安俵《あひょう》6区遺跡や清水屋敷Ⅱ遺跡、青森県平川市（旧平賀町）太師《たいし》森《もり》遺跡の系譜に連なるとみられている。

知内《しりうち》町湯の里5遺跡は、渡島《おしま》半島南端部の知内川の河岸段丘上に位置する。外環六・七×六・五メートル、竪穴《たてあな》状の壁際に配された内環二・八×二・五メートルの二重の円に構成されていて、竪穴の北東側に火を焚《た》いた跡が残る。湧元《わきもと》Ⅱ式（十《と》腰内《こしない》Ⅰ式相当）土器が出ている北海道最古の例である。

函館市石倉貝塚では、中央広場・内帯部・盛土からなる同心円状三重構造である。森町鷲ノ木遺跡は、内浦湾より約一キロ内陸の標高六七〜七三メートルの舌状段丘上に立地する。礫の長軸方向を連ねて配置した外環三六・九×三三・八メートルと、長軸を中心に向けて配置した礫の混じる内環三三・五×三二・五メートルの二重の列石に、四×二・五メートルの楕円形配石を中央に構築した北海道最大の環状列石である。その南約五メートルの地点に、竪穴《たてあな》墓域が形成されていた。一一・五×一〇・五メートルのほぼ円形の竪穴内には、楕円形で配石を有する円形の土壙墓（5号）を中心に径一～二・三メートル、深さ三〇～九〇センチの六基の土壙墓がめぐる。後期前葉の白坂3式期である。

後志《しりべし》地域の仁木町モンガクB遺跡で検出された配石遺構三基（SC01～03）の土壙墓が、同じような配置をみせる。

直径七メートルのSC01では中央の墓（SK09）を八基の土壙墓が取り囲み、南西に二〇メートル離れたSC02でも、中央の墓（SK23）を六基の土壙墓が取り囲んでいる。そのうちの一基から後期前葉の土器が、また中央に土壙墓がなく環状にめぐるSC03を構成する墓の一基（SK41）から後期中葉の土器と石鏃六点が、別の墓（SK43）から黒曜石《こくようせき》剝片と砕片が出土している。

鷲ノ木遺跡の東南一五〇メートルほどに位置する鷲ノ木4遺跡には、後期中葉ウサクマイC式～手稲式期の短期間に構築された石垣状および弧状の配石遺構がある。石垣状配石は約三七メートルで、斜面裾部を最大で一・一メートルほど掘削し平坦面を造成して構築されており、視覚的効果をもつ立体構造になっている。弧状配石は直径三四メートルほどの環状を呈すると推測されている。

北海道では、後期中葉（手稲式・ホッケマ式期）に後志地域を中心に環状列石が盛行した。忍《おし》路《よろ》環状列石（小樽市）は、径三三メートルに一〜三メートルの細長い板状の石が縦向きに立つように並べられ、内部に径四メートルの環状の配石がある。北側に集落跡の忍路土場《おしよろどば》遺跡がある。地鎮山《じちんやま》環状列石（小樽市）は、径一〇メートルの小さい円形で一メートル前後の細長い立石一二個がほぼ等間隔に配置されている。中央に浅い方形の土坑があり、その上面および底面に円礫が敷き詰められていた。

西崎山環状列石（余市町）は、五か所に大小さまざまな配石遺構が存在し、いくつかの群を構成している。2区Ⅰ群は中央の立石と放射状の礫群のある「日時計形」が特徴で、下部に土坑を有する。曽我北栄環状列石（ニセコ町）では、上面から覆土上部にかけて礫を敷き詰め立石で囲む径二メートル前後の配石遺構四基が弧状にあり、三基の土壙墓からヒスイ玉・垂飾が出ている。

音江《おとえ》環状列石（深川市）では、立てた礫が周囲にめぐり、その内側に積石《つみいし》のある配石墓七基から合計五二点のヒスイ玉が出土し、南側第11号ではヒスイ玉二三点、石鏃一三点、漆塗り弓が副葬されていた。

周堤墓

千歳市の北東に広がる石狩低地帯を北流するオルイカ川に流れ込む長さ二・一キロの小河川、キウス川右岸に標高四五メートルほどのキウス7遺跡、標高三〇メートル前後のキウス5遺跡、湿地帯に臨む標高五メートルのキウス4遺跡が並ぶ。

これらの遺跡を残した地域集団は、縄文時代中期から後期中葉にかけて標高二〇〜六〇メートルほどの所に集落を形成して、落とし穴（Tピット）や追い込み（柵列）でのシカ猟を行っていた。だが、冷涼化の進行にともない、シカなどが棲みやすい森林や草地が減少し、食料獲得が従来どおりにいかなくなった。そこでサケを大量かつ効率的に捕獲できるオルイカ川近くの湿地沿いに生産拠点を移したと考えられる。

彼らの生活世界は、キウス4遺跡とその北東三〇〇メートルほどのところにあるキウス周堤墓《しゅうていぼ》群に記録されていた（左図）。

周堤墓は円形の竪穴を掘り、その排土を周囲に盛り上げ、竪穴内に一〜二〇基ほどの土壙墓を配置した北海道独特の墓制で、後期後葉の堂林式から御殿山式土器期にかけて構築された。多くの場合、二基一対となっている。

もっとも規模の大きい千歳市キウス周堤墓2号は外径七五メートル、内径三二メートル、竪穴

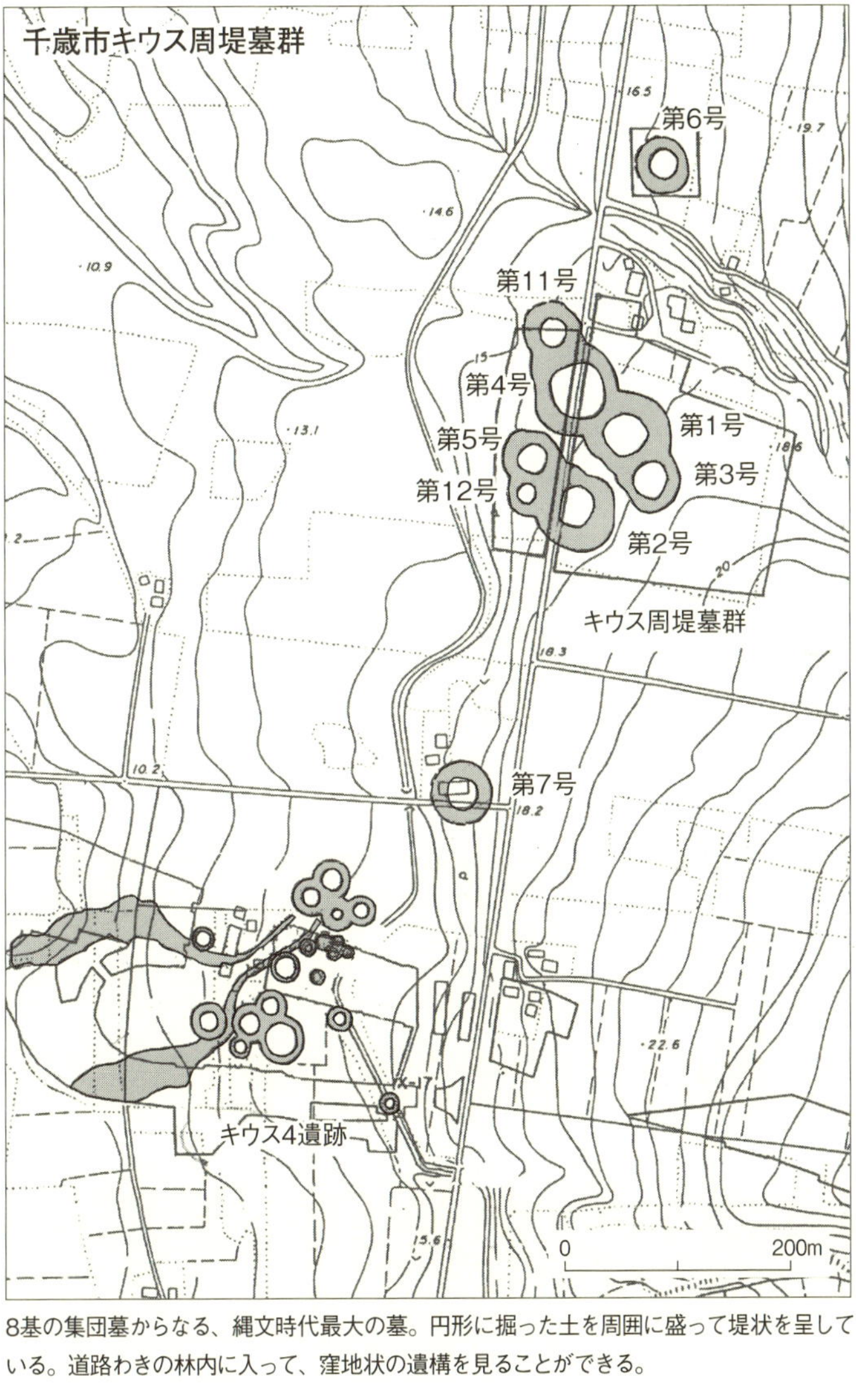

8基の集団墓からなる、縄文時代最大の墓。円形に掘った土を周囲に盛って堤状を呈している。道路わきの林内に入って、窪地状の遺構を見ることができる。

床面から周堤頂部までの高さが五・四メートルもある。石狩低地帯南部、河川に面した段丘上や丘陵裾《すそ》の低地に集中して分布し、近接した低地側に居住域が確認される。

藤原秀樹さんによれば、初現期の周堤墓は住居をモデルとして構築されたとみられ、しだいに規模が大型化し、掘り込みが深く周堤も明瞭となり、墓壙数が増加する傾向がある。大型化がピークに達した段階で終焉してしまう。

成立当初の周堤墓は、モデルとなった一住居内に住んでいたもの(世帯)の墓地であったが、複数の埋葬区のある複数世帯(集落)の墓地に変換していったとみられる。規模が大型化し、墓壙数のふえる堂林式後半期から副葬品をもつ墓壙の割合が増加する(一〇~三〇パーセント)。石鏃・剥片・石斧・石棒・ヒスイ玉などで、副葬品が二種類以上ある例はほとんどない。

三ッ谷式相当期以降になると割合が二〇パーセント以上になり、柏木B遺跡1号環状土籬《かんじょうどり》の四七パーセント、美沢1遺跡JX-3の七〇パーセントと非常に高いものもある。剥片石器などのほかに、礫石器・石斧《せきふ》原材・サメ歯、壙底面の土器が加わり、ヒスイ玉は小型化し連をなして多量に出土するようになる。また漆製品や供献品の土器も増加し、二種類以上の副葬例もふえる(「死と弔い」『縄文時代の考古学』9)。

美沢1遺跡では、集落の背後の斜面の鞍部に二基が対になって六基の周堤墓がある。JX-3と

周堤墓と副葬品（苫小牧市美沢1遺跡JX-3）

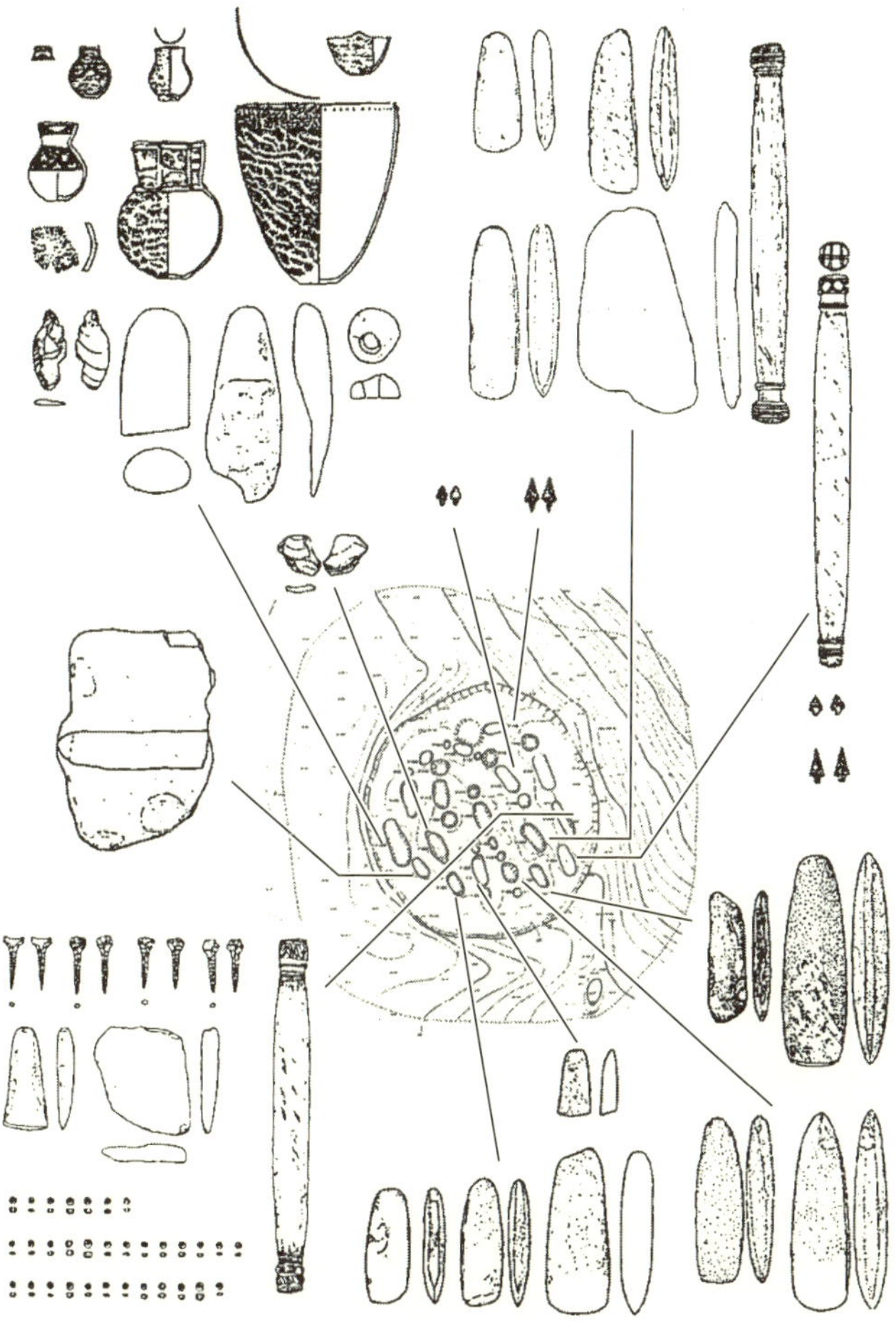

中央の墓を取り巻くように一七基の土壙墓が配されている。副葬品の内容が異なっていることから、林謙作は被葬者の職掌を読み取ろうとした。

名付けられた周堤墓は外径二六メートル、内径一三・二メートルで、竪穴の深さは二メートル、周堤の高さは〇・六五メートルである。一七基の土壙墓が見つかっており、副葬品には先行時期でなじみの土器・石鏃・石斧のほか、石棒やヒスイ玉などがみられる。

P－120は、長さ二メートル、幅〇・六五メートル、深さ一・一メートルで、底に厚くベンガラが撒《ま》かれ、中央に黒漆塗り弓、その上端にヒスイ玉三四個、胸の部位に磨製石斧と原石があり、弓の下端に並んで両頭の石棒が副葬されていた（前ページの図）。頭蓋骨が残っていた。JX－3周堤墓では二体合葬二例、JX－4周堤墓では二体合葬三例と三体合葬一例が確認された。

恵庭市カリンバ遺跡

三ツ谷式段階の柏木B遺跡の周堤墓につづけて、列状土壙墓群が登場した。御殿山式期になると「塊状土壙墓群」へと変化する過程で、恵庭市柏木B遺跡第436号墓（構造は周堤墓を連想させるが、合葬墓一基）例を移行期として、カリンバ遺跡型の合葬墓が成立する。

カリンバ遺跡は、旧カリンバ川の右岸、標高二五～二六・五メートルの低位段丘面に位置する。出土した注口土器・鉢形土器から、御殿山式期の墓域とみられる。平均的規模が一×〇・五メートル、深さ〇・五メートルで、円形の単葬墓と、調査報告書では七体以上（30号墓）、四体（118

大型土壙墓と墓壙内出土遺物（カリンバ遺跡）

土壙墓	覆土中							壙底面										
	土器	漆製品		玉	石棒	石器	礫	漆製品								玉	サメ歯	石器
		櫛	不明					櫛	腕輪	頭・額飾り	耳飾り	腕飾り	腰飾り	紐	ヘアーピン			
30		1		37	1	2		8	7							217		3
118	13		1	10	15	1	2		1								28	
119		1						13	6	4	2		1		3	111	1	
123	1					2		7	4	5	2	1	1	3		150	2	

副葬品に偏りがある。石棒とサメの歯は118号、額飾り・腰飾りは119号と123号で、被葬者の社会的地位あるいは職掌を示唆する。

号墓）、二体（119号墓）、五体（123号墓）が埋葬された大型合葬墓四基とで、総計三〇九基検出されている。漆塗り櫛・腕輪・頭飾り・耳飾りや、玉類・サメ歯などを装着していた（上の表、口絵写真」）。

遺体の埋葬時にただちに土で覆うのか、それともしばらくそのままの状態で置くか、棺などに入れて遺体の周辺に空間が生じているのか、この埋葬過程での遺体周辺が「充填環境」か「空隙環境」かによって、骨や副葬品・装着品の出土状態に違いが生じる。土壙墓の土層断面観察なども参照することで、「同時期死亡・同時期埋葬」か「再葬」か、あるいは「時差合葬」であるかの判定が可能である。

この方法で青野友哉さんが「時差合葬」を主張している。118号土壙墓（上面一・六五×一・五〇メートル、底面一・三四×一・二八メートル、深さ〇・九二メートルで平面円形）では、頭部を東側に向けた一体と西側に向けた三体とが、底面にベンガラを撒いた後に、死亡した順に両側から並べられ、最後の遺体が真ん中に置かれたときに墓が埋め戻された。

123号土壙墓（上面一・六五×一・五八メートル、底面一・四二×一・二四メートル、深さ〇・九一メートルで平面円形）では、頭部を東側に向けた一体と西側に向けた四体とが、底面にベンガラを撒いた後に、死亡した順に両側から並べられ、最後の遺体が真ん中に置かれたときに墓が埋め戻された。

30号土壙墓（上面二・四六×二・〇六メートル、底面二・一〇×二・〇メートル、深さ一・〇メートルで平面楕円形）では、ベンガラは底面と覆土中の二回撒かれている。頭部を南側に向けた二体、南西側に向けた一体、東側に向けた一体、そして方向が不明の二体をあわせて六体と判断されている。遺体の配置は先の二例ほど明確でないが、墓壙中央部に位置する一体（遺体B）と墓壙壁周辺に位置する五体に分けて考えられそうで、遺体Bが充填環境であることが最終的な埋め戻しによると説明している（『墓の社会的機能の考古学』）。

これに対して「調査の実情、調査の所見を揺るがす大きな過誤が含まれている」として、調査担当者の上野真一さんと、柏木B遺跡などの豊富な調査経験をもつ上野さんの師、木村英明さんが批判を加え、調査時の所見などから「同時期埋葬」を主張している。

批判の内容は、
①資料が玉類と漆製品の一部である櫛に限定されている点、
②遺体数が報告書と異なる点、
③まずもって覆土の状態から説かれるべき点、
④櫛や玉の遺存状態に及ぼす条件は即断できない点、
などであった。

漆製品や玉類をもつ墓壙は全体の一二パーセントと少ないことから、被葬者が集団内で特定の役割をになう存在であることが推測できる。櫛が納められている墓はわずか一六基で、その総数はあわせて五六点である。腕輪や頭・額飾り、胸飾り、腰飾りになるとほぼ大型土壙墓に限定されている。118号墓では中央付近の被葬者の腰の位置にサメ歯が並んでおり、腐朽しやすい布か皮製の帯に付けられた装飾用のサメ歯だとされる。

119号墓では南側の被葬者の腰の位置から漆塗りの帯一点が、一二三号墓からは中央付近の遺体の腰の位置から漆塗りの帯一点が出土していて、それぞれの合葬墓の中に一人だけ腰飾りの帯を巻いた「特別な人物」（女性のシャーマン）の存在が想定できるという（『考古学研究』第六〇巻第四号）。

墓壙底部に希少財をもつ数少ない墓や合葬墓には、墓壙上部に礫が集積し、礫と壺・浅鉢・注口土器などの土器がともなう。埋め戻しの最終段階に、祖先崇拝祭祀にともなう「供食儀礼」が行われたようである。

カリンバ遺跡における縄文後期末から晩期にかけての住居跡の検出数は墓の数にくらべると極端に少ない。具体的内容は明らかでないが、旧カリンバ川沿いに同時期の遺跡が複数存在している。北西側のいくつかの小河川あるいは支流沿いにも後・晩期の遺跡が群をなしている。カリンバ遺跡の四つの合葬墓の被葬者は、小河川を単位とする「村落（＝複数のムラ）」の代表者である可能性がある、と青野さんは言う。

石棒が30号墓から一点、118号墓から一五点出ている。85号墓と75号墓からも各一点と二点出ている。当該期の副葬品を特徴づけているのが石棒である。美沢1遺跡JX－3周堤墓では一七基中三基より、柏木B遺跡第一周堤墓では四三基中六基から出土している。頭部の頂部にアイヌ期の祖系を示す祖印（イトッパ）に似る独特の文様を施したものがあり、石棒（呪術具）が副葬された墓の被葬者は呪術師であったと、大谷敏三さんは推定している（『北の縄文人の祭儀場』）。

余市町大川遺跡

一九八九〜二〇〇五年までの調査で、縄文晩期から続縄文時代にかけて約一三〇〇基の墓が検出された。その五分の一程度が晩期の墓で、時期が明確なものは晩期前葉（大洞《おおほら》B〜BC式土器期相当）、中葉（大洞C2式期相当）が多く、後葉（大洞A式期相当）のものもある。その特徴的なありかたをみてみる。

楕円形や隅丸長方形が主体で、もっとも大型のひとつである五体合葬墓（GP－399）は長径約二・一メートルの火葬墓である。単独埋葬のGP－887は円形で二・六メートルあるが、二メートルを超えるものは稀で、おおむね一・五メートル内外である。円形のものには一メートルに満たないものもある。

石製玉類（小玉・勾玉・垂飾）の副葬された墓は七二基あり、蛇紋岩製が大半（二一八四点以上）で、ヒスイ玉は少ない（一〇七点）。コハク玉は一〇〇点以上あり、晩期終末の可能性が高い。石鏃の副葬された墓は五三基で、一〜五点ほどが遺体の傍らに置かれることが多い。漆製品の腕輪があると報告された墓は五基である。サメの歯は八基にあり、二体・四体合葬墓や火葬墓、木枠のある墓から出土することが注目される。二一五点（P－55）、二二二点（P－65）、一一九点（P－108）とおびただしい数量が遺体の偏った位置から散布された状態で出土している。

二体合葬（八基）、三体合葬（二基）、四体および五体合葬が各一基、計一二基の合葬墓がある。前葉の墓で注目されるのは四体合葬墓（GP－900）で、玉・土器・石鏃、頭部付近のサメ歯の副葬に加え、意図的に破損された石棒が土壙の内外に各一点あり、被葬者らの特別な存在がうかがわれる。三体合葬墓（GP－367）では蛇紋岩製の玉が連珠で検出され、遺体頭部付近に石鏃一五点と石斧《せきふ》九点があり、同時にサメの歯もある。

同じく三体合葬墓（GP－480）は中葉の火葬墓で、急ごしらえで製作されたとみられる一〇九五点もの石鏃が石斧五点、棒状原石二点、蛇紋岩製垂飾一点などとともに副葬されていた。このような副葬品のありかただけでなく、合葬と火葬が同時に行われていた意味は大きい。

木古内町札苅遺跡

函館市の西方四二キロメートル、津軽海峡に面した海岸段丘上にある札苅《さつかり》遺跡では、一九七一年から三年間の発掘調査によって、縄文時代晩期の大洞C2式期の土壙墓が六〇基検出され、五四基が完掘された。石鏃・玉・土器・サメの歯・石刀・石斧などの副葬品がみられる。石鏃とヒスイ製の玉は一緒に出土することはなく、特定の男女を示しているとみられる。

石鏃を副葬する墓は概して大型で、ほかの土壙墓にくらべて副葬品が多い。壙底部に副葬される例と砂利ブロックあるいは壙口部に副葬される例がある。石鏃が副葬されているのが一〇基で、内訳は41号墓五三点、77号墓と74号墓が各一〇点、88号墓と37号墓が各七点、8号墓・58号墓が二点、30号墓・63号墓・89号墓が各一点ずつで、多寡（厚葬・薄葬）がある（『札苅』）。

この遺跡の石鏃を分析した阿部朝衛さんは、41号墓の石鏃に同一岩がかなり認められること、母岩の違いで大きさやプロポーションが異なることから、製作に複数の人がかかわったとみている。なお、42号墓から黒色片岩製の石刀の完成品（全長三五・八センチ）が出ており、副葬者が注目される。

「持てる首長」

瀬川拓郎さんは、晩期以降に出現する遺跡内で隔絶した量の副葬品（とくに玉類）を出土する墓壙を「多副葬墓」と呼び、その被葬者を首長とした（『北海道考古学』第一九輯）。

晩期の多副葬墓は、おもに後葉の石狩低地帯から道北部・道東部にかけて分布し、副葬用に規格化された石鏃やコハク玉が多量に副葬されている。石鏃では、出土状態が不明だが、芽室町毛《け》根《ね》1遺跡で一二三二点がもっとも多い。剥片類では、幕別町札内N遺跡土壙188の一万一四三〇点、富良野市無頭《ずなし》川《がわ》遺跡Pit155の一万三八七点がもっとも多い。コハク玉では、晩期後葉から続縄紋初頭にかけての芦別市滝里安井遺跡P－22の三二三五点や滝里4遺跡P－5の三〇九三点がもっとも多い。

その後、瀬川さんは周堤墓《しゅうていぼ》の中央墓壙を首長の墓とし、後期後葉の副葬品で差異のない「持たない首長」から、千歳市美々3遺跡の大洞A式～A'式期とみなされたP－127土壙墓（頭骨の横で一〇×一二センチの範囲に一九〇点もの石鏃がまとまって出土）のように、晩期中葉に現われた大量の副葬品、とくに石鏃と削器のうち一方あるいは両方を大量に副葬する墓で表象される「供献される首長」を経て、続縄文時代の多種多量の多副葬墓で表象される「持てる首長」への変遷を指摘している（『アイヌの歴史─海と宝のノマド─』）。

終章

縄文から弥生へ

東北地方の弥生化

二八〇〇年前の冷涼化

ＡＭＳ法による放射性炭素年代測定の結果、弥生時代の始まりが定説より約五〇〇年早まることを二〇〇三年に国立歴史民俗博物館が発表した。

この新年代は弥生の開始が2.8 kaイベントとなんらかの関連を有していたことを示唆した。ちなみに、東日本では大洞《おおぼら》C2式・Ａ式期が相当する。

弥生時代の壺形土器の成立に縄文土器がかかわっていたという考えは、戦後の早くから幾人もの研究者が口にしていた。小林青樹さんによれば、西日本における縄文晩期終末の東日本縄文系土器の分布傾向を、晩期前半までは近畿地方あたりまで、晩期後半の大洞C2式になると動き全体が不活発になるが、大洞C2式でも新しい段階から大洞Ａ式になると、九州はおろか奄美地方にまで届くようになり、その後、大洞A2式に縮小をはじめ、大洞A'式には関東地方ぐらいまでしか届かなくなる（『縄文・弥生移行期の東日本系土器』）。

唐津市大江前遺跡出土の土器片に注目した小林さんと設楽博己さんにより、その後、高知県居《い》徳《とく》遺跡・福岡市雀居《ささい》遺跡・福岡市板付遺跡・佐賀市久保泉丸遺跡・熊本市江津湖《えづこ》遺跡などから、大洞A式土器の系譜をもつ文様が施された壺形土器の存在が報告された。設楽さんは気候の冷涼化にともなう朝鮮半島からの農耕文化の南下と、亀ヶ岡文化の南下西漸とがシンクロした文化変動を予測している（『縄文社会と弥生社会』）。

縄文系弥生文化

縄文時代晩期末からのつよい系統性を引く様式変化が、東北地方の弥生式土器にみられる。大洞A'式土器を祖型とし、その器形・装飾を基盤として変容を遂げた。

弥生時代前期には東北北部の岩木川流域に発達した砂沢式、馬淵川・新井田川流域の砂沢式相当土器型式、そして北上川・迫川流域の山王Ⅳ上層式、最上川下流域の生石《おいし》2式土器などが、亀ヶ岡式土器の技術・装飾手法・装飾意匠を基盤とし、西日本起源の前期弥生土器の技術・装飾体系を受容し複合している。各地の土器型式が基本的な斉一性を共有しつつ、それぞれの地域性を確立し、次の前期後半には地域性がより鮮明になる。この地方の弥生農耕社会の形成過程をつよく反映している。

設楽博己さんによると、弥生時代中期中ごろ以後の東北地方南部は大陸系弥生文化に当たるが、ほかは「縄文系弥生文化」である（『考古学研究』第四七巻第一号）。北部では弥生時代前期に砂沢式期、中期に二枚橋式期（古）、同（新）、宇鉄Ⅱ式期、田舎館《いなかだて》式期、そして後期に常磐式期と赤穴式期があてられる。

砂沢式期

砂沢遺跡出土の土器類を実際に手にとって観察すると、大洞式土器にくらべ軽快で明朗なスッキリとした感をおぼえる。大洞式土器をつくった人びとと砂沢式土器をつくった人びととの認識に変化が生じていたことが予測された。

大洞A'式土器を製作した人びとが母体となって砂沢式期は始まった。両時期にかけての特徴的な器種である浅鉢と高坏《たかつき》に描かれた変形工字文において、文様帯幅が広がること、その文様を描く沈線の幅が広いこと、口縁部突起が大きいこと、高坏の高台が高くなることなど、砂沢式には形状や文様が拡大する傾向がある。

この技法の違いは、製作者の考えかたの枠組みが変化していたことに由来する。砂沢式土器使用期に水稲耕作が開始されたと言われているが、大洞A'式期の人びとも水稲耕作が行えるような環境の土地に住んでいたから、水稲耕作の開始は大洞A'式期である可能性も考えられる。遠賀川《おんががわ》系土器である甕と壺の出現からみてみると、秋田県地蔵田B遺跡での「原型型」遠賀川系土器である大型壺に大洞系の鉢がかぶせてあった例や、剣吉荒町《けんよしあらまち》遺跡、青森県是川中居遺跡の例から、大洞A'式土器の最新段階に遠賀川系土器が製作されていたことが分かる。

型式学的特徴をみると、その最古のものも、その製作者はこれまで出土している西日本の遠賀川式土器を製作したことはない、しかしその製作技法は知っていた人物である。東北北部に移住した後に土器の製作を始めたので、遠賀川式土器の製作技法で大洞系の要素も加味した形態の土器を製作したのである。

次の世代、あるいはその製作を見た在地の人びとは、大洞系の技術が多い土器をつくった。つまり、飾るための浅鉢と高坏は主要なモチーフを継承しながら変化し（次ページの図）、通常の生活に用いる甕と壺はほとんど変化しなかったか、変化した場合でも、調整技法、器種の変化といった外からの影響による変化であった。

そして前者は男性が、後者は女性が製作したと仮定すると、この時期の変化の解釈には、渡辺仁の移行的形態としての女性農耕論が適用できる、と松本建速さんは言うのである（『北方の考古学』）。

同じテーマについて、林謙作は大阪府の池上遺跡（弥生時代）と青森県の砂沢遺跡・垂柳《たれやなぎ》遺跡の石器組成を比較して、後者には水田耕作のハードウェアだけが伝わりシステムは伝わっていなかった、と解釈した。「東日本―とくに東北・北海道の縄文のムラ社会では、寡種・多量の資源利用の結果として、協業・分業が発達していた。たとえひとつのムラの住民が稲作を取り入れようとしても、彼らの一存では決まらない。狩猟や漁撈のときに仲間を組むムラの了解も取りつけねばならない。ムラとムラのあいだ・ひとつのムラのなかで、分業・協業の網の目がこまかになればなるほど、新規の活動を組み込むことはむずかしくなる」「伝統的な生業とかち合うかどうか、それも稲作を受け入れるかどうか、判断の分かれ目になるだろう。稲作に人手がいるには、春と秋。…問題は秋。秋は女子はどんぐり類の採集と処理、男は狩猟や漁撈に忙しい。春は端境期を乗りきれるかどうか、秋の収穫にかかっている。稲作で

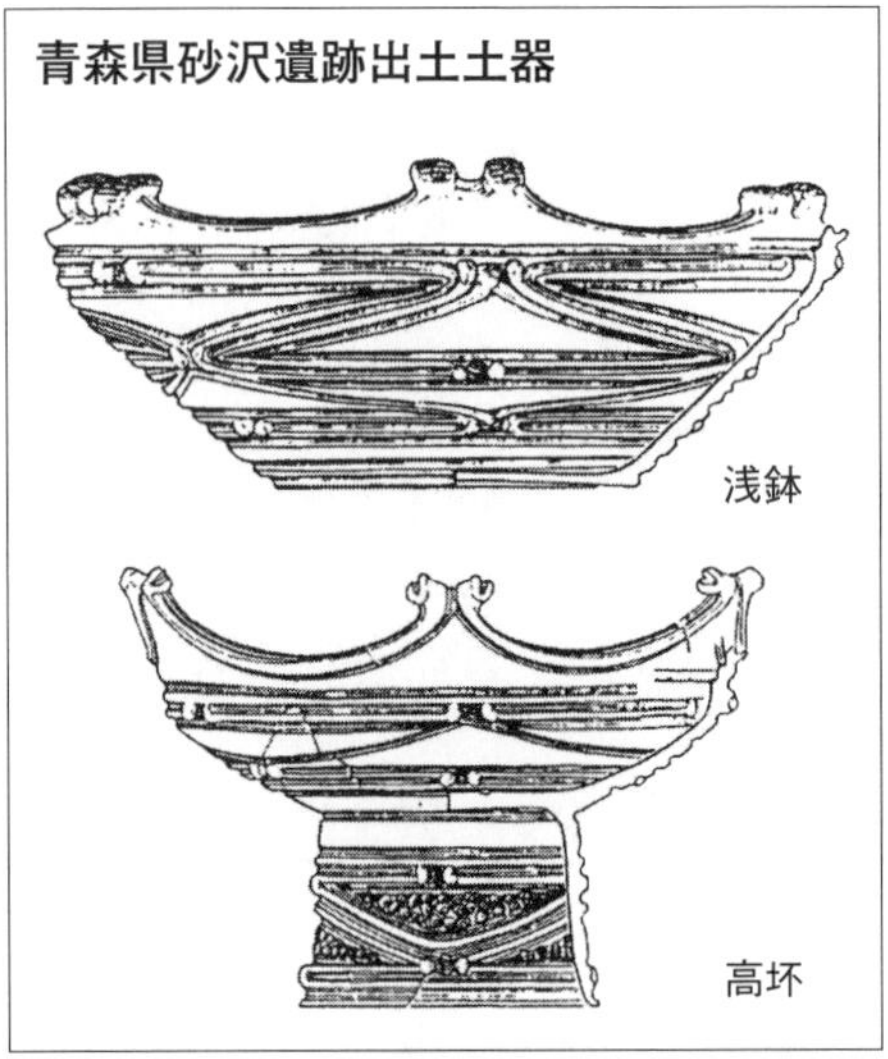

砂沢式土器　大洞×式土器の文様(変形工字文)と形態を継承しながらも、過剰デザイン化している。

も事情はおなじだ」、そして「東北・北海道の住民は、たとえ稲作を積極的に拒否するつもりはなくとも、稲作に人手を割くだけの余裕はなかっただろう」「一年を通した人々での配分という面から考えると、たまたま人手に余裕のあるムラの住民（の一部）が片手間に稲作をやる。こういった場合もありそうなことに思えてくる」というのである。

要するに、男の狩猟制がきびしく、退役狩猟者（エリート）が支配的な津軽海峡をはさんだ両地域の大洞式期の社会では、農耕化（農耕システムの伝播ないし借用）への抵抗がつよく、農耕採用の第一段階（弥生前期）は女性農耕への変化にとどまり、縄文社会から弥生社会への構造的変化にはいたらなかったのである。

松本さんは浅鉢と高杯の文様器形の変化を「小から大へという傾向を持つ」として、文様モチーフを意識的に拡大し、自分たちの文化のもっとも大切な部分を継承し、拡大したのではなかろうか、と想定している。ここに私も社会的な緊張時に現れる「過剰デザイン」の例をみるのである。

石鏃多副葬

青森県では、弥生時代に入っても、三厩村宇鉄遺跡・弘前市宇田野2遺跡・八戸市風張1遺跡・むつ市板子塚遺跡・碇ヶ関大面遺跡・田舎館村垂柳遺跡・脇野沢村瀬野遺跡などの土壙墓から石鏃が出ている。

外ヶ浜町宇鉄遺跡

宇鉄遺跡は、津軽半島先端の竜飛岬から六キロほど南東の海岸段丘にある。一九九三・九四年の調査では、大洞C1式〜A式期の土壙墓二〇基と埋設土器二基が検出されているが、遺跡は三五六点（報告書「まとめ」の文章中では三七五点）の佐渡の猿八産の碧玉製管玉《くだだま》を副葬した「田舎館式」土器期の墓で知られる。

一九基の土壙墓と二基の甕棺墓《かめかんぼ》が検出されたが、「恵山AB式」期の二四号墓にはカップ形土器のクマ意匠を有する把手《とって》や土器、石銛《いしもり》一点、石錐《せきすい》一点、掻器《そうき》一点、靴形石器一点とともに、石鏃三点（うち一点は「アメリカ型」）が副葬されていた。

なお、宇鉄遺跡では一九八七年の発掘調査の際にも検出された二基の土壙墓のうち、2号墓から弥生時代中期前半の「宇鉄Ⅱ式」壺形土器や管玉などとともに、石銛が六点出た。ほかに靴形石器と石製ナイフなども出ている。

北海道南部の恵山式期には、鹿角銛頭《もりがしら》に装着されたままの石銛の出土例があり、福田友之さんは宇鉄遺跡の例も同様の装着法であったことを論証している。そして、「弥生・続縄文期においても津軽海峡をめぐる人々の交流は引きつづき行われているが、この主体者は、海峡を漁猟などで主な生業の場としていた人々であり、民族学・歴史学で言う『海民』的な人たちではなかったか」と想定している（『青森県埋蔵文化財センター研究紀要』第一〇号）。

弘前市宇田野2遺跡

さらに弘前市宇田野2遺跡でも、石鏃を多数副葬した墓が見つかった。遺跡は岩木山山頂から約一〇キロ北東方向、大石川と岩木川の合流地点の西約二キロの中位段丘上、標高約三〇〜四〇メートルにある。北二キロに砂沢遺跡がある。縄文時代中期円筒上層c式期の竪穴住居跡一軒と、土坑一基が検出されているが、遺構の本体は墓域の一部から出た弥生時代の土壙墓五基である。遺構外出土の土器のほとんどが砂沢式土器であるため、当該期の墓だとみられる。

そのうち第一土壙墓に二八点の石鏃が副葬されていた。墓壙の上面が削平されていたので、数量はさらに多かったと報告されている。頁岩《けつがん》製石鏃が一般的であるこの遺跡で、副葬品は二三点が黒曜石製である。

黒曜石原産地は、測定点数二〇点のうち判別点数が一九点あって、北海道赤井川系七点、十勝上士幌・美蔓A系六点、白滝赤石山系と置戸所山《おけとところやま》系が各三点ずつであった（175ページの図参照）。

北海道とのつよいつながりを示唆している。

むつ市板子塚遺跡

一九九三年に発掘調査されたむつ市板子塚遺跡は、弥生時代中期（須藤隆さんのいう弥生四～五期）の墓域である。

五五基の遺構のうち九基が土壙墓とされている（土坑と分類された四〇基中にも当然墓があるだろう。埋土から石鏃が一点出ているものが二基ある）。そのうちの七基に石鏃の副葬がみられた。1号墓一二点、2号墓四六点、4号墓一四点と石銛一点、5号墓二七点、7号墓六点、8号墓一三四点、9号墓一三点（張り出し部のような小土坑にさらに一点）である。点数で突出している8号墓はその他の面でも特別である。

とくに注意しておきたいことは、四点の黒曜石製石鏃とその他の灰白色珪質頁岩製石鏃との黒白の色彩対照である。調査者の木村高さんの分析によれば、

①石鏃が長い、

②石鏃の形態が多数（ある程度多数の会葬者が各々石鏃を持ち寄ったか、石鏃の製作者が複数存在した）、

③四点の黒曜石製石鏃、
④石鏃の尖頭部がもっとも鋭く、
⑤もっとも大型の墓標をともない、
⑥ヒスイ製勾玉、
⑦環状赤色顔料、
などの特徴がある（『青森県考古学』第一〇号）。木村さんは8号の被葬者が司祭者あるいは首長のような村の最有力者である可能性を指摘している。ほかの土壙墓は8号を取り囲むような形で集中している。

弥生時代にはいってはいるが、この村にはエリート（退役狩猟者）たちの存在、つまり縄文社会が存続していた。1号土壙墓からもコハク製の玉が出ており、8号の被葬者と同様にほかの被葬者よりも上位の地位にあると木村さんはみている。また8号以外にも1号、6号、9号から黒曜石製剥片が出ており、木村さんは一点の黒曜石製剥片を副葬することに重要な意味があったものと考え、黒曜石に対する執着もうかがえるという。ここでも黒い光沢という色のシンボリズムがうかがえる。

アイヌ史の黎明

続縄文文化

水田稲作農耕が津軽海峡を越えることがなかったため、北海道では猟漁採集を主生業とする縄文文化の伝統が継承された。続縄文時代と呼んでいる。

土器型式から四つの地域文化が設定されている。すなわち、余市町と室蘭市を結ぶラインから南西部の恵山文化、石狩低地帯を中心とした道央部の江別太《えべつぶと》・後北《こうほく》文化、道東部太平洋側の興津・下田ノ沢文化、道東部オホーツク海側および道北部の宇津内文化である。道南西部に分布する恵山式土器は東北地方北部の二枚橋式土器の波及を契機に成立したと考えられ、恵山Ⅰ式〜恵山Ⅳ式の四型式期（二枚橋式新・宇鉄Ⅱ式・田舎館式・常磐式に併行）に分類される。

恵山文化

青野友哉さんは、墓に副葬されるコハク製平玉と碧玉製管玉《くだだま》の分布の違いから、前半期の社会は縄文時代と同様に道央部を境に東西に大きく二分されるとみている。

縄文時代晩期にわずかながら出土していたコハク玉は、この時期に道東北部から道央部、およびサハリン南部で盛んに用いられ、後北C1式期に姿を消した。他方、弥生時代前期末・中期初頭に佐渡島でも製作されるようになり、二枚橋式期の東北北部でも利用されはじめた碧玉管玉は、東北地方弥生文化圏と道南西部の恵山文化圏に多く分布している。両者は道央部で分布が重なるが、その重なった部分の遺跡ではコハク玉を副葬された墓と碧玉管玉を副葬された墓ははっきり区別され、両方がひとつの墓に入れられた例はほとんどない（『北海道考古学』第三五輯）。

縄文時代晩期にくらべて、海岸部の遺跡数とくに貝塚が増加し、函館市恵山貝塚や伊達市有珠《うす》モシリ遺跡出土遺物に代表される骨角製漁撈具の豊富さから、海洋漁撈が盛んになったと考えられる。土偶や石棒が姿を消す一方で、クマやクジラを彫刻した匙《さじ》形製品、動物儀礼を示唆する遺構、錘《おもり》を兼ねた複合式釣針の軸部と考えられる魚形石器や「恵山型」銛頭《もりがしら》など特徴的な文化要素が多い。

内浦湾（噴火湾）周辺で海獣狩猟と漁撈への依存度が高かった点は、南川雅男さんによる有珠モシリ遺跡出土人骨の分析で、人骨が摂取したタンパク質の割合はC3植物約三パーセント、C4植物約一七パーセント、陸獣肉類約三パーセント、魚貝類約三五パーセント、海生大型動物約四二パーセントという結果に出ている（『日本人の食性』）。

縄文人に学ぶ

縄文時代草創期は、更新世末期の気候がはげしく移り変わった時期である。旧石器時代から縄文時代へと移行する時期で、遊動と定住の居住形態も一定しなかった。長期に集落を形成する安定した定住生活、いわゆる縄文時代の生活世界の出現は、新ドリアス期相当の寒冷気候から回復し、急激な温暖化が始まった一万一〇〇〇年前（完新世）にはじまる早期以降のことである。

縄文人は、早期以降にも少なくとも四回、気候の冷涼化（ボンド・イベント）による植物性食料の減産と社会の危機を経験した。そのつど、居住地の移動や生業の転換など可能な限りの対応をとった。この危機をイノベーションで乗り切った集団は、次の新しい文化・社会の先駆けとなった。考古学の現象としては、従来の土器の大別による画期から、細別型式にして二〜三型式遡った時期に、変化の兆候が認められる。

縄文人が体験した生活世界を、彼らが目にした景観として考えてみる。早期から前期にかけては海進により、また中期末から後・晩期にかけては海退により、海辺の景観に親しんでいた。前期と中期では、落葉広葉樹林が育む食料資源から、山辺の景観に馴染んでいた。また冷涼な後・晩期には低地の川辺の景観を身近に感じていただろう。

新潟県三面ダムと秋田県森吉ダムで沈んだ地域に共通してみられるのは、旧石器時代と縄文草創期・早期には、短期の活動痕跡が残されているが、集落形成はみられない。前期にいたって集落が現れるのである。これは8.2 kaイベントにともなって形成された低位段丘面に、居住地が確保できるようになったからだと考えられる。中期から晩期にかけて集落遺跡が残されているが、晩期後葉には集落は姿を消す。そしてふたたび集落が形成されるのは、近世のいわゆる「マタギ集落」である。それも現代のダム建設によって移住を余儀なくされ、集落は水没してしまった。

私たちは現代社会の未来に漠然とした不安をおぼえはじめている。地球温暖化対策として国策となっていた、原子力発電による巨大エネルギーの獲得は、二〇一一年三月一一日の東日本大震災で頓挫《とんざ》した。国民はそう認識したはずである。それではどうするか。縄文人の知恵に学ぶことはないのか。私にとっての新しい課題である。

おわりに

両親は福島県安達郡の出身で、旧満州から引き揚げてきてから、小学校に入るまでの幼年期を母の実家で過ごした。高村光太郎の妻、智恵子の実家近くである。しかし、故郷という実感はない。また、考古学研究においても、山形県の大立洞窟や弓張平《ゆみはりだいら》遺跡、岩手県の早坂平《はやさかだい》遺跡の発掘調査に関わったり、岩手県沢内村でマタギ資料にまつわる民俗考古学の調査を行ったり、東北地方との縁が薄いわけではなかった。しかし、とくに東北を意識したことはほとんどなかった。

私たちの世代（当時の若者）にとっては、守屋浩「僕は泣いちっち」や井沢八郎「あゝ上野駅」、少し新しくなって吉幾三「俺は田舎のプレスリー」に歌われているように、東北（田舎）は、あこがれの東京に向かって、脱出すべき場所だったのである。中島丈博さんの自伝的脚本を映画化した黒木和雄監督の『祭りの準備』に、そうした心情と行動が余すところなく描かれている。

転機は、山形市にある大学への赴任であった。東北文化研究センターには、当時、「東北学」を提唱していた館長の赤坂憲雄さん、平泉藤原氏をめぐる東北中世史家の入間田宣夫《いるまだのぶお》さん、阿仁・三面・秋山郷のマタギを研究する田口洋美さん、および民俗・歴史・考古の三分野にかかわる若い研究者たちが集っていて、経験したことのない「学融合」の場に居合わせることとなった。講義を受ける学生も、山形・宮城両県を主体に、東北各県にまたがっており、地元の考古・歴史・民俗遺産にはことのほか敏感に反応する。

センターが取り組んでいる研究テーマは、「限界集落」や駅前の「シャッター通り」が象徴する現状（東北の衰退）を踏まえ、地域の再生にどうかかわっていくか、という点を要にしている。私がとくに関係しているのは、東北のこれからの〝集落〟のありかたを追究する前提としての、「東北一万年の集落」研究、とくに縄文時代の集落研究である。

南三陸海岸から仙台湾にかけての地域には、大船渡湾の大洞貝塚、広田湾の門前貝塚や中沢浜貝塚、気仙沼湾の田柄貝塚、仙台湾の里浜貝塚・西の浜貝塚・大木囲貝塚など、縄文時代の著名な貝塚が多く点在する。お気づきのように、東日本大震災時の大津波で壊滅的な被害をこうむった地域である。

貝塚は一般に高台に位置するため、津波は到達しなかった。縄文人の知恵、という人もいる。だが、貝塚出土の考古資料を収蔵・展示する資料館・博物館は、人の住む町中にあるものが被害をまぬがれられなかった。「奇跡の一本松」の陸前高田市では、市立博物館の職員六名全員が帰らぬ人となってしまった。それ以前に、門前貝塚や中沢浜貝塚を見て回った後に、出土資料の見学で訪れていた博物館である。それだけにニュースを知ったときは言葉がなかった。悲しいかな、たしか嘱託だという年配者の方の顔がおぼろげに浮かぶだけで、若い方のイメージは消えてしまっている。

田柄貝塚は気仙沼湾奥、現在の海岸から四キロほど内陸にある。丸木舟で川を下って海に出ていた縄文人に思いを馳せながら、河口から川の流域沿いに遺跡まで歩いたことがあった。また、湾に浮かぶ大島に家族で泊まったこともある。こうした思い出をもつ気仙沼市とその周辺地域を、被災後しばらくしてからセンターの同僚たちと見て回った。その光景はしっかりと記憶に刻みこんでいる。

被災した街を訪れることも、復興に励む人びとの励みとなる、そんな声に後押しされて、妻と石巻を訪れた。駅近くで食事をし、プレハブ作りの観光土産店で、友人・知人宛に地産品を送った。日和山から津波の爪痕の生々しい市街を見下ろして、帰路についた。途中、男女高校生たちが細い路地道に入っていくのを目撃した。駅までの近道だな、と見当をつけて後について歩いた。道半ば、古い映画館とおぼしき建物の裏手に出た。

止める妻を振り切り、いかにも汚い路地に踏み込んだところ、壁一面に剝がれかかった（日活）ロマンポルノのポスターが目に飛び込んできた。締め切られた入口に目を凝らすと、「上映中」の張り紙である。耳を澄ませば、奥で音楽もなっているようすだ。その瞬間の気持ちは今もってうまく表現できない。でも、あの状況下でポルノ映画を上映し、それを見ている人がいたのだ（人間万歳）。言うまでもなく、ポスターの前で写真を撮ってもらいました。

三陸鉄道の全線開通のニュースが流れた。退職後の時間はたっぷりとある。まずは三陸海岸に行こう。

ちなみに、敬文舎を立ち上げた柳町敬直さんは、東大駒場以来の友人である。教室で同席することはほとんどなかったが、「旅行研究会」の部活でご一緒し、とにかくよく飲み遊んだ。小学館のころは、私の書くものに無関心で、出版を懇願するもにべもない返事だった。今回ようやく声がかかり、執筆後から校了までの厳格な校正作業を体験させてもらった。本著が「良書」となり得たら、柳町さんの力が与るところ大である。

二〇一五年四月　古稀を俟つ好日

安斎正人

2002
・山田康弘『人骨出土例からみた縄文時代の墓制と社会』同成社、2008
・山本暉久『敷石住居址の研究』六一書房、2002
・山本暉久『柄鏡形（敷石）住居と縄文社会』六一書房、2010

第八章

・青野友哉『墓の社会的機能の考古学』同成社、2013
・野村崇・宇田川洋『旧石器・縄文文化』(新北海道の古代１)、北海道新聞社、2001
・南川雅男『日本人の食性』敬文舎、2014
・林謙作『縄文社会の考古学』同成社、2001
・渡辺仁『縄文式階層化社会』六興出版、1990

終章

・宇田川洋『アイヌ考古学研究・序論─「アイヌ考古学」の民族考古学的方法論による学問体系の確立を目指して─』北海道出版企画センター、2001
・設楽博巳『縄文社会と弥生社会』敬文舎、2014
・瀬川拓郎『アイヌ・エコシステムの考古学』北海道出版企画センター、2005
・野村崇・宇田川洋『続縄文・オホーツク文化』(新北海道の古代２)、北海道新聞社、2003
・松本直子『認知考古学の理論と実践的研究─縄文から弥生への社会・文化変化のプロセス─』九州大学出版会、2000

写真提供・協力

口絵　恵庭市郷土資料館

本文
P.43(左・右)　浅間縄文ミュージアム
P.52(上・下)　東北大学大学院文学研究科考古学研究室
P.63(上・下)　浅間縄文ミュージアム
P.71　新潟県長岡市教育委員会
P.88　鹿児島県立埋蔵文化財センター
P.101　北海道立埋蔵文化財センター
P.107　鹿児島県立埋蔵文化財センター
P.109　佐賀市教育委員会
P.134(左)　青森県教育庁文化財保護課
P.134(中)　秋田県埋蔵文化財センター
P.134(右)　岩手県文化振興事業団埋蔵文化財センター
P.142　群馬県教育委員会
P.147　秋田県埋蔵文化財センター
P.175　安中市教育委員会
P.176　安中市教育委員会
P.179　糸魚川市役所交流観光課
P.193　韮崎市教育委員会
P.195　渋川市教育委員会
P.196　十日町市博物館
P.200(左)　船橋市飛ノ台史跡公園博物館
P.200(右)　三重県埋蔵文化財センター
P.201(左・右)　岩手県文化振興事業団埋蔵文化財センター
P.203　青森県教育庁文化財保護課
P.205(上左)　大阪歴史博物館
P.205(上右)　埼玉県立さきたま史跡の博物館
P.205(下左)　福島県教育委員会
P.205(下右)　福島市教育委員会
P.211　茅野市尖石縄文考古館
P.213　函館市
P.214　八戸市埋蔵文化財センター是川縄文館
P.216　山形県立博物館
P.217　茅野市尖石縄文考古館
P.230　山梨県立考古博物館
P.233　国立市教育委員会
P.237　取手市教育委員会
P.243(上・下)　青森市教育委員会
P.262　礼文町教育委員会
P.264　礼文町教育委員会
P.267　礼文町教育委員会
P.268　礼文町教育委員会
P.269　礼文町教育委員会

第三章

・岡本東三『縄紋文化起源論序説』六一書房、2012
・小川岳人『縄文時代の生業と集落―古東京湾沿岸の社会―』ミュゼ、2001
・関東・東北前方後円墳研究会編『縄文海進の考古学―早期末葉・埼玉県打越遺跡とその時代―』六一書房、2010
・新東晃一『南九州に栄えた縄文文化　上野原遺跡』新泉社、2006
・原田昌幸『撚糸文系土器様式』ニュー・サイエンス社、2000
・藤本英二『信州の縄文早期の世界―栃原岩陰遺跡―』新泉社、2011
・松島義章『貝が語る縄文海進』有隣堂、2012

第四章

・今村啓爾『土器から見る縄文人の生態』同成社、2010
・岩手県立博物館編『縄文北緯40°―前・中期の東北―』第54回企画展図録、2005
・辻誠一郎・能城修一編『三内丸山遺跡の生態系史』植生史研究特別第二号、日本植生史学会、2006
・村越潔『円筒土器文化』雄山閣、1974

第五章

・朝日新聞社『三内丸山遺跡と北の縄文世界』（アサヒグラフ別冊）、1997
・鵜飼幸雄『国宝「縄文ビーナス」の誕生　棚畑遺跡』新泉社、2010
・国立歴史民俗博物館（工藤雄一郎）編『ここまでわかった！縄文人の植物利用』新泉社、2013
・鈴木保彦『縄文集落の研究』雄山閣、2006
・大工原豊『縄文石器研究序説』六一書房、2008
・谷口康浩『環状集落と縄文社会構造』学生社、2005
・勅使河原彰『原始集落を掘る　尖石遺跡』新泉社、2004
・藤森栄一『縄文農耕』学生社、1970
・水沢教子『縄文社会における土器の移動と交流』雄山閣、2014

第六章

・今福利恵『縄文土器文様生成構造の研究』アム・プロモーション、2011
・小林圭一「国宝合掌土偶の編年的位置―風張1遺跡第15号竪穴住居跡出土土器の検討を通して―」『研究紀要』14、東北芸術工科大学東北文化研究センター、2015
・東北芸術工科大学東北文化研究センター編『東北学』05、はる書房、2015
・新潟県立歴史博物館編『火炎土器の研究』同成社、2004
・新潟県立歴史博物館『火焔土器の国新潟』新潟日報事業社、2009
・文化庁・ほか編『国宝土偶展（図録）』文化庁海外展大英博物館帰国記念、2009
・MIHO MUSEUM編『土偶・コスモス』鳥羽書店、2012
・武藤康弘監修『はじめての土偶』世界文化社、2014
・渡辺仁『縄文土偶と女神信仰』同成社、2001

第七章

・秋元信夫『石にこめた縄文人の祈り―大湯環状列石』新泉社、2005
・阿部昭典『縄文時代の社会変動論』アム・プロモーッション、2008
・新井達哉『縄文人を描いた土器　和台遺跡』新泉社、2009
・木下忠『埋甕―古代の出産習俗』雄山閣、2005
・小林達雄編『縄文ランドスケープ』Um Production、2005
・谷口康浩『縄文人の石神―大型石棒にみる祭儀』六一書房、2012
・春成秀爾『縄文社会論究』塙書房、

参考文献

全編

・安斎正人編『縄文式生活構造ー土俗考古学からのアプローチー』同成社、1998
・安斎正人編『縄文社会論』上・下、同成社、2002
・安斎正人・髙橋龍三郎編『縄紋時代の社会考古学』同成社、2007
・安斎正人『気候変動と縄紋文化の変化』同成社、2014
・今村啓爾『縄文の実像を求めて』吉川弘文館、1999
・今村啓爾『縄文の豊かさと限界』山川出版、2002
・小野明・春成秀爾・小田静夫編『図解・日本の人類遺跡』東京大学出版会、1992
・工藤雄一郎『旧石器・縄文時代の環境文化史ー高精度放射性炭素年代測定と考古学ー』新泉社、2012
・小林達雄『縄文人の世界』朝日選書、1996
・小林達雄監修『総覧　縄文土器』アム・プロモーション、2008
・林謙作『縄紋時代史Ⅰ・Ⅱ』雄山閣、2004
・藤本強編『住の考古学』同成社、1997
・藤本強編『生業の考古学』同成社、2006
・安田喜憲・阿部千春編『津軽海峡圏の縄文文化』雄山閣、2015
・渡辺仁先生古稀記念論文集刊行会編『考古学と民族誌』六興出版、1989

第一章

・安斎正人『気候変動の考古学』同成社、2012
・大河内直彦『チェンジング・ブルーー気候変動の謎に迫るー』岩波書店、2015
・小林謙一『縄紋社会研究の新視点ー炭素14年代測定の利用ー』六一書房、2009
・斎藤忠『日本考古学史年表』学生社、1993
・勅使河原彰『日本考古学の歩み』名著出版、1995
・和島誠一『日本考古学の発達と科学的精神』和島誠一著作集刊行会、1973

第二章

・安斎正人「『神子柴・長者久保文化』の大陸渡来説批判ー伝播系統論から形成過程論へー」『物質文化』72、2002
・岡本東三「神子柴・長者久保文化について」『奈良国立文化財研究所学報』35、1979
・栗島義明「神子柴文化をめぐる諸問題ー先土器・縄文の画期をめぐる問題（1）ー」『研究紀要』7、埼玉県埋蔵文化財調査事業団、1988
・国立歴史民俗博物館（小林謙一・工藤雄一郎）編『企画展示　縄文はいつから！？ーー万五千年前になにがおこったのかー』新泉社、2009
・佐藤宏之編『縄文化の構造変動』六一書房、2008
・谷口康浩『縄文文化起源論の再構築』同成社、2011
・堤隆『最終氷期における細石刃狩猟民とその適応戦略』雄山閣、2011
・堤隆『狩猟採集民のコスモロジー・神子柴遺跡』新泉社、2013
・林茂樹・上伊那考古学会編『神子柴』信毎書籍出版センター、2008
・山田哲『北海道における細石刃石器群の研究』六一書房、2007
・山内清男・佐藤達夫「縄紋土器の古さ」『科学読売』14-13、1962

な

た

さ

か

索引

000* —写真、図版のあるページを示す

数字

A

あ

日本歴史 私の最新講義 16
縄文人の生活世界

2015年5月19日　第1版 第1刷発行

著　者　安斎 正人
発行者　柳町 敬直
発行所　株式会社 敬文舎
〒160-0023　東京都新宿区西新宿 3-3-23
ファミール西新宿 405 号
電話　03-6302-0699（編集・販売）
URL　http://k-bun.co.jp
印刷・製本　株式会社 シナノ パブリッシング プレス

造本には十分注意をしておりますが、万一、乱丁、落丁本などがございましたら、小社宛てにお送りください。送料小社負担にてお取替えいたします。

Printed in Japan ISBN978-4-906822-16-4